Emanuel
Botschaften aus dem Urlicht

Aquamarin Verlag

—

EMANUEL

Botschaften aus dem Urlicht

Gesammelt von Bernhard Forsboom

Aquamarin Verlag

2. Auflage 2010
© Aquamarin Verlag GmbH
Voglherd 1 • D-85567 Grafing

Umschlaggestaltung: Annette Wagner
Satz: Sebastian Carl
Druck: Bercker • Kevelaer

ISBN 978-3-89427-531-0

Inhalt

Vorwort

Die hier neu veröffentlichten Botschaften einer Wesenheit, die sich „Emanuel" nannte, gehören ohne Zweifel zum Wertvollsten, was das geistchristliche Schrifttum der letzten einhundert Jahre hervorgebracht hat. Für mich persönlich zählt es zu den fünf tiefsinnigsten Büchern der spirituellen Literatur des 20. Jahrhunderts. In keinem anderen Werk werden auf so beeindruckende Weise die geistigen Gesetzmäßigkeiten, die Geheimnisse der Schöpfung und die seit Anbeginn geltenden Gesetze der menschlichen Entwicklung so überzeugend und erhellend beschrieben wie in den „Kundgaben des Geistes Emanuel". Wer sich mit einem offenen Herzen bemüht, diese Geistesgaben aus einer lichten Welt zu studieren und in seinem Leben umzusetzen, der hält damit den „Schlüssel für das Himmelreich" in den Händen!

Die „Emanuel-Texte" sind in den vergangenen Jahrzehnten in zahllosen unterschiedlichen Ausgaben und in den verschiedensten Verlagen erschienen. Nur selten waren zwei Ausgaben identisch. Die hier vorliegende geht auf die Originalausgabe zurück. Sie ist vollständig neu gesetzt, korrigiert und überarbeitet worden. Dabei wurde größte Sorgfalt darauf gelegt, dem Geist des Originals zu entsprechen. Dennoch mussten zahlreiche Korrekturen vorgenommen werden, weil Sprache, Satzbau, Rechtschreibung und Zeichensetzung in keiner Weise mehr dem Standard des 21. Jahrhunderts entsprach. Auch die

9

wertvolle und bereits sinnvoll bearbeitete Ausgabe von Prof. Walther Hinz im Drei Eichen Verlag genügte nicht annähernd mehr den heutigen Sprachstandards.

Diese Neuausgabe enthält dafür wieder die Fragen von Bernhard Forsboom an „Emanuel", was die Lektüre der „Botschaften" erleichtert. Allerdings wurden die Fragen teilweise gekürzt, weil sie zeitgeschichtlich geprägt und vielfach zu langatmig waren. Der Essenz des Buches fügt diese Kürzung keine Minderung zu.

Mögen die inspirierenden Botschaften „Emanuels" in ihrer wundervollen Weisheit und Schönheit nun in einer besser lesbaren Form ihren Weg im Reich der Menschen fortsetzen und vielen Leserinnen[*] und Lesern ein göttliches „Licht auf dem Weg" sein!

Dr. Peter Michel

---

[*] Emanuel spricht in seinen Botschaften alle Menschen als „Brüder" an. Wir haben dies als „zeitgeschichtliche Eigenheit" belassen und nicht jeweils um „Schwestern" ergänzt! (Anm. d. Verlages)

10

Einleitung

Die nachstehenden Botschaften des Geistes Emanuel sind in der Hauptsache nicht an einzelne, sondern an alle Menschen gerichtet. Je weitere Verbreitung sie finden, desto mehr können sie ihren Zweck erfüllen, da jeder aufstrebende Mensch, der sie liest, einen Nutzen daraus zu ziehen vermag. Dieselben bedürfen keines Kommentars, da sie einfach und klar wahre Güte, Liebe und geistige Freiheit lehren sowie den Ursprung, den Zweck und das Ziel des Erdenlebens zur Erkenntnis bringen. Indem sie die Fragmente menschlichen Wissens, Glaubens und Ahnens verbinden, weisen sie von den einzelnen endlichen auf die ewigen Gesetze und das Ganze hin. So ermöglichen sie es vorurteilslosen Menschen, je nach ihrer Entwicklungsstufe, einen weiteren Einblick in die Größe und Schönheit, in das wunderbare Ineinandergreifen der sich ergänzenden Gesetzeswelt Gottes zu gewinnen. Der Faden, welcher sich durch die auf den Offenbarungen Christi in ihrer ursprünglichen Reinheit fußende Lehre zieht, wird dem Leser – der sich als Teil des lebendigen Schöpfungswerkes Gottes, als unsterblicher Geist fühlt, dessen Gedanken und Taten im Wellenschlag der Ewigkeit Folge auf Folge haben – den tiefen Ernst und Wert, die Bedeutung und Aufgabe des irdischen Daseins, wenn es sich auch noch auf relativ niedriger geistiger Stufe bewegt, zum Verständnis bringen und gleichzeitig wahre Hoffnung auf die Morgenröte kommenden, stets höheren Glücks erschließen können.

11

Auf den folgenden Seiten ist nicht etwa eine aus Zwiegesprächen in Freundeskreisen hervorgegangene Weltanschauung in der Form und unter der Flagge eines medialen Verkehrs zum Ausdruck gebracht, wie man auf die von mir und anderen angeregten Fragen und darauf erfolgten Antworten hin unterstellen könnte.

Wer der Psychografie nicht völlig fremd gegenübersteht, wird bald erkennen, dass die Kundgebungen keineswegs die Prägung menschlicher Forschung nach Wahrheit tragen, da sie weit über die engen Grenzen hinausgehen, die wir ihrer Ergründung zu ziehen pflegen, sich vielmehr oft in großen, mächtigen Umrissen auf der Frage scheinbar nicht nahe liegenden Feldern erstrecken, um hierdurch erst die sachlichen Einzelheiten in das richtige Verhältnis, auf ihren rechten Platz zu stellen. Gerade dieses Verfahren ist für mediale Eingebungen durch ein entkörpertes, hochentwickeltes Geistwesen charakteristisch, da solches die Schranken zwischen den Abzweigungen unserer Wissenschaften, Religionen, Theorien und Anschauungen nicht mehr empfindet und bestrebt ist, uns über deren innere Zusammenhänge zu zeigen, was nach seiner Erkenntnis daran wahr ist.

Ein weiteres Kennzeichen dafür, dass die Kundgebungen nicht dem menschlichen Intellekt entsprungen sind, liegt darin, dass sie uns für rein geistige Vorgänge, für welche uns die Begriffe und folglich auch die adäquaten Worte fehlen, durch umschreibende oder annähernde Bezeichnungen ein Ahnen dessen ermöglichen, was über unser Fassungsvermögen hinausgeht.

Auch sind die hier veröffentlichten Kundgaben keine dramatisierten Monologe, wie wir sie im Traum führen, denn das intuitive weibliche Medium befindet sich bei deren Niederschrift nicht in schlaftrunkenem Zustand oder in Ekstase. Der Inhalt der Aussprüche ist ebenso wenig eine Spiegelung des Seelenlebens des Mediums, denn er überragt nicht nur die Erkenntnissphäre desselben, sondern steht sogar – wie dies bei persönlichen Ratschlägen und Ermahnungen deutlich zutage tritt – öfter nicht mit dessen zeitweiligen Anschauungen und Empfindungen im Einklang.

Indem ich eine Reihe von in den Jahren 1890 bis 1897 aus der Hand dieses Mediums hervorgegangener, teils spontaner, teils durch Fragen veranlasster Kundgebungen *eines und desselben Geistes* hier wortgetreu wiedergebe, komme ich der mir in diesem Verkehr zugeteilten Aufgabe des Sammlers und Verbreiters nach. Ich habe dabei die einzelnen Kundgebungen nicht nach ihrer chronologischen Folge, sondern, soweit möglich, nach Hauptthemen zusammengestellt, so dass sie ein einheitliches und übersichtliches Bild ergeben.

Dem ernsten und redlichen Forscher wird diese Veröffentlichung Gelegenheit bieten, ihre Bedeutung und Tragweite vor dem Kriterium seiner Vernunft und seines Empfindungslebens einer eingehenden Prüfung zu unterziehen.

Ich bin mir wohl bewusst, dass dieselben Missverständnissen und Anfechtungen aller Art, ja selbst scharfer Verurteilung begegnen können; ist dies doch das Los alles dessen, was nur ein Atom größer als der jeweilige Maßstab der Welt, alles dessen, was ihr neu oder in der Ausdrucksweise fremd ist. Hat ja selbst die erhabenste der Erde jemals gebrachte Offenbarung, die des Christus, die unvermeidlichen Phasen von Ablehnung, Widerspruch, Verfolgung und entstellender Auffassung durchmachen müssen!

Diese Erwägung durfte mich jedoch nicht bestimmen, die widerspruchslose, harmonische Lehre Emanuels den Zahllosen vorzuenthalten, deren jetzigem Bedürfnis nach relativer Wahrheit sie entspricht, in deren Seelen Gleiches schlummert, die in aufrichtiger Suche nach dem streben, was sie ihnen erhellend zu Bewusstsein bringt. Die Resultate dieses seit Jahren fortgesetzten geistigen Kontaktes erweitern in ihrem logischen Aufbau unser derzeitiges Fassungsvermögen und unseren Ausblick in höhere Welten. Von vielen belächelt, werden sie anderen eine wirksame Hilfe und Inspiration auf ihrem Heimweg sein. Nur indem sie in voller, unverfälschter Klarheit zu unserem geistigen Gut werden, können sie sich zu unserer tiefsten inneren Überzeugung entfalten.

Ein junger Morgen, taufrisch und erquickend, entringt sich der Nacht; seine Früchte werden weit über unsere Zeit hinausgehen, denn geistige Saat sprießt nur langsam. An den Früchten aber werden wir die Art und Gattung des Samens erkennen.

Emanuel, der bewährte Führer aus geistigen Höhen, sagt uns:

13

»Wir Geister freuen uns über jedes Körnlein des
Wahren und Guten aus unseren Scheunen, welches
in Eurem Boden Wurzel fasst, und wenn auch viele
derselben nicht zum Keimen kommen, kann uns
dies nicht abhalten, immer mehr der Körner in der
Gewissheit auszustreuen, dass für jeden Boden eine
Frühlingszeit kommen wird, in welcher bestimmte
Gesetze latentes Leben zum Keimen und zur Reife
bringen werden.«

Er hat mit voller Hand, in warmer Bruderliebe reichen Samen aus-
gesät. Das Gedeihen überlassen wir *jenem*, der die Gesetze von Ursachen und Folgen geschaffen hat.

München, Ostern 1897
Bernhard Forsboom

I.

Die Schöpfung

Der Ursprung

Im Anfang war Gott. Gott ist Urleben, ist Schöpfungskraft, schöpferische Bewegung, welche sich zu Geistindividualität kristallisieren musste. Ihr könnt diesen Prozess nicht verstehen, nicht fassen; können wir von der Materie ganz befreite Geister ihn doch nur ahnen. Aber so viel könnt ihr fassen, dass Gleiches Gleiches zur Folge haben muss. So war Gott und wurde aus ihm ihm Ähnliches – reine Geister. Weil aus der Vollendung hervorgegangen, hatten sie den Keim der Vollendung in sich, und diese Vaterschaft ist Bürge, dass sich diese Keime in allem zum Abbild ihres Vaters entwickeln werden. Es lag in ihnen Schöpfungskraft, Willensfreiheit und Erkenntnis der Gesetze, durch welche sie diese Schöpfungskraft zu ihrer Vollendung ausbilden sollten. Sie mussten diese drei Eigenschaften haben: Schöpfungskraft, Willensfreiheit und Kenntnis der führenden Gesetze, denn nur durch dieselben konnten sie jene Größe erreichen, die für sie, ihrer Sohnschaft gemäß, das gesetzliche Ziel war – und doch war in diesen Dreien die Möglichkeit des Auflehnens gegen Gott gegeben. Ohne Willensfreiheit wäre eine Gegensätzlichkeit zum Gotteswillen unmöglich, ohne Kenntnis der Gesetze, in welchen sie ihre Entwicklung ausbilden sollten, wäre das Verlassen dieser Gesetze kein Fall, keine Sünde für die Geister gewesen, und im Missbrauch ihrer Schöpfungskraft lag die Handlung, die der Ausdruck dieses ausgesprochenen Willens war. Es ist unendlich schwer, mit Menschenworten dem Menschenverstand nur in Umrissen ein Bild von diesem ersten Geisterfall zu geben.

Gott in seiner unerschaffenen Größe, die als ewiger Quell in Wellen der Liebe, der Weisheit und Allmacht aufsteigt, passte den nun entstandenen Bedürfnissen seiner Kinder neue Gesetze, neue Schöpfungsformen an. Das Resultat der missbrauchten Schöpfungskraft

17

seiner verirrten Kinder schloss er in versöhnende Gesetze ein, und indem er dieser Geistmaterie oder Halbmaterie Entwicklungs- und Ausbildungsfähigkeit gab, verwandelte er Chaos in Gesetzlichkeit.

Jene Erstlingsgeister, die sich diesem Fall nicht angeschlossen hatten, waren in langen Zeit-Zyklen zu hohen Geistern herangereift. Dadurch, dass sie den Versuchungen widerstanden hatten, waren sie so hoch über die abgefallenen Geister erhaben, dass die Gefallenen, dem ewigen Gesetz des Ähnlichen gemäß, ihre Sprache nicht mehr verstanden. Das Bindeglied zwischen Gefallenen und durch bestandene Prüfung der Vollendung Nahen ist ungeprüfte Reinheit.

So schuf Gott reine Geister und gab ihnen als Wohnort die halbmateriellen Welten, welche sich durch seine Gesetze aus jenen Stoffkeimen gebildet hatten, die aus dem Missbrauch ihrer Schöpfungskraft hervorgegangen waren. Diese zweite Schöpfung wird euch im Bild der Erschaffung Adams gezeigt. Als Adam geschaffen wurde, hatte ›das Übel‹ schon Gestalt angenommen als versuchende Schlange. Die Bibel deutet ja dies alles nur an; dem Verständnis der Kinder gemäß ist die geistige Offenbarung, die ihnen zur Nahrung gegeben wird.

Die neue Geistschöpfung erhielt geistige Lehre nicht von Gott direkt, sondern von den hohen Erstlingsgeistern; die Versuchung trat in Gestalt der gefallenen Erstlingsgeister an sie heran. Sie sollten durch Widerstand gegen die Versuchung, im Erhalten ihrer Reinheit, den Gefallenen zur Lehre dienen. Es war daher ihre Bestimmung eine zweifache: Zu lehren und zu lernen. Dem großen Gesetz der Solidarität der Geister war diese Form gegeben.

Nun bildete sich ein zweites Lebendiges aus den Folgen der Schöpfungskraft der gefallenen Geister; denn da diese Folgen in göttliche Gesetze eingeschlossen wurden, war denselben Entwicklungsfähigkeit bis zum Erreichen der Vollendung ihrer Wesenheit gegeben. Es musste dies gesetzlich so sein. Dieses sekundäre Leben, das sich in unfreier Entwicklungsnotwendigkeit aus der Materie bildet, nennen wir *Lebensprinzip*. Ihr könnt diesem sekundären Leben auch einen anderen Namen geben, wenn euch ein solcher den Begriff klarer macht. Namen ändern an Tatsachen nichts. Dieses Lebensprinzip bildet sich in unfreier Entwicklungsnotwendigkeit durch die Stufen der Mineralien-, Pflanzen- und Tierwelt bis zu Elementargeistern oder Elementarseelen heran, welche die Vollkommenheit seiner Wesenheit sind. Bestimmte Gesetze bringen dies sekundäre Leben zu einer Vollkommenheit. Bestimmte weitere Gesetze erfassen es nun und bringen den Geist der Materie zum Urgeist, Gott, welcher verwandelnd auf dessen Wesenheit einwirkt, es umgestaltend zur Anfangsstufe von reinem Geist, der nun mit der Willensfreiheit auch die Verantwortlichkeit für seine Handlungen erhalten hat. Vor diesem reinen Geist steht derselbe Entwicklungsgang wie vor dem Paradiesesgeist. Er kann als Geist seine Vollendung erreichen. Er kann aber auch, in den an ihn herantretenden Prüfungen fallend, materielleres Leiden zur Sühne und Läuterung benötigen.

In der Bibel wird euch vom Fall Adams, seiner Vertreibung aus dem Paradies, berichtet, sowie von der Unfruchtbarkeit des Bodens, die eine Folge des Falles gewesen sei. Die reingeschaffenen Paradiesgeister, die den Versuchungen der gefallenen Geister (der Schlange oder Luzifers) unterlagen, waren den Wohnorten, die man ihnen bis dahin gesetzlich angepasst hatte, entwachsen; denn ein freier Geist kann einer Stufe sowohl in fortschreitender als auch in rückschreitender Richtung entwachsen, indem er sich ausbildet oder rückbildet. Die Fortbildung schreitet in Katastrophen voran. Es kommt eine Zeit der Reife, ein Kulminationspunkt, in welchem die Hülle, die Ungleiches verbindet, sich teilt und frei gewordener Geist nach dem Gesetz der Anziehungskraft in neue Bahnen gelenkt wird. So formen sich Welten aus Welten. Die Sonnen sind Erzeuger der sie umgebenden Planeten, die Planeten der sie umgebenden Monde – und alle diese Welten sind Wohnstätten der Geister.

Das Lebensprinzip entwickelt sich aus der Materie und bildet das lebendige Kleid derselben, die Wohnstätten der Geister bereitend. Der freie Geist kann in fortwährendem Fall sich bis zur Entwicklungsstufe des Lebensprinzips rückbilden und muss sich dann in Unfreiheit gesetzlich fortentwickeln, bis er wieder eine Stufe erreicht hat, auf welcher ihm Willensfreiheit, Schöpfungskraft und Gesetzeserkenntnis neuerdings möglich werden.

Das Weltenall entstand also durch Weltenteilung, die eine Folge von Fortbildung und Rückbildung war. Christus gibt euch ein Bild davon in dem Gleichnis von der Ernte des Weizens und des Unkrautes. Zur Zeit der Unreife standen sie nebeneinander, der gleiche Boden gab beiden die Nahrung; doch zur Zeit der Reife wurden sie gesondert und getrennt. Die von Gott geschaffenen Paradiesgeister bleiben auch in ihrem Fall bis zur Schule der Menschenform auf Erden oder erdähnlichen Welten – ihrer Bestimmung getreu – Bindeglieder zwischen gefallenen und reingebliebenen Geistern, zwischen Hohem und Niederem.

Der erste Geistfall

Frage:

Wir begegnen bei Menschen, welche die Tiefe, Bedeutung und Tragweite deiner Lehre anerkennen und guten Willens sind, sich dieselbe zu eigen zu machen, der Schwierigkeit, dass sie nicht begreifen können, wie ein Fall reiner, aus Gott hervorgegangener Geister sowie ein Verlassen der göttlichen Wege ohne äußerlichen, ihnen ursprünglich fremden Antrieb möglich war. Weisen wir darauf hin, dass Gott keine Automaten, sondern Geistwesen mit Willensfreiheit geschaffen habe, die durch eigene Arbeit ihre Vollendung erringen und in dieser Errungenschaft ihre Seligkeit finden sollten, so leuchtet ihnen dies vollkommen ein; doch sehen sie darin nicht die Lösung der alten Frage über den Ursprung der Sünde, des Abfalls und des Übels, welchen sie mit der Natur von Gott geschaffener, reiner Geister für unvereinbar erachten. Sie suchen daher nach einer dem reinen Geist fremden Quelle, dem Gegensatzgeist, welcher den Antrieb zum Verlassen der gesetzlichen Wege gegeben haben müsse, da das Entstehen eines solchen Antriebs in einem reinen Geist undenkbar sei. Kannst du uns das Mittel an die Hand geben, diese Anschauung erfolgreich zu widerlegen oder wenigstens so weit zu berichtigen, als es unser Fassungsvermögen für rein geistige Zustände zulässt?

Antwort:

Du sagst, die Menschen suchen die Ursache des Falles reiner Geister in deren Versuchung durch Gegensatzgeister, da ihnen ein Fall ohne solche Versuchung undenkbar scheint. Wie erklären sie sich aber das Entstehen solcher Gegensatzgeister? Kann Gott unreine Geister schaffen oder kann es einen Lebensstrom geben, der nicht aus der einen Lebensquelle, Gott, hervorgegangen wäre? Ihr habt unklare

21

Begriffe über den Vorgang des ersten Geistfalles. Reinheit schließt doch nicht die Möglichkeit eines Falles aus; dies vermag allein Vollkommenheit der Erkenntnis und der Liebe. Diese Vollkommenheit fehlte dem reingeschaffenen Erstlingsgeist. Er konnte Gott noch nicht lieben in dem wahren Begriff dieses Wortes, weil er ihn noch nicht ganz erkannte. Er konnte ihn auch nicht erkennen, weil er noch nicht groß genug geworden war zu solcher höchsten Erkenntnis. Erkannte er doch nicht einmal die Folgen seines Falles.

Ihr dürft den Fall eines Teiles der reinen Erstlingsgeister zu einer Zeit (um mit euren Worten zu reden), da sich die Schöpfung Gottes noch nicht zur Halbmaterie verdichtet hatte, nicht mit Sünden von Geistern auf eurer Stufe vergleichen. Es war eine Trübung, die ihr als solche kaum fassen könntet, und die doch in jenem intensiven Licht sich dunkel hervorhob. Nicht vollständiges Anschmiegen des Erstlingswillens an den Gotteswillen, wie er sich ihm seiner Entwicklungsstufe gemäß offenbaren konnte, nicht Einsetzen der ganzen Kraft, die seiner Entwicklungsstufe gegeben war, ein nicht genügend intensives Empfinden:»Du, großer, noch unerkannter Gott, bist unser einziges Ziel, unsere einzige Sehnsucht« – dies waren die Wolken, die aufstiegen, sich verdichteten und den Blick dieser Geister immer mehr verdunkelten. Durch nicht mehr einheitliches Streben entstand eine elementare Veränderung in der Wesenheit, in dem Stofflichen der Dualgeister, was deren Trennung zur Folge haben musste, und dies musste nun ungesetzliche Schöpfungen, oder besser gesagt Verbindungen und Vermischungen der Urstoffe zu Neubildungen, die nicht mehr gesetzlich waren, zur Folge haben. In der Degeneration, welche die Folge des Verlassens gesetzlicher Bahnen war, lag der Anfang des Chaos. Statt allgemeiner Entwicklung standen sich Entwicklung und Degeneration diametral entgegen.

Die Harmonie war gestört, und nur neue Gesetze konnten die Dissonanz wieder zur Harmonie umbilden. Die Willensfreiheit, die Gott den Geistern gegeben hatte und geben musste, da sie eine Bedingung für wahre Größe ist, konnte er ihnen nicht nehmen, und wenn er die Folgen ihrer Willensfreiheit durch seine Allmacht aufgelöst hätte, so hätte er tatsächlich diese Willensfreiheit selbst aufgehoben. Wenn eine Gottesgabe, das heißt eine gottähnliche Eigenschaft, wie der Geist sie erhalten muss, weil sie allein Möglichkeit und Bedingung zum Erreichen seiner Vollkommenheit ist – wenn eine solche Gottesgabe durch den Unwert des Geistes demselben zum Schaden gereicht, so nimmt Gott die Gabe nicht zurück, sondern bestimmten Gesetzen gemäß werden den Wirkungen dieser Gabe nur engere Grenzen gezogen. Gott gibt dem Geist weitere Gaben, indem er ihn solchen Gesetzen unterstellt, die seinen neuen Bedürfnissen entsprechen.

Als die ersten gegensätzlichen Regungen die reine Geisterwelt zu trüben begonnen hatten und die Geister durch die Gedankenaussprache oder das gegenseitige Erkennen Licht und Dunkel vor sich liegen sahen, da trat das ein, was ihr Versuchung von außen nennt – reingebliebene Geister sahen die ersten schöpferischen Folgen des Verlassens der gesetzlichen Entwicklungswege, und es reizte ihre Neugierde und die ihnen immer bewusster werdende Kraft, auch ihre Intelligenz schaffend und eigenwillig zu betätigen. Erstlingsgeister, die dieser Versuchung widerstanden, ernteten als gesetzliche Folge klarere Erkenntnis, die immer mächtigere Gottesliebe zur Folge hatte und die Möglichkeit ihres Verlassens gesetzlicher Wege immer mehr abschwächte, bis ihre erreichte Vollkommenheit jeden Fall unmöglich machte.

Dies alles liegt wieder in dem Gebiet des rein Geistigen, das ihr Menschen nicht beherrschen könnt. Von solchem Entstehen des ›Übels‹, von solchen ersten Trübungen in der reinen Gottesschöpfung, die euch tief gefallenen Geistern im Vergleich zu eurer Schuld fast noch als Licht erscheinen können – von solchen Dingen können meine Worte euch wenig mehr als eine Ahnung geben. In dem Maß eures Emporringens von Stufe zu Stufe wird euch die Ahnung zur Erkenntnis und die Erkenntnis zur Seligkeit werden.

Das Universum

Frage:

Das Universum, welches unser physisches Begriffsvermögen zu um-
fassen vermag, ist nur ein Teilbegriff der Welten-Organisationen,
welche in unendlichen Räumen nebeneinander existieren. Unendli-
che Fernen trennen diese einzelnen Schöpfungszyklen voneinander.
Solange wir auf Erden leben, gelangt uns nur jener Zyklus zum
Bewusstsein, dem unser materiell-geistiges Dasein in seiner jetzigen
Gestaltung angehört. Wie es Individualitätssphären gibt, so gibt es
in sich abgegrenzte Weltensphären, von denen jede das repräsen-
tiert, was wir ein Universum nennen. Jedes materielle Universum ist
begrenzt und ein in sich abgeschlossenes Ganzes. Die Unendlichkeit
selbst ist durchflutet von der geistigen Welt, die deshalb an sich un-
endlich ist. Ist diese Vorstellung richtig und kannst du uns dieselbe
eingehender erklären?

Antwort:

Nennt nicht *Universum*, was nur ein Teil der Weltenorganisationen
ist; unrichtig gewählte Worte verwirren die Begriffe.

Das *Universum* ist die Schöpfung, von derselben Weisheit ge-
plant, aus derselben Kraft hervorgegangen und von derselben Liebe
durchflutet, die das gleiche Ziel dem Ganzen bestimmt. Gott ist eine
Einheit. Die Vollkommenheit aller seiner Eigenschaften ist Grundlage dieser Einheit. Die Geistwesen müssen sich emporarbeiten zur
Einheit der Vollkommenheit. Solange ihre Eigenschaften ungleich
ausgebildet sind, haben sie ihr Ziel noch nicht erreicht. Das Ziel
des einzelnen Geistwesens ist auch Ziel der ganzen Schöpfung und
der Endpunkt ihrer mannigfaltigen Verwandlungen. Was demselben Ziel entgegeneilt, geführt von denselben ewigen Gesetzen der

Heranbildung, der Sühne und der Vergeistigung, das ist *werdende Einheit*, und dieser wollen wir Ausdruck verleihen durch das Wort ›Universum‹, dabei Plan und Ziel im Auge behaltend und in diese beiden die Grenzen versenkend, die jetzt und für lange Zeiten hinaus Weltensphäre von Weltensphäre für das Geistwesen trennt.

Du sagst richtig:»Die Unendlichkeit selbst ist durchflutet von der geistigen Welt, die deshalb an sich unendlich ist« – ein Lebensstrom, vom Urleben ausgehend und, von diesem beeigenschaftet, auf den Bahnen geistiger, halbmaterieller und ganz materieller Welten und Weltensphären fortrollend, je nach Anziehungskraft dieser Weltensphären auf die Entwicklungsstufe der Stromteilchen – von den Gesetzen der göttlichen Weisheit umgeben und gespeist, zunehmend an Kraft, Weisheit, Liebe und beseligender Freiheit; endlich das Ziel erreichend, für welches dem Erdenmenschen jeder Begriff fehlt. Das Beste, was der Schöpfer allen Lebens diesem vollendeten fertigen Leben geben konnte, ist die Vollkommenheit der Erkenntnis, der Kraft, der Liebe, der Freiheit und in dieser Seligkeit.

Die Größe dieses Universums, die Mannigfaltigkeit der Hüllen, deren die verschiedenen Kerne bedürfen und welche fortwährender Verwandlung unterworfen sind, könnt ihr nicht ermessen, so wenig wie wir es vermögen. Doch verliert nicht den einheitlichen Plan, das einheitliche Ziel aus dem Auge, welches alles, was da ist, verbindet und euch zu Teilen eines Ganzen macht, das so groß ist, dass nur dessen Schöpfer es ermessen kann und durch Zeit und Ewigkeit zu führen vermag. So erkennt Brudergeist in allem Leben, Schwesterwelten in jeder Sphäre; denn Zeit, Raum und Entwicklungsstufe vermag nicht zu trennen, was Einheit des Planes und Zieles verbindet.

Zweck und Plan der Schöpfung

Frage:

(Aus du Prel: »Das Rätsel des Menschen«.)
»Das geschichtliche Leben der Menschheit stellt sich unter dem Gesichtspunkt der Geisterlehre in einem anderen Licht dar, als es unsere Kulturhistoriker ahnen. Der Materialismus behauptet, auf das Individuum komme es der Natur überhaupt nicht an, sondern nur auf die Gattung; das Individuum sterbe, die Gattung nicht. Nun gibt es aber zahllose ausgestorbene Gattungen, und durch die Abkühlung der Erde ist dem biologischen Prozess jedenfalls eine notwendige Grenze gesetzt. Alle Weltkörper, auf welchen sich Leben regt, sind von begrenzter Dauer. Mag die Kultur sich noch so hoch entwickeln, immer reißt der Faden wieder ab, und so kann sie doch nicht als vernünftiger Zweck der Schöpfung erscheinen.

Ganz anders aber erscheint die Geschichte vom Standpunkt der Geister- und Unsterblichkeitslehre. Nach derselben erfüllt sich der Zweck während des ganzen Schöpfungsprozesses. Es ist der Natur ausschließlich um die Erhaltung des Individuums zu tun. Mag der Stern, auf dem wir wohnen, auch verschwinden; die Kulturarbeit war nicht umsonst getan. Das erworbene geistige und moralische Kapital bleibt erhalten und wird von den zahllosen Individuen davongetragen, die bei seiner Ansammlung tätig waren. Wir erkennen, dass die Welt eine Pflanzschule für Geister ist, die durch die Vertreibung aus dem transzendentalen Paradies vielleicht mehr gefördert werden mögen, als im Paradies selbst.«

Könntest du uns sagen, wie du diese Darlegung von deinem Standpunkt aus beurteilst?

Antwort:

Vollkommen richtig ist die Darlegung, dass es als einzig vernünftiger Zweck der Schöpfung erscheinen kann, dass sich das Individuum, nicht die Gattung erhalte, die Schulen der Sphären der sich verwandelnden Materie durchmachend, so gesammeltes Kapital als nie zu verlierendes Eigentum behaltend.

Nur den Schlusssatz möchte ich, als nicht in den logischen Aufbau der Gedanken über die Schöpfung passend, widerlegen.

Er heißt:»Wir erkennen, dass die Welt eine Pflanzschule für Geister ist, die durch die Vertreibung aus dem transzendentalen Paradies vielleicht mehr gefördert werden mögen, als im Paradies selbst.« Wenn du an eine leitende, alles durchschauende Weisheit glaubst, kannst du dabei annehmen, dass diese Weisheit transzendentalen Wesen eine transzendentale Welt zum Wohnort gab, um dann erst zu erkennen, dass dieselben außerhalb dieses Paradieses mehr gefördert würden und sie deshalb vertreiben ließ?

Kann diese Weisheit eine Handlung begehen, die in ihrer ganzen Tragweite und Folgenkette nicht von ihr erkannt wurde? Wie wäre dies möglich? Jedem Wesen wird durch die Weisheit Gottes, welche sich in der Führung der Schöpfung zu Gesetzen verdichtet, jener Wohnort bestimmt, der alles für das Wesen enthält, was es zu seiner Ausbildung, zu seiner Lehre, zu seiner Nahrung bedarf. Nicht ein verspätetes Erkennen Gottes, was für dieses Wesen besser ist, vertreibt es aus einem Paradies oder setzt es in ein Paradies ein; sondern seinen Wohnort bestimmt einzig die Entwicklungsstufe des Wesens. Ein Wesen, dem ein transzendentales Paradies die homogene Heimat war, hatte und musste eine Entwicklungsstufe haben, der Willensfreiheit eigen war. Diese Freiheit gab dem Wesen die Möglichkeit, gesetzliche Bahnen zu verlassen, das heißt sie ermöglicht seinen Fall, und dieser Fall allein vertrieb es aus dem transzendentalen Paradies, *weil* ihm dieses nun nicht mehr die Nahrung bot und die Atmosphäre für ihn enthielt, die ihm förderlich waren.

Gott macht keine Versuche, und es gibt keine Willkür im ganzen Universum. Nicht ein Gutmachen, nicht ein Herausführen des Schlechten ins Gute, nicht ein Verwandeln des Chaos in ein durch Gesetze geführtes Universum ist Plan und Arbeit der Gottheit. Es müsste ja sonst ein Etwas gewesen sein, das älter als der Schöpfungsplan Gottes gewesen wäre. Gott müsste ein gegebenes Etwas umbildend geschaffen haben. Wer aber hätte Gott etwas geben können? Und wie hätte dieses Urleben, diese Weisheit, dieser Gott nicht von Anfang an einen ewigen Plan, ein bestimmtes Ziel und bestimmte Wege für alles werdende Leben haben sollen? Nichts, was war, wurde nachher eingeschlossen in diesen Plan, sondern dieser Plan bestimmte das Werden.

Frage:

Wir bitten dich, den Schluss des vorstehend Gesagten für die Leser noch etwas deutlicher zu machen.

Antwort:

Der Schluss genannter Kundgebung sollte euch nur klar machen, was das Primäre in der Schöpfung gewesen ist, im Gegensatz zu der Lehre, dass Gott durch Verwandeln des Chaos das Universum geschaffen habe. Unter Universum versteht alles, was da ist, nicht nur die materiellen, sondern auch die rein geistigen Sphären oder Welten. Bedenkt doch, dass Gottes Schöpfungsplan so groß und weit über euer Begriffsvermögen hinausgehend ist, dass seine Schöpfung, das heißt die Lebenswelle, welche die Folge des Urlebens war, eine rein geistige gewesen ist. Das Chaos, die Verdichtung, die eine Folge grundsätzlicher Arbeit eines Teiles der Geister gewesen ist, war nur wie ein trüber Punkt im klaren All, wie eine kleine Wolke an eurem Firmament. Der Glaube der Menschen geht oft dahin, dass Gott erst aus dem Chaos ein durch bestimmte Gesetze geführtes Weltenall geschaffen habe, während tatsächlich Zeiten, die sich eurem Begriffsvermögen entziehen, über die reine Geister-Schöpfung hinweggezogen sind, bevor ein Teil dieser Schöpfung in der zunehmenden Kraft ihrer gesetzlichen Entwicklung gesetzliche Bahnen verließ, die Trübung oder Verdichtung verursachend, die, durch Gott in neue Gesetze eingeschlossen, wieder durch die Arbeit der Vergeistigung in den Kreis der ewigen Gesetze zurückgebracht werden muss.

Ich denke, dass dies, früher Gesagtes verbindend, euch ein möglichst klares Bild der Schöpfung geben wird. Geistiges kann der Mensch auffassen; doch ist die direkte Schöpfung Gottes rein geistig und ihr Ziel ist die Vollendung der Geistwesen mit dadurch bedingter Vollendung der Geistatmosphäre oder Welt. Ihr könnt nur den Begriff *Welt* von dem Begriff *Materie* nicht ganz trennen; auch schließt Ersterer für euch den Gedanken an ein gewisses Gebundensein ein. Die Atmosphäre des vollendeten Geistes liegt in der vollkommenen Erkenntnis der Gottesliebe, die eine Verbindung mit dieser Liebe und der in ihr liegenden Kraft bedingt, aus welcher die Vollendung der Geistfreiheit hervorgeht.

Die Vergeistigung der Materie

Frage:

Du sagst: »*Nicht ein Verwandeln des Chaos in ein durch Gesetze geführtes Universum ist Plan und Arbeit der Gottheit. Es müsste ja sonst ein Etwas gewesen sein, das älter als der Schöpfungsplan Gottes gewesen wäre. Gott müsste ein gegebenes Etwas umbildend geschaffen haben.*« *Mit diesem Ausspruch scheinst du auf dem unserem Begriffsvermögen unfasslichen Standpunkt des Dogmas zu stehen, wonach Gott das Universum aus Nichts geschaffen habe. Ein uns befreundeter Geist hat darüber gesagt:* »*Der Urgrund alles Seins ist Bewegung. Die einfachste Bewegung ist die ursprünglichste Tat des Schöpfers, in dem sich zugleich die Summe aller Bewegungen konzentriert. Die Grundlage eures Universums ist zusammengesetzt aus der unendlichen, euren Begriffen unfassbaren Anhäufung von Bewegungsmomenten einfachster Art in absolutester Gleichmäßigkeit. Ihr nennt es Äther.*«*

Jede Bewegungsmöglichkeit, sei es im Geistigen oder Materiellen, setzt aber eine geistige oder materielle Basis voraus. Zur Bewegung gehört eine Substanz, welche sich bewegt oder bewegt wird. Als wir nach dieser Substanz fragten, wurden wir belehrt: »*Dass es uns ebenso wenig möglich sei, das Unendliche zu erfassen, als das zu begreifen, was dem Begriff der Unendlichkeit entgegengesetzt ist. Das materielle Konzentrationsprodukt ›Atom‹ und das materielle Expansionsprodukt ›Licht‹ umfasst alles für uns bezüglich der Materie Fassbare.*« *Bei einer anderen Gelegenheit wurde uns mitgeteilt:* »*Gott umfasst die geistige und materielle Welt, wie ihr in euch Geist und Materie vereinigt. Diese Vereinigung des Geistigen und Materiellen übersteigt aber euer Begriffsvermögen so weit, dass euch nur das Ahnen bleibt.*« *Und auf unsere Bemerkung,* »...*demnach müsse das ursprüngliche Schöpfungsmaterial gleichfalls göttlicher Natur sein?«* wurde uns gesagt: *»Denkt euch den Kreis unendlich, als Kugel ohne Grenzen. Alles, was sie umschließt, ist göttlich in seinem ewigen Beginnen, in seinem ewigen Werden und seinem ewigen Vollenden.«*

Wäre aber die Materie nur die uns sichtbare Erscheinungsform der Kraft, und zwar der sich in Schwingungen bewegenden Kraft, wäre der Stoff verdichtete Kraft in unendlich mannigfaltigen Variationen, dann wäre in der Einheit der Erscheinungsform mit der Wesenheit, in der Einheit von Kraft und Stoff, eine Lösung der Frage auch für unsere phänomenalen Begriffe denkbar, nach welcher der ewige Geist, Gott, die stofflichen Weltensphären aus seiner Kraft ohne ein außer ihm stehendes materielles Substrat – aus dem dogmatischen Nichts – geschaffen hätte. In der Abstraktion von der äußeren Erscheinungsform und in deren Rückführung auf ihre Quelle, auf die geistige Kraft, läge außerdem die Möglichkeit einer Vergeistigung der Materie.

Wir bitten dich, soweit dies für uns begreifbar ist, die Frage zu beantworten?

Antwort:

Seid vorsichtig darin, Schlüsse aus dem zu ziehen, was ich gesagt habe. Wenn ich sagte: »Nicht ein Verwandeln des Chaos in ein durch Gesetze geführtes Universum ist Plan und Arbeit der Gottheit. Es müsste ja sonst ein Etwas gewesen sein, das älter als der Schöpfungsplan Gottes gewesen wäre. Gott müsste ein gegebenes Etwas umbildend geschaffen haben« – so lässt sich daraus doch nicht der Schluss ziehen, ich wollte sagen: Gott habe das Universum aus Nichts geschaffen. Die Aussage des Geistes: »Der Urgrund alles Seins ist Bewegung«, ist vollkommen richtig. Doch warum sucht ihr das, was bewegt wird, in einer außerhalb Gottes stehenden Substanz? Ich sagte: »Gott ist Urlicht« und Licht ist nichts anderes als Bewegung. Das Stoffliche Gottes ist das Urlicht, ein Licht, das erzeugt wird durch die Bewegung des Urlebens. Alles Leben äußert sich durch Bewegung; ohne diese tritt Stagnation ein, in welcher keine Schöpfungs- oder Bildungsfähigkeit mehr liegt.

Gott ist ewig, absolut ewig. Die Äußerung des Urlebens ist Bewegung. Die Mannigfaltigkeit der Erscheinungsformen der Lebenswellen, die von der Lebensquelle ausgesandt werden, übersteigt weit euer Begriffsvermögen. Die Lebensquelle selbst und die Art ihres Schaffens aus sich selbst, das Werden aller Erscheinungsformen, als Folge der Bewegung, welche eine Folge des Urlebens ist, das übersteigt selbst euer Ahnen. Das Urlicht ist Ursache aller Erscheinungsformen, Universum genannt. Die Urliebe und Urweisheit sind der Lebensherd, aus dem dieses Licht quillt. Wenn euch im Anklammern an die sichtbare Größe eine Ahnung von der unsichtbaren Größe zuteil wird, könnt ihr vielleicht begreifen, dass ihr die Macht und Größe dieser Liebe weder empfinden noch erwidern könnt (im wahren Sinne des Wortes), ohne dass dieses Empfinden sofort eure jetzige Umhüllung vernichten würde – mit anderen Worten gesprochen, euren Tod verursachen müsste.

Wir sprechen daher von der Vergeistigung der Materie als Endziel der Schöpfung. Ihr müsst den Begriff Materie nicht mit engen Grenzen umgeben. Das Urlicht Gottes ist seine Materie. Die Verdichtung der Materie zu so grober, derber Erscheinungsform wie der euren, ist Folge des Geisterfalles. Jedes Geistwesen webt seine eigenen Gewänder und verfällt der Anziehungskraft jener Welten und jener Atmosphäre, welche die notwendige Nahrung für dasselbe enthalten. Indem das Geistwesen sich durchringt zu reinerer Erkenntnis, zu mächtigerer Liebe und dadurch zu größerer Freiheit, verwandelt es seine Gewänder, erfüllt es seinen Zweck in der Vergeistigung der Materie. Diese Vergeistigung ist nur eine Folge seiner fortschreitenden geistigen Reife, wie alle Erscheinungsform und Möglichkeit derselben nur Folge der Bewegung ist, welche eine Folge des Urlebens – Gottes – ist.

Die Verwandlungen der Schöpfung

Frage:

In deiner Kundgebung über Gott als dem Mittelpunkt werdender Vollkommenheit sprichst du von Verwandlungen der ganzen Schöpfung in ihren materiellen und geistigen Teil. Kraft und Größe, Erkenntnis und Liebe sind der Verwandlung unterworfen. Die Verklärung der Welten in der Auferstehung, von welcher Christus spricht, dürfte wohl nur eine der Verwandlungen der Schöpfung sein?

Antwort:

Alles, was seine Vollendung noch nicht erreicht hat, ist der Verwandlung unterworfen. Bis zu einem gewissen Grad ist Reife und Verwandlung gleichbedeutend. Durch sein Heranreifen verwandeln sich sowohl der Lebenskern als auch die jeweilige Lebenshülle, denn letztere muss immer dem Kern entsprechend sein. Jedes Leben ist mit der ihm notwendigen Nahrung umgeben, und durch Verarbeitung dieser Nahrung (entweder in der Unfreiheit, wie beim organischen Leben, oder in der Freiheit, wie beim Geistesleben) reift dieses Leben in Verwandlungen seiner Vollendung entgegen. Derselbe Prozess des Heranreifens durch Verwandlungen bis zum Erreichen seiner Wesensvollkommenheit vollzieht sich am geistigen wie auch am materiellen Teil der Schöpfung. Die Verklärung der Welten ist eine dieser gesetzlichen Verwandlungen.

Wie die kleine Knospe am Baum sich dehnt und schwillt und zuletzt die Hülle abstreift, die früher ihre Lebensbedingung gewesen ist, so reift und wächst die Geistgruppe, die einen Weltenkreis, das heißt auf gleicher Stufe der Entwicklung stehende Sonnensysteme, belebt und bewohnt. Ihr Wachstum fordert eine andere Nahrung und eine andere Wohnung. Die Hülle ist gesprengt und abgestreift, und die Knospe ist frei, um sich zur Blüte zu entfalten. Eines der ewigen Gesetze Gottes ist es, dass alles Leben durch alle Stadien seiner Reife und in aller Ewigkeit seiner Vollendung von jener Nahrung und von jener Atmosphäre umgeben wird, die gut, notwendig, gesetzlich und beseligend für dieses Leben ist. »In meines Vaters Haus sind viele Wohnungen«, Wohnungen der Materie und der Halbmaterie bis zu jenen Wohnungen, für die euch noch alle Begriffe fehlen; wenn der vollendete Geist, dem Gesetz der Anziehung des Gleichen zufolge, in den Lichtkreis Gottes treten darf, sein Nahrungsquell die endlich verstandene Liebe Gottes ist.

Die Aussprüche des Paulus über die Verwandlungen, die Auferstehung und Verklärung sind Andeutungen, einer Menschheit gegeben, die als gesetzliche Folge ihres Heranreifens im Laufe der Zeiten diese Andeutungen verstehen lernen soll. Die Auferstehung der Toten ist eine fortwährende – nicht eine an eine bestimmte Zeit gebundene Erscheinung. Der Mensch stirbt, das heißt das aus Geist, geistiger Materie und grober Materie bestehende Dreifach-Wesen streift die äußere Hülle, die grobe Materie, ab und ist somit Geist, umgeben von einem verklärten Leib. Dieser fluidische Leib vergeistigt sich immer mehr und mehr als Folge der Entwicklung, der zunehmenden Vollendung des Geistes. Ihr Menschen könnt die Art und Wesenheit des verklärten Leibes nicht ergründen. Für die Art und Wesenheit eines Geistes, der seine Vollendung erreicht hat, müssen euch alle Begriffe fehlen. Euer Begreifen hört auf, wo jede Analogie fehlt.

Die Verwandlung durch Abstreifen der äußeren Hülle muss für eine grobmaterielle Welt, wie es auch eure Erde ist, eine oftmalige sein. Ein »letztes Gericht« ist der jeweilige Abschluss einer Entwicklungsperiode.

Seid vorsichtig, dass ihr nicht zu enge Grenzen zieht, wenn ihr euch selbst und anderen das Wirken der göttlichen Gesetze klarzumachen versucht. Die Schöpfung Gottes und sein Wirken in dieser Schöpfung ist so groß, dass es jedem Geistwesen unermesslich und unbegrenzt scheint, und es ist auch nur verstanden, durchmessen und gewogen von diesem Gott selbst und ist begrenzt von seiner Liebe und Weisheit, wie seine Führung allein diese Schöpfung zu durchdringen vermag von der Höhe reinen Geistes bis in die Tiefen grober

Materie. Alles in Verwandlungen herausbildend bis zur Vollendung seiner Wesenheit.

Die Entwicklung des Lebens

Ich möchte euch ein klares Bild geben von der Entwicklung des Lebens und seinen Verwandlungen in dieser Entwicklung, von dem dadurch bedingten Durchschreiten von Gesetzeswelt nach Gesetzeswelt bis zu seiner erreichten Vollendung und damit möglich gewordener Verbindung mit dem Urleben – Gott.

Alles, was ist, hat Leben, das heißt alles, was geworden oder in eine Erscheinungsform getreten ist, als Folge einer Kette von Gesetzen, hat Leben als Bedingungsmöglichkeit der Erscheinungsform. Die Lebenswellen sind Ursache der Materie sowie auch deren erhaltende Kraft. Diese Lebenswellen durchdringen die drei Reiche, von bestimmten Gesetzen geleitet, sich entwickelnd zur höchsten Lebensstufe, in die solche Erscheinungsform treten kann. Darauf folgt die Befreiung dieser Lebenswelle oder des Lebensprinzips von dem Zyklus des Geborenwerdens und Sterbens in Tierform, und das Lebensprinzip wird zur Elementargewalt, zur leitenden Elementarkraft oder zu Elementargeist. Feuer und Wasser, der Äther und die Kräfte im Erdinneren sind durchdrungen und geleitet von Elementargeist. Alle Kräfte sind in diesen Elementen enthalten, und eine von bestimmten Gesetzen unfrei geleitete Kraft zu sein, ist die höchste Stufe des entwickelten Lebensprinzips. Elementargeist ist fehlerlos und tugendlos. Er ist ein Ergebnis, nicht ein durch eigene Kraft, im Ringen und Kämpfen, in weiser Verwertung seiner Freiheit sich emporarbeitendes Wesen.

Der Mensch steht als verkörperter Geist hoch über der Elementargewalt, und es wird eine Folge der geistigen Ära eurer Erde sein, dass er die Gesetze, durch welche er sich die Elementargewalt dienstbar macht, findet und dadurch Herr der Welt wird, die er bewohnt. Die Bedingung dieser Herrschaft ist seine geistige Entwicklung. Sie ist die Bedingung seiner Macht sowie Bürge dafür, dass er sie nicht missbraucht.

Bis der Mensch den Schlüssel zu dieser Macht gefunden hat, leidet er unter der Elementargewalt. Stürme, ein Segen für das Ganze, sind oft zum Unheil für den Einzelnen. Es ist dies eine Folge eurer tiefen Stufe. Eine Folge der verwandelnden Gnade Gottes ist es, dass es kein wahres Unheil für den emporstrebenden Geist geben kann, indem für den gefallenen Geist das Gesetz besteht, dass die Leiden, obwohl Folge seines Falles, Mittel werden zu seiner Umkehr, zu seiner Sühne und zu seiner Vergeistigung. Doch ist dies ein Gesetz, dem der Geist entwächst. Auch Welten entwachsen den sie führenden Gesetzen. Zuerst unter der Herrschaft endlicher Gesetze, ermöglichen sie durch ihren Fortschritt, durch ihre Entwicklung immer mehr das Eingreifen ewiger Gesetze, bis diese den materiellen Gesetzen die Herrschaft abnehmen und die Bewohner dieser Welt auch deren Herren werden. Das ist das Entwicklungsende einer materiellen Welt und die Möglichkeit zu deren Verwandlung in eine halbmaterielle Welt.

Dieser Elementargeist nun untersteht nicht nur einer Gesetzesführung, sondern die Gruppen solcher Elementargewalten haben auch einen geistigen Führer. Der Elementargeist hat Intelligenz, und wenn er mit dem Erreichen der höchsten Kraft und Macht, die seiner Wesenheit möglich ist, auch deren Vollkommenheit erreicht hat, so sehnt er sich nach seiner Verwandlung; denn er ahnt oder empfindet die Einwirkung einer höheren Wesenheit, wie der von ihm nicht klar geschaute, aber doch empfundene leitende Geist es ist. Diese Sehnsucht hebt ihn empor, und die erreichte Vollkommenheit seiner Wesenheit gibt die gesetzliche Möglichkeit der Berührung oder des Flutens durch eine Lichtwelle Gottes, durch welche die Verwandlung in ein Wesen mit gottähnlichen Eigenschaften stattfindet. Weisheit, Freiheit und Liebe sind göttlich und können nur von Gott gegeben werden, nicht aber spontan in einem Wesen entstehen, das die höchste Entwicklung niederen Lebens erreicht hat.

Wir Geister sind eine wunderbare Mischung. Alles, was wir haben, ist ein Geschenk Gottes und doch zugleich Selbsterrungenes.

Diesen Akt der Verwandlung könnt ihr Menschen nicht verstehen, weil rein Geistiges über euer Begriffsvermögen hinausgehen muss. Ein Geist, der seine Vollkommenheit erreicht und dadurch die Führung einer Welt übernommen hat, wie Christus es vollbrachte, ist auch Führer des niederen Lebens, das im Elementargeist seinen Abschluss findet. Dieses werdende Geistleben meinte Christus mit den anderen Schafen, die nicht zu dieser Herde gehören, und die erwachende Sehnsucht dieser Elementarwelt meinte Paulus, als er sagte: »Die ganze Kreatur seufzt und sehnt sich immerdar, der Offenbarung des Sohnes Gottes harrend.« Ihr wisst nicht, wie eng Leben mit Leben verbunden, Gesetz an Gesetz angeschlossen ist. Es ist für jeden Menschen von Wert, einen so weiten Blick wie möglich in die mächtige Gesetzeswelt Gottes zu erhalten und die Stufenleiter dieser Gesetze zu überblicken; doch von höchstem Wert für den Menschen ist es, jene geistigen Gesetze zu erkennen und zu durchleben, die uns zum Glied eines Ganzen machen, zum *Sohn Gottes*, zum freien Geist, dessen Führer allein Erkenntnis und Liebe geworden sind.

Das Lebensprinzip

Die Geister der Erde, das heißt die Geister, welche in der Erd-atmosphäre leben, sind nicht frei von der Materie. Dies ist bedingt durch die dichte Materie einer völlig materiellen Welt, wie es die Erde ist. Es gibt keine Sprünge, sondern nur ein langsames Übergehen von einem zum anderen. Die Materie der Erde ist nicht ganz ohne Geist, und so ist der Geist der Erde nicht ganz ohne Materie. Wäre die Materie für den Geist nicht mehr notwendig, so würde eine höhere, von Materie freie Sphäre ihn anziehen, denn die Anziehungskraft ist ein geistiges Gesetz, das aber auch für die Materie gilt. Versteht mich wohl. Die Anziehungskraft, die den geworfenen Stein zur Erde zwingt und die Welt an Welt gefesselt hält, ist nicht ein Gesetz, das in der Materie allein wirkt, ja nicht einmal ein Gesetz, das erst durch die Materie bedingt war. Es bestand, von Geist zu Geist wirkend, Gleiches mit Gleichem verbindend, lange bevor es Materie gab. Wenn ich von Geistern rede, die in den Erdensphären leben, so meine ich damit nicht nur solche Geister, die buchstäblich direkt an die Erde gebunden sind, sondern auch solche, deren Lebenssphäre die einer vollkommen materiellen Welt ist, einerlei ob diese Welt Erde, Mars, Merkur oder Venus heißt. Einerlei auch, ob die Welt etwas besser oder etwas schlechter ist als die Erde, wie es bei Venus und Merkur der Fall ist.

Die geistige Materie nun, die es in dem materiellen Geistkreis einer tief materiellen Welt geben *muss,* ist die geistige Ergänzung einer Sache. Es ist schwer, euch dies verständlich zu machen. Wie das Licht Bedingung des Schattens ist oder, besser gesagt, der Schatten Bedingung eines im Licht stehenden Körpers, so ist die Ergänzung bedingt durch das geistige Etwas, wofür euch die Bezeichnung fehlt, das in aller Materie enthalten ist. Wie dem Menschen die ihm sicht- und greifbare Materie real ist, so ist dem Geist die *ihm* fühl- und greifbare Ergänzung der Sache real. Der Geist, der noch etwas von der Materie der Erde an sich hat, benutzt diese Ergänzung, die auch von der Materie der Erde an sich hat. Es ist ihm eine natürliche Handlung.

Etwas anderes als die Ergänzung einer verfertigten Sache ist das Lebensprinzip einer Ur-Sache, das heißt einer nicht durch Menschenarbeit, sondern durch Naturgesetze entstandenen Sache. Es ist ein Unterschied zwischen einem Stoff und zwischen einer Mischung, einem Machwerk, einer Ergänzung. Letztere kann der Mensch machen. Durch Mischung von Stoffen bringt die Chemie neue Stoffe hervor; doch ein reiner, ein einfacher Stoff lässt sich nicht herstellen, er muss werden. Und das, was wird, hat das Lebensprinzip zum Motor des Werdens und ist fortbildungsfähig.

Auf diesen Gesetzen beruht die Notwendigkeit, dass die von anderen Welten ausgesonderte Materie nur die Fessel von einem Geiststoff ist, der in dieser Fessel liegt, bis sein gesetzliches Wachstum dieselbe sprengt und er wieder Freiheit und mit ihr Verantwortlichkeit gewinnt. Latent ist der Geist, solange er in den Fesseln dieser Materie liegt, und heißt dann nicht Geist, sondern Lebensprinzip oder Seele. So haben Mineralien ihr Lebensprinzip, Pflanzen ein etwas Höheres, Tiere ein wieder Höheres. Es liegt viel Wahrheit in der Theorie Darwins; doch ist immer Geist die Ursache, Materie die Folge. So ist die Materie zugleich Herrin und Dienerin dieses Lebensprinzips. Herrin, indem dasselbe an sie gebunden und unfrei, weil sie ihren Gesetzen verfallen ist – und Dienerin, indem sie dies Lebensprinzip vom Niederen zum Höheren herausbildet und also befähigt, seine erste Stufe der Freiheit und Verantwortlichkeit wiederzuerlangen. Das ist die Nacht des Geistes, in der er nicht arbeiten kann, denn verdienstvolle Arbeit ist nur der Freiheit möglich; doch damit ist nicht gesagt, dass er nie mehr wird arbeiten können. Einer jeden Nacht folgt die Morgenröte. Wie das Kind getragen wird, bis sein Wachstum ihm eigenes Gehen ermöglicht, so tragen die Gesetze der Materie den tief gefallenen Geist, bis er im gesetzlichen Fortschritt durch die niedersten Stufen fähig wird, so viel Freiheit zu erlangen, dass er die ersten schwankenden Schritte mit eigener Verantwortlichkeit zu machen vermag.

Die Materie ist dem Lebensprinzip zu seiner Fortbildung nötig, sonst wäre es nicht mehr Lebensprinzip, sondern freier Geist. Der gefallene Geist wurde nicht bei seinem ersten Fall zum Dämon; es bedurfte dazu wiederholten Fallens, wiederholten Zurückweisens gebotener Gelegenheiten zum Fortschritt. Den Grad der tiefen Stufe, auf der es einem Geist noch möglich ist, aus seiner noch nicht ganz verlorenen Freiheit heraus umzukehren und ein gesetzliches Leben zu beginnen, sowie den Grad, auf dem ihm dies nicht mehr möglich ist und er im verborgen ruhenden Zustand der Materie verfällt – diese Grade oder Stufen zu bemessen oder zu verstehen, ist euch Menschen nicht möglich.

Das fehlende Glied der Darwinschen Kette sind Tiermenschen, die in prähistorischen Zeiten die Erde bevölkerten und von denen noch Reste in den tiefstehenden Naturvölkern der Erde zu finden sind. Allerdings hat der Lauf der gesetzlich bildenden Zeiten die Naturvölker der Gegenwart auf eine weit höhere Stufe gebracht als jene, welche sie als völlige Tiermenschen eingenommen haben.

Der zum Lebensprinzip rückgebildete Geist

Frage:

In deiner vorstehenden Kundgebung hast du uns den Unterschied zwischen einer durch Menschenarbeit verfertigten Sache und dem Lebensprinzip, einer durch Naturgesetze entstandenen Ursache, klar gemacht, und uns gesagt, dass letztere werden muss und das Lebensprinzip als Motor des Werdens hat.

Wie der Geiststoff in dieser ausgesonderten Materie vom Lebensprinzip zu einem freien, verantwortlichen Geist wird, das zeigst du uns in deiner Kundgebung über den Elementargeist. Was aber das tierische Leben organisch ausgebildet hat, ist im menschlichen Organismus als Summe vereinigt und dient als solche, als vegetative Seele, der Vervollkommnung des inkarnierten Geistes. Ist dies richtig gedacht?

Antwort:

In meiner Aussage, dass die von anderen Welten ausgesonderte Materie nur die Fessel von einem Geiststoff ist, deutete ich auf die Neubildung von Welten hin durch Abwerfen eines Teiles der Materie von jenen Welten, die in ihrem gesetzlichen Fortschritt eine Reife erlangt haben, welche deren Umbildung und Potenzierung zur Folge hat. Wie die Knospe die Hülle abstreift, um sich zur Blüte zu entfalten, so gibt es für jede materielle Welt eine Zeit der Reife, die dadurch zutage tritt, dass sie einen Teil ihrer Materie mit solchem Geistleben, welches seinen Fortschritt nicht dem Fortschritt des Ganzen angepasst hat, abwirft.

Auf solche Neubildungen weist die Bibel hin in ihrer Lehre vom Jüngsten Gericht, der Bildung einer neuen Erde und eines neuen

Himmels, der Sonderung von Schafen und Böcken. Diese Neubildungen entwickeln sich zu Wohnstätten niederen und höheren Lebens, um nach langen Zeit-Zyklen ihrerseits eine Reife zu erlangen, die eine Sonderung des Lebens erfordert, das in gesetzlicher und ungesetzlicher Ausübung seines freien Willens, in Entwicklung und Rückbildung begriffen, nun seiner gewordenen Wesenheit, seiner erreichten Stufe nach, verschiedener Atmosphären bedarf.

Der Geist, der bis zur Entwicklungsstufe seiner Wohnstätte seinen relativ freien Willen noch nicht zu seiner Entwicklung, zu seinem Fortschritt benutzt hat, wird mit dem materiellen Kern ausgeschieden. Er ist an diesen gebunden, um gesetzlich unfrei, mit diesem rotierend, die Entwicklungsstufen des Lebensprinzips oder der Seele in einer bestimmten Zeit, weil ohne freien Willen unter zwingenden Gesetzen stehend, durchzumachen und dann wieder zu erwachen zu seinem ursprünglichen Geistleben auf der untersten Sprosse der langen Stufenleiter, welche zur Vollkommenheit, zum Lichtkreis Gottes führt.

Den langen Zeitabschnitt, in dem der Geist unfrei den endlichen Gesetzen untersteht und von diesen herangebildet wird, ohne selbst etwas zu seiner Heranbildung tun zu können, nennt Christus: »Die Nacht, in der niemand arbeiten kann« – und das ist der Wahrheitskern eurer Lehre einer *Hölle*. Doch auch dieser Nacht folgt der Morgen – eine Rückbildung des Geistes bis zu dessen Auflösung gibt es nicht. Hat seine relative Willensfreiheit durch ungesetzliche Ausübung jeden Wert für ihn verloren, so verfällt er jenen Gesetzen, deren Fessel jede Freiheit ausschließt, und bleibt so lange in diesen Fesseln, bis die Wirkungen dieser Gesetze seine Wesenheit so geläutert haben, dass die relative Willensfreiheit ihm wiedergegeben werden kann.

Das Lebensprinzip selbst und der zur Stufe desselben zurückgebildete Geist haben einen prinzipiellen Unterschied. Das Lebensprinzip muss bei Erreichung der Vollkommenheit seiner Wesenheit durch einen Willensakt Gottes zu einer noch höheren Wesenheit, das heißt zu Geist, umgebildet werden, während der Geist auch in seiner Rückbildung bis zur Stufe der führenden und zwingenden Gesetzeswelt des Lebensprinzips die einmal erhaltenen Gaben, wie freier Wille, Erkenntnis und Liebe, nie ganz verlieren kann, so dass es eines schöpferischen Willensaktes Gottes bedürfte, um seine Wesenheit umzubilden, damit die Keime höchsten Geistlebens – ›Freiheit‹ und ›Liebe‹ – in sie gelegt werden können. Hat der gefallene Geist die Schule des Lebensprinzips durchlaufen, so erwacht er aus seinem ruhenden Zustand zu einem geistigen Leben mit allen Attributen und Eigenschaften des Geistes.

Du siehst also, dass deine Annahme, Meteorsteine oder kosmischer Staub seien die ersten organischen Keime, die auf werdende Welten getragen werden, und dass Pflanzen- und Tierreich diesen Keimen entstammen, eine irrige ist. Die werdende Welt trägt in sich den Geiststoff, der sie formt und bildet und dessen Entwicklung mit der Entwicklung der Welt verbunden ist. Die gewordene Welt wird bei einer erreichten Reife die Wohnstätte jener Mensch gewordenen Geister, die in ihrem latenten Zustand durch gesetzlich rotierende Arbeit die allmähliche Ausbildung dieser Welt bewirkt haben. Bedenkt die Zeit-Zyklen, derer es bedarf, um die ausgeworfenen Schlacken einer Welt in Verwandlungen zu einer Entwicklungsstufe umzubilden, die ein Bewohnen derselben durch eine Menschheit möglich macht. In diesen Äonen ist dem latenten Geist oder dem Lebensprinzip Zeit und Gelegenheit geboten, seine gesetzliche Entwicklung bis zur Stufe relativ freien Geistes zu bringen, der im Menschenkleid die weiteren Bedingungen seines Fortschritts findet.

Über Geist und Seele sowie deren Wesenheit und Verhältnis zueinander habe ich euch schon ein möglichst klares Bild gegeben. Sie ist das Gewand, das Antlitz des Geistes. Was der Geist *ist*, das zeigt die Seele. Sie ist das Stoffliche des Geistes, wie Urlicht das Stoffliche der Gottheit ist. Menschenworte genügen nicht, um Dinge zu verkünden, die menschliches Begreifen doch nicht fassen kann.

Der Mensch hat nicht zwei Seelen, eine geistige und eine vegetative. Er besteht aus Geist, Seele und Körper. Die Zeit, in der dessen Geist vielleicht im latenten Zustand des Lebensprinzips ruhte, hat ihm kein ewiges Gewand gewoben. Der Wert des Menschen entspricht genau dem Wert seines Geistes; den Wert des Geistes bildet die Wesenheit der Seele. Beide schaffen oder ergeben nun einen Körper, durch den sie sich selbst zum Ausdruck bringen können.

Ihr dürft nicht außer acht lassen, dass die Menschheit eurer Erde gefallener Geist ist. Reiner Geist, und das ist jeder Geist bei seiner Schöpfung, sei diese nun die Umbildung des Lebensprinzips, sei es die Erstschöpfung Gottes, wo es weder Materie noch Lebensprinzip gegeben hat – reiner Geist bedarf zu seiner Entwicklung nicht der Verbindung mit der Materie. Erst sein Fall zieht ihn in den Bann endlicher Gesetze und in deren Wirkungskreis – in materielle Welten.

Jene Geister, die so tief gefallen sind, dass sie sich zur Entwicklungsstufe des Lebensprinzips rückgebildet haben, erwachen wieder zu Geistleben mit relativer Freiheit und Verantwortlichkeit auf so niederer Entwicklungsstufe, dass sie der Materie zu ihrer Weiterbildung bedürfen und nur fähig sind, die Menschenform in ihrer niedersten und unentwickeltsten Stufe zu bilden und zu beleben. Das sind die Tiermenschen, von denen ich schon gesprochen habe, welche die Urbewohner tiefstehender materieller Welten – wie eure Erde – sind.

Eure Erde hat bereits eine Potenzierung durchgemacht, indem sie den Mond ausgeworfen hat, und ist nun zur Wohnstätte von Geistern sehr verschiedener Stufen geworden. Die Rückbildung einzelner kleiner Geistgruppen sowie der Fortschritt und die Entwicklung großer Geistscharen schreitet stetig fort und wird, wenn der Kulminationspunkt erreicht ist, zu einer weiteren Umbildung eurer Erde führen.

Arbeitet daher mit ganzer Kraft, mit klarer Erkenntnis, in der Selbstlosigkeit opferfreudiger Liebe, damit die Schar der Geister, die sich aus der materieller Schule und dem materiellen Leiden herauskristallisieren, eine immer Größere wird, damit die große Lichtwelle der Aufwärtsstrebenden immer mächtiger anschwillt, das Universum überflutend und alles Leben mit sich emportragend.

Tiermenschen

Frage:

Liegt nicht in den mythologischen Fabeln von Zentauren, Sirenen oder Sphinxen ein Körnchen Wahrheit, welches uns auf den Tiermenschen, den sichtbaren Übergang vom Tier zum Menschen, hinweisen kann?

Der Geist ist göttlichen Ursprungs; nur der gefallene Geist bedarf der Verbindung mit der Materie zu seiner Rückkehr in den ursprünglichen Zustand. Den Geist mit dem Tierreich in Verbindung zu bringen, heißt jedoch noch nicht, ihn mit der Tierwelt zu identifizieren, ebenso wenig wie das Leben, an Protoplasma gebunden, deshalb eiweißartig ist.

Wir bitten dich um deine Erklärung über die wissenschaftlichen Entwicklungstheorien für die Materie und die Erscheinungsform der Tiermenschen.

Antwort:

Hütet euch vor dem Irrtum, einem Stoff irgendwelcher Art geistige Eigenschaften beizulegen. Dieser Irrtum verstrickt euch in unzählige Widersprüche und Unzulänglichkeiten. Jedes Ding kann nur die Eigenschaften seiner Wesenheit haben. Der Geist besitzt alle geistigen Eigenschaften intellektueller Art bis zu deren Potenzierung zur vollendeten Erkenntnis und Weisheit; und Eigenschaften moralischer Art bis zu deren Potenzierung zu vollendeter gottähnlicher Güte. Wenn auch in der Menschenform die Verbindung von Geist, Seele und Materie die gesetzlich vollendetste Form der jeweiligen Welt erreicht, so tritt auch da nicht eine Vermischung, eine Verbindung geistiger und stofflicher Eigenschaften und Attribute ein.

Alles, was geistig ist, ist nur ausschließlich Eigenschaft des Geistes, niemals Eigenschaft des Geiststoffes, das heißt jener Materie, die, dem Entwicklungsgrad des Geistes und des Lebensprinzips entsprechend, die jeweilige Atmosphäre, das jeweilige gesetzliche Arbeitsfeld des Geistes ist. Wenn daher eure heutige Wissenschaft die allgemeine Entwicklung aus Zuchtwahl, dem Kampf ums Dasein, aus dem Überleben der Tauglichsten erklären will, so verwechselt sie Wirkung mit Ursache.

Die Entwicklung niederen Lebens, welche unfrei bestimmten Gesetzen untersteht, bedingt die Entwicklung der Materie, die Verfeinerung des organischen Lebens, Größe und Gewichtzunahme des Gehirns, kurz die Übernahme des materiellen Werkzeugs, damit es die Entwicklung des zugrunde liegenden geistigen Motors zum Ausdruck zu bringen vermag.

Damit ist deine Frage, ob wohl Kraft und Materie identisch sind, da Materie ohne Kraft undenkbar sei, beantwortet. Materie, die sichtbare Erscheinungsform euch unsichtbarer Atome, wird durch einen Kraftstrom verursacht und erhalten. Es ist ein perpetuum mobile. Die Kraft, welche die Atome durch Anziehung und Abstoßung in eine bestimmte Erscheinungsform oder Art der Materie bringt, wird durch diese Anziehung und Abstoßung erhalten. Der Bildungsmotor in den Verwandlungen dieser Materie wird dadurch bewiesen, dass diese Kraft der Ausfluss höheren, sich weiterentwickelnden Lebens ist, denn sonst wäre ein *Verwandeln* der Materie ausgeschlossen. Ewig gleiche Ursache muss ewig gleiche Folge zur Wirkung haben.

Die Tiermenschen prähistorischer Zeit waren eigenschaftlich wenig von den Tieren unterschieden, aber nicht, weil sie in tierischer Erscheinungsform ihren geringen Entwicklungsgrad erreicht hatten, denn ihre reine Tierform war nichts anderes als der Ausdruck ihrer Wesenheitsentwicklung. So nahmen sie nicht Raubtier-Eigenschaften in ihre Tiermenschenform auf, weil sie Raubtiere waren, sondern weil die Entwicklung eine unendlich langsame, fast unmerkliche ist und sie die Eigenschaften, die sie in die Tierform zwangen, nicht abgestreift, sondern nur etwas abgeschwächt hatten, als ihre allgemeine Entwicklung ihnen die äußere Form des Tiermenschen gesetzlich zuordnete. Die Entwicklung des Geistwesens, sei es nun Lebensprinzip oder Geist, bedingt seine materielle Erscheinungsform, und diese ist wiederum die Sprache, die es benutzen *muss*, um den Gedanken, das heißt seine Wesenheit, zum Ausdruck zu bringen. Dies ist das Gesetz materieller Welten. Dieser Wahrheitskern der allmählichen Entwicklung niederen Lebens, des Hineinragens von teilweise Überwundenem in eine Form, welche die etwas fortgeschrittenere Entwicklung dem Geistwesen möglich macht, liegt allerdings euren Sagen und Mythen von Zentauren, Sirenen und anderen halbmenschlichen Tierwesen zugrunde. Ihr müsst euch die ersten Tiermenschen dem Tier ähnlicher als dem Menschen eures heutigen Begriffes denken.

So unmerklich die Übergänge der drei unteren Reiche sind, so unmerklich war der Übergang vom Tier zu dem Wesen, das in fortschreitender Entwicklung zur Wohnung, zum Arbeitskleid für freien, zielbewussten Geist geworden ist. Je unentwickelter das Leben, desto langsamer seine Entwicklung, je fortgeschrittener der Geist, desto größer die Sphäre von Kraft, Erkenntnis und Liebe, die sich ihm bei jedem Schritt erschließt.

Denkt euch den Fortschritt des Geistes als eine Verdoppelung: Zweimal eins fügt der ursprünglichen Summe nur eins zu, doch zweimal eine Million fügt dem Besitz des Geistes einen Reichtum hinzu. Woher kommt die Mutter, die den hochentwickelten Geist eines Tieres anzieht? Nein, solche Sprünge gibt es nicht in Gottes Gesetzeswelt. Gleiches zieht Gleiches an, Ähnliches Ähnliches. Je unentwickelter das Leben, desto enger die Schranken, die es umgeben.

II.

Geist

Der unerschaffene und der erschaffene Geist

Frage:

Gott hat die Geisterwelt geschaffen, der geschaffene Geist ist aus ihm hervorgegangen, also göttlichen Ursprungs. Ist deshalb auch der geschaffene Geist gleicher Substanz, gleichen Wesens mit dem Göttlichen?

Der göttliche Geist ist unerschaffen, unwandelbar, herrschend; der erschaffene ist geworden, wandelbar und wird seinem Endziel, der Vollkommenheit, von Gott auf verschiedenen Wegen zugeleitet. Wir können die Kreatur dem Schöpfer nicht gleichstellen, müssen beide in ihrem Wesen als durchaus verschieden, wenn auch zu engster Verbindung bestimmt, erkennen. Wäre der geschaffene Geist ewig gleicher Essenz mit Gott, könnte er nicht unvollkommen sein oder müsste bei erlangter Vollkommenheit in ihm aufgehen. Wir können in unserem Geist ein Spiegelbild Gottes sehen, nicht aber einen Funken seines Lichtes, seiner Flammen, wie es bildlich so allgemein angenommen wird. Unser Geist strebt Gott ewig zu; darin liegt sein Leben; er wird aber nie Gott.

Antwort:

Es ist unmöglich, dass das Unvollkommene und besonders das in der Materie Befangene und Gefangene das Wesen und Wirken der absoluten, ewigen Vollkommenheit erfasse und verstehe. Kinder, dieser Gott!

Uns Geister durchströmt Seligkeit, wenn wir nur das Wort »Gott« aussprechen; denn es ist ein Wort, das uns die höchsten, mächtigsten Begriffe erschließt, deren wir nur fähig sind, und diese Begriffe enthalten so viel Seligkeit für uns, als uns nur möglich ist, auf unserer jetzt erreichten Stufe zu empfinden. Vielen Menschen ist es nur ein Wort, vielen die Basis einer Theorie, in wenigen nur ein Empfinden, das lebhafte Sehnsucht erweckt, und nur in Einzelnen ein Erkennen, das jede andere Erkenntnis in sich einschließt. Uns ist er: Unser Schöpfer, unser Vater, unser Ziel, unsere Seligkeit – und unsere Sehnsucht nach diesem Gott schließt nicht reichste, vollste Befriedigung aus. Versteht mich recht. Unsere Befriedigung und unsere Seligkeit sind nicht an sich vollkommen; es ist nur das volle Maß dessen, was wir zu fassen vermögen.

Wir streben dieser Gottheit zu mit jedem Kraftatom unseres Geistes. Wir wissen, dass wir mehr und immer mehr von diesem Geistschatz (eure Worte decken solche Begriffe nicht mehr) in uns werden aufnehmen können – doch gleichwerden mit dieser Gottheit können wir niemals. Ewig bleibt ein Unterschied zwischen absoluter, ewiger Vollkommenheit und gewordener Vollkommenheit, zwischen Unerschaffenem und Erschaffenem. Vollkommenheit ist das Ziel der Schöpfung; doch kann kein Wesen mehr als die Vollkommenheit *seiner* Wesenheit erreichen. Die Geistschöpfung erreicht die Vollkommenheit ihrer Wesenheit; doch kann sie nie die Vollkommenheit anderer Wesenheit erreichen. Erschaffenes, Relatives kann sich nie zu einer Einheit mit dem Unerschaffenen, dem Göttlichen vermischen.

Ziel der Schöpfung ist es, dass eine vollkommene Geisterwelt die Gottheit umgebe, dass jeder einzelne Geist die Vollendung seiner Wesenheit erreiche, dass die Vollendung seiner Liebe und Erkenntnis ihm die Vollkommenheit seiner Freiheit gebe. Wenn Liebe und Erkenntnis vollkommen sind, ist das Ziel erreicht, und es bedarf keiner Führung, keiner Einschränkung mehr. Erfasst doch dies, ihr Menschen, und freut euch darüber.

Es ist so traurig, dass das, was uns mit Seligkeit erfüllt, noch nicht einmal den schwachen Abglanz der Freude in euch zu erwecken vermag. Versteht ihr auch, dass Vollkommenheit der Erkenntnis und der Liebe im Geschöpf die innigste Verbindung zwischen ihr und dem Schöpfer bedingt? Vollkommenheit der Erkenntnis bedingt Vollkommenheit der Liebe. Diese streift jede Fessel ab, und so ist die Vollkommenheit der Freiheit gefunden. Jubelnde Freiheit aber ist gewollter, tief empfundener, beseligender Gottesdienst.

Ich meinte dies, als ich euch sagte, dass vollendete Liebe zur erkannten Aufgabe jedes Leiden unmöglich macht. Die jubelnde Freude, Hilfe zu bringen, überwältigt jedes andere Gefühl. So sind wir verbunden, Bruder mit Bruder, und in der Tatkraft der Hilfsbereitschaft empfinden wir die Freude, die sich zur Seligkeit der Befriedigung verwandelt, wenn das Ziel von allen erreicht sein wird und die Liebe der Gottheit sich zum reinsten Abdruck in der erreichten Vollkommenheit der Schöpfung spiegeln kann. Sie ist so unermesslich groß, dass euer Ahnen sie nicht ganz durchmessen kann, doch ist sie erkannt in jeder Einzelheit von ihrem Schöpfer – denn in seiner Vaterliebe liegt seine Größe.

Ihr Menschen aber, die ihr dieser Größe zustrebt, erkennt doch, dass ihr euch ihr nur dann nähert, wenn ihr alle eure Kräfte anspornt, um den Gottesdienst, der eurer Stufe möglich ist, treu zu erfüllen.

Es gibt nur eine absolute Vollkommenheit – Gott – alle andere Vollkommenheit ist relativ, demgemäß ist es jedem Menschen und jedem Geist möglich, die Vollkommenheit seines Wesens und seiner Stufe zu erringen. Dies sei euer Lebenszweck. So vermögt ihr es, die Materie zu überwinden, damit sie euch nicht mehr herunterziehe; denn sie ist euch nur ein Arbeitskleid, für kurze Zeit umgeworfen, um in ihm eine kurze, bestimmte Arbeit zu verrichten. Räumt der Materie nicht eine Macht über euch ein, welche sie tatsächlich für den Geist, der auch nur die Anfangsstufen des bewussten Gottesdienstes errungen hat, nicht mehr besitzt. So erringt euch die Freiheit und die Freudigkeit, deren ihr fähig seid, und ihr habt unsere Freude vermehrt.

Urlicht und geschaffenes Licht

Ihr wollt wissen, wie es A. geht?

Er hat ausgeruht, um zu erwachen in der Erkenntnis dessen, was Geistleben ist. Er ist unendlich glücklich bei dem verwandten Geist, der auf Erden seine Mutter gewesen ist. Er fühlt nun, was eine »selige Seele« ist, und ist dankbar. Er sieht, dass das Kleine im Großen nicht untergeht, sondern sich nur vervollkommnet in ihm. So kann die Liebe von Geist zu Geist nur immer mächtiger, stärker und intensiver werden, indem sich der Geist dem Urgeist nähert. Nichts, was aus Gott hervorgegangen ist, weder Geist noch göttliche Eigenschaft, kann »untergehen« in Gott, nach dem Begriff, wie er so vielen Erdenmenschen eigen ist. Nachdem aber der durch Gott beeigenschaftete Geist durch eigenes Ringen sich an der Kette der ewigen Gesetze emporgeschwungen hat, um im Lichtkreis des Urlichtes stehen zu dürfen, wenn er also von diesem Licht umflutet ist, hebt dasselbe jede dieser Eigenschaften scharf, klar und strahlend zu ihrer gottbestimmten Vollkommenheit empor. Es ist unmöglich und undenkbar, dass jemals geschaffenes Licht sich vermischt mit Urlicht; aber indem es sich in dieses taucht, muss es sich nach ewigen Gesetzen zur Vollkommenheit seiner Wesenheit herauskristallisieren.

Die Individualität des Geistes

Frage:

Du lehrst uns, dass wir unsere Fehler nicht mit unserem wahren Ich – dem Empfinden unserer gottgegebenen Individualität – verwechseln sollen.

Unter diesem wahren Ich haben wir den ursprünglich reinen, gottgegebenen Keim verstanden, dessen Entwicklung zur geistigen Individualität unsere irdische Lebensaufgabe ist. Eigenschaften und Fehler, die wir erringen oder denen wir verfallen, stehen mit der Entwicklung unserer geistigen Individualität im engsten Zusammenhang, ja sie bilden durch innere Aufnahme die Bestandteile derselben.

Wie ist daher eine Verwechslung unserer Fehler und des »Ichs« aufzufassen?

Antwort:

Unser wahres Ich ist gleichbedeutend mit unserer »geistigen Individualität«, wie du sie nennst, und wie es eigentlich kaum nötig ist, sie zu definieren, denn sie kann ja gar nicht anders als geistig sein. Wenn du sagst:»Unter unserem wahren Ich haben wir den geistigen Keim verstanden, dessen Entwicklung zur geistigen Individualität unsere irdische Lebensaufgabe ist« – so irrst du, denn ihr habt schon eine Individualität, nicht nur einen entwicklungsfähigen Keim, in das Erdenleben gebracht. Ihr seid Geister gewesen, bevor ihr Menschen wurdet. Das sich aus der Materie herauskristallisierende Lebensprinzip ist, wenn es alle Stufen des organischen Lebens durchgemacht hat, noch nicht Geist, sondern erst ein Lebensprinzip, das die Vollkommenheit seiner Wesenheit erreicht hat. Hat ein Ding, ein Etwas, seine Vollkommenheit erreicht, so hört damit seine gesetzmäßige

Fortentwicklung auf. Ein solches Etwas kann nie von selbst, das heißt aus eigener Entwicklungskraft, die Anfangsstufe einer höheren Wesenheit erreichen. Dazu bedarf es eines Schöpfungsaktes Gottes – ein solcher Schöpfungsakt ist die Umwandlung des *ausgereiften, vollendeten* Lebensprinzips zum Geist.

Das, was ein Prinzip ist, ist keine Individualität; diese ist das Attribut oder der Stempel des Geistes. Ein Prinzip muss die Vollkommenheit seiner Wesenheit innerhalb einer genau begrenzten Zeit gesetzmäßig erreicht haben. Bei der Umgestaltung des Prinzips zum Geist setzt erst die Triebkraft des freien Willens ein, welcher auch ein Attribut des Geistes ist. Es ist so schwer, eurem Begriffsvermögen zu erklären, was eine Individualität ist. Im Alten Testament steht geschrieben: »Ich habe euch alle gerufen mit Namen.« Dieser Name ist die Individualität des Geistes. Wie die ganze unendliche Schöpfung ihrer Vollkommenheit entgegengeführt wird, so ist jeder einzelne Geist bei seiner Schöpfung vom Feuer seiner Individualität durchglüht, welche ihrer Vollkommenheit entgegenreift. Du kannst jede Individualität einen Gedanken Gottes nennen, einen gottgegebenen Namen. Die Art, der Stempel, das Antlitz des Geistes – sie sind dasjenige, was verhindert, dass die Geister beim Erreichen ihrer Vollkommenheit zu einer Einheit zusammenfluten, wie ihr es auszudrücken versucht, wenn ihr sagt: »Die Geister werden aufgehen in Gott«, oder wie mancher Buddhist seine Individualität im Nirvana untergegangen glaubt.

Die Individualität eines Geistes, das heißt seine wahre, ursprüngliche Individualität, hat daher mit seinen Fehlern nichts gemein; denn es ist gesetzmäßig nicht notwendig, dass ein Geist in Fehler verfalle. In seinem Willen liegt die *Möglichkeit*, nicht die *Notwendigkeit* des Falles. Der Geist kann seine Individualität ohne Fall der Vollkommenheit entgegenführen. Gebrechen und Krankheiten, obwohl fast kein Erdenmensch frei von ihnen ist, sind kein notwendiges Attribut der Menschheit. Sie kann sich freimachen durch ein rein geistiges Leben und wird dies auch mit der Zeit nach notwendigen Klärungsperioden erreichen.

Es ist immer ein Fall, der den Geist in die Materie zwingt. Die Fehler, die als Folge seines Falles mit seiner Individualität eng verwachsen, sind deshalb noch keine Bestandteile derselben, sondern nur zeitweise so eng mit ihr verwachsen, dass ihr Menschen sie als zu seiner Individualität gehörend betrachtet, anstatt sie als fremde Stoffe zu erkennen, die sich mit dem Urstoff verbunden haben und wieder ausgeschieden werden müssen.

Ich weiß es, lieber Bernhard, dass diese Lehre nicht ganz übereinstimmt mit der lieb gewonnenen, früher erhaltenen Lehre. Ich bitte dich aber, sie dennoch genau zu prüfen. Du glaubst, dass eine Individualität ein von den Menschen gebildetes Etwas ist, während ich dir sage, dass das, was du unter einem geistigen Keim verstehst, sich so wenig aus eigener Entwicklungskraft zu einer Individualität ausbilden könnte, wie das Lebensprinzip aus eigener Entwicklungskraft Geist werden kann. Die Individualität ist ein gottgegebenes Attribut des Geistes, wie Liebe und freier Wille. Im Begriff *Geist* sind diese drei enthalten und müssen daher in der erreichten Vollkommenheit des Geistes auch ihre Vollendung erreichen.

Die zwei Lebenskräfte

Es gibt zwei Lebenskräfte, die das Universum durchfluten und beleben – Geist und Lebensprinzip. Geist ist die primäre Schöpfung des Urgeistes, und das Erreichen seiner Vollkommenheit ist der Schöpfungszweck und das Endziel jedes Lebenskeimes. Alle Materie ist der Vergeistigung fähig. Die euch Erdenmenschen sichtbare Materie ließe sich vergleichen mit dem zum Saum verdichteten Gewand der Gottheit. Die Materie zu verwandeln, zu vergeistigen und aus ihr Gewänder für Lebenskeime zu weben, ist die schöpferische Arbeit des Lebensprinzips. Die Kraft, die sich Gewänder webt, vom niedersten bis zum höchsten organischen Leben, ist eine begrenzende, sie ist nur eine *Kraft,* und obwohl innerhalb bestimmter Gesetze schaffend, ist sie doch ganz unberührt von den höchsten geistigen Gesetzen. In Unfreiheit gesetzmäßig wirkend, erreicht sie die Grenze ihrer Vollkommenheit, ohne Willensfreiheit, ohne Weisheit, ohne Gottesliebe zu kennen. Dann verwandelt der schöpferische Wille Gottes diese Lebenskraft zu Geist und stellt sie somit an die Pforte, die zu höheren Zielen führt. Was ein Lebensstrom war, in einem bestimmten Fluss dahinfließend, wird zu einzelnen Lebensquellen oder Sonnen. Freier Wille, Gotteserkenntnis und Individualität sind die neuen Attribute, welche die Lebens*kraft* zu gottähnlichem *Geist* machen.

Ich nenne Prinzip jene Lebenskraft, welche die niederen Stufen oder Formen der Materie bildend belebt, die aber aus eigener Entwicklung sich nie über eine tierische Materie belebende Kraft erheben kann. Sie kann sich selbst niemals mit jenen Eigenschaften versehen, die sie aufgrund der durch endliche Gesetze geleiteten Kraft zu einem gottähnlichen Geist machen. Das fehlende Glied sucht ihr umsonst in höher entwickelten Affenarten. Was Tiere belebt, ist bis zur Tierseele entwickelte Lebenskraft. Was Menschen belebt, ist

Geist. Wenn es dir den Begriff besser zu decken scheint, so setze statt des Wortes *umgeschaffen* das Wort *verwandelt.* Ich wollte mit diesem Wort nur den Willensakt Gottes bezeichnen, welcher den Strom der Lebenskraft zu Individualitäten teilte oder bildete, sie mit freiem Willen, Erkenntnis und der Fähigkeit der höchsten Liebe versehend. Sie zu Wesen formend, deren Gottähnlichkeit Bürge für das Erreichen höchster Vollkommenheit und in ihr Seligkeit ist.

Du glaubst, es könne für die nicht notwendigen Fehler des Geistes nur seine Individualität verantwortlich gemacht werden. Verantwortlich für seinen Fall ist der mit freiem Willen begabte Geist. Halte die Begriffe Geist und Individualität klar auseinander, denn sie decken sich nur zum Teil. Geist ist jene Schöpfung Gottes, die gottähnlich beeigenschaftet ist mit freiem Willen, der Fähigkeit höchster Erkenntnis und höchster Liebe. Er hat als Stempel, als Antlitz, als Eigenart, als Name, als Schlussstein jener Einheit, die es ihm unmöglich macht, jemals unterzugehen, das heißt sich in einem anderen Geistwesen (und sei es der Urgeist selbst) aufzulösen – die Individualität erhalten. Ich verstehe nicht, was dir da noch unklar sein kann.

Der Geist verlässt gesetzliche Bahnen in Folge seines freien Willens. Wenn er aber diese Bahnen verlassen *müsste,* wo wäre da der freie Wille? Er nimmt dadurch Fehler auf in seine ursprünglich reine, aber nicht zur Vollkommenheit ausgereifte Individualität. Der freie Wille bleibt nun, wie er es anfangs war, in Kraft, um diese fremden Stoffe zu verdichten, zu vermehren oder sie auszuscheiden. Alle Fehler und Unvollkommenheiten sind vergänglich, der Geist und sein Antlitz, die Individualität, sind ewig, und das Vergängliche kann nie einen Bestandteil des Ewigen ausmachen. Das Ewige kann getrübt werden durch das Vergängliche; doch wird es immer das nicht zu ihm Gehörende ausstoßen.

Unter dem Begriff »Baum« verstehst du doch nicht auch das Moos, das ihn bedeckt, obwohl es im Baum wurzelt und die ganze Gestalt des alten, kranken Baumes bedecken kann? Der Baum stirbt und das Moos mit ihm; aus seinem Samen aber entsteht ein neuer Baum derselben Gattung, den das Moos nicht bedeckt, weil er gesund und kräftig ist. So versteht unter dem Begriff »Individualität« nicht etwas, was fehlerhaft ist. Für kurze Zeit kann ein Fehler zur Individualität zu gehören scheinen; doch sind solche Fehler nur Krankheiten, fremde Stoffe, welche die Individualität ausscheidet.

Seid vorsichtig, nicht einen zu kleinen Maßstab, zu enge Grenzen an Gottes Schöpfungen, an Gottes Gesetze zu legen. Das winzige Zeitteilchen eines Menschenlebens und der im Vergleich kleine Zeitteil, in dem der Geist irrt, schwankt, fällt und sich emporringt, muss stets vergleichend mit der Ewigkeit der erreichten Vollkommenheit betrachtet werden; sonst entstehen irrige Begriffe, verzeichnete Bilder, an falsche Stellen gebrachte Schwerpunkte. Wenn ihr euch frei gemacht haben werdet von Zeit, von Materie und allem Vergänglichen, dann erst könnt ihr richtig beurteilen, was Bestandteile einer ewigen Schöpfung und was die Sandkörner und Staubatome sind, die ihr für Sekunden anhaftet auf ihrem Weg von Sphäre zu Sphäre.

Reinheit und Größe des Geistes

Immer reiner, größer, durchgeistigter muss die Menschheit werden. Auch für den Erdenmenschen naht die Zeit, da er sich seiner wahren Wesenheit bewusst werden muss. Wir reine Geister warten auf diese Zeit, um mit euch verkehren zu können; denn nur euer Unverständnis macht uns stumm.

Unter Reinheit müsst ihr aber nicht nur ein euch Fernhalten von plumper, derber Sünde in Tat und Gedanken verstehen, sondern Reinheit, Klarheit und Lauterkeit all eurer Handlungen und deren Motive. Christus sagt, dass jene, die reinen Herzens sind, Gott schauen werden, das heißt sie werden das Göttliche in jener Offenbarungsform, die ihrer Entwicklungsstufe verständlich ist, erschauen.

Die Reinheit, von der ich rede, besteht nicht nur in der kristallhellen Klarheit des Geistes selbst, sondern in der klaren Erkenntnis all seiner Empfindungen. Diese Reinheit wird dem Geist zu einer Kraft, die ihn in der Unterscheidung zwischen Hauptsache und Nebensache nicht irren lässt, die eine so starke Anziehungskraft höchster Reinheit auf ihn möglich macht, dass er, ohne je vom geraden Weg abzuweichen, seinem Ziel mit ständig zunehmender Kraft entgegeneilt. Ein solcher Geist verfügt intuitiv über alle Wahrheit, die seiner Wesensstufe aufzufassen nur möglich ist. Er ist glücklich und lebt in den engen Ketten irdischer Schmerzen. Diese Reinheit ist Bedingungsstufe wahrer Größe.

Was wir Größe nennen, könnt ihr Menschen kaum noch fassen; bedarf es doch für die große Mehrzahl der Menschen festen Willens und stärkster Gebote, um die Bedingungsstufe ›Reinheit‹ zu erkennen und zu erlangen. In der erreichten Größe eines Geistes liegt ein Kraftgefühl, das ihn fähig macht, immer wieder von seinen lichten

Höhen in die dunklen Tiefen seiner armen Brüder herabzusteigen, dabei sicher seiend, dass an ihm nichts Dunkles haften bleiben kann, wohl aber, dass er imstande sein wird, den einen oder anderen seiner Brüder in den Kreis seiner Anziehungskraft zu bringen und dann mit sich in reinere Sphären zu heben. Selbstlosigkeit, so stark und vollkommen, wie sie sich der Durchschnitts-Erdenmensch kaum vorzustellen vermag, ist ein notwendiges Attribut wahrer Größe.

Glaubt nicht, dass Geister, die solche Größe erlangen, jemals Missachtung oder gar Verachtung für den Ärmsten ihrer armen Brüder empfinden können. Das sind Gefühle, die nur ihr aus eurer großen Unvollkommenheit heraus für eure Brüder, die sich von euch nur durch ihre Fehler unterscheiden, empfindet. Wenn wahre Reinheit auch nur anfängt, einen Geist zu durchglühen, sind solche Empfindungen schon unmöglich.

Wahre Reinheit lässt den starken Quell des Mitleids im Geist entspringen, um alle armen Brüder mit ihm zu überfluten und das Hässlichste in ihnen mit immer stärkerem Strom zu übergießen. So nur ist der reine Geist imstande, dem armen Bruder zu helfen und ihn zu erheben. Das ist es ja, was den reinen Geist aus *seinen* Sphären in die eure zwingt. Das ist die Freiheit des Gottesdienstes. Solche Größe durchgeistigt das Geistwesen.

Geist ist jene direkte Schöpfung Gottes, die, mit freiem Willen begabt, in ihrer Entwicklung die höchste Vollendung erreicht. Indem dieser Geist an Erkenntnis, Größe und Liebe zunimmt, ermöglicht er es durch das Erreichen eines bestimmten Lichtkreises oder einer Entwicklungsstufe, dass eine direkte Ausstrahlung der Gottheit auf ihn fällt und sich mit ihm verbindet. Dies ist angedeutet in den Worten des Psalmisten: »Wenn ich erwache nach deinem Gleichnis, werde ich gesättigt sein.« Das ist die Nahrung, die den Geist, der »hungert und durstet nach Gerechtigkeit«, befriedigen wird. Das sind die Wasser, von denen Christus sprach, dass, wer von ihnen trinke, nie wieder dürsten werde. Auch Geister, die also gesättigt und durchgeistigt sind durch die Berührung mit höchstem Geist, nehmen Liebesmissionen in die Tiefen auf sich. Solche Geister können nicht mehr fallen. Ihre Erkenntnis, ihre Liebe, ihre gottähnliche Macht, bedingt durch ihre Verbindung mit Gott, machen jeden Rückschritt unmöglich. Das sind die Söhne Gottes. Das war unser Meister!

Ringt euch empor, liebe Menschen, aus eurer Kleinlichkeit, aus eurer Unlauterkeit zu jener Stufe der Reinheit, die euch möglich ist. Strebt das Höchste an, sucht es zu erfassen. Sagt nicht, dass ich zu viel verlange. Sagt nicht, dass ich nicht wissen kann, was dem Erdenmenschen möglich ist. Euer *Menschtum* ändert an eurer Wesenheit nichts, und jeder höhere Geist durchschaut und erkennt, was unter ihm steht. Ich weiß, was ihr heute versteht, was ihr in zehn Jahren verstehen werdet; doch schwer, ja fast unmöglich ist es für den höheren Geist, seine Worte nur dem Augenblick anzupassen. Der Augenblick schwindet, die Wesenheit wächst – und mit ihr das Verständnis, die Erkenntnis des Geistes.

Wenn ihr einzelne meiner Worte nicht versteht, so lasst sie liegen und arbeitet an eurem Fortschritt, an eurer Klarheit und Lauterkeit, und die Zeit des Verständnisses wird kommen. Es gibt Sommersaaten und Wintersaaten, und jede Saat hat ihre bestimmte Zeit, in der sie still liegen muss. Ist es Frühling geworden auf eurer Erde, so keimt sie rasch, ist es Spätherbst oder Winter, so liegt sie lange still. Doch die Zeit der Ernte naht, und goldene Früchte reifen zu eurer Nahrung. Darum Geduld, liebe Menschen, mit euch selbst und mit uns. Es ist schwer, das Lebendige mit dem Damm des Toten zurückzuhalten. Manchmal überfließt das Lebendige jeden Damm; doch ist der Schaden nicht groß, wenn es nur Lichtwellen sind, die ihn überfluten. So wachst in der Erkenntnis, in der reinen Sehnsucht, in der Klarheit und Lauterkeit, und wir werden euch immer mehr geben können von dem, was stets an Wert für euch gewinnen wird.

Die innere Freiheit des Geistes

Der aufwärtsstrebende Geist strebt vollendeter Freiheit zu; seine vornehmste Aufgabe ist es, sich schon im Erdenleben wahrer Freiheit bewusst zu werden.

Ich sage: Seine vornehmste Aufgabe, denn allein in der Atmosphäre, die ich wahre Freiheit nenne, kann wahre Liebe erwachen und sich zur Vollendung entfalten. Die Freiheit nach außen, die Freiheit in ihrer Erscheinungsform, wie sichtbare Macht oder Beherrschung endlicher Gesetze, ist die Folge wahrer innerer Freiheit, welche wieder eine Folge der Erkenntnis des Ewigen ist, des klaren, ganzen Lebens in ihm. Wenn die Menschen sagen, es fehlt ihnen jede Freiheit, so irren sie in ihrer Kurzsichtigkeit. Sie betrachten das einzige Lebensatom, ihre irdische Vergangenheit, und folgern: Das Geschick, die äußere Einwirkung auf mein Leben, wie Erziehung und Schicksale, haben mich zu dem gemacht, was ich bin. Weil ich nun so bin, kann ich nicht anders, als meiner Wesenheit nach zu handeln. Doch nicht das Schicksal hat den Charakter gebildet, sondern dieser, als das äußere, sichtbare Zeichen des inneren, wahren Wertes des Geistes, formt das Schicksal oder die Atmosphäre, welche diesem Geist im Augenblick notwendig ist.

In groben Umrissen formt ihr euer Erdenleben, bevor ihr in dasselbe eintretet. In täglicher, stündlicher Arbeit formt ihr daran weiter – stets Herren eures Schicksals in dem Maß, wie ihr Herren seid eurer selbst. Ein Geist im Menschenkleid ist ja noch ein Wesen auf tiefer Entwicklungsstufe, seine Freiheit muss daher, namentlich in ihrer Erscheinungsform, sich als etwas Unentwickeltes zeigen – von wahrer Kraft noch nicht durchglüht.

Ihr Menschen seht alles nur in seiner Erscheinungsform, nicht in seiner wahren Wesenheit, die derselben zugrunde liegt. Die wahre Freiheit liegt als gottgegebener Keim im Geist und ist als solcher göttlich, das heißt ewig, durch nichts zu verlieren, ein unauslöschliches Licht, weil vom Urlicht selbst als Lebensquell in den Geist gelegt. Ihr könnt diesen Quell einschließen, ihn verschütten durch Sündenfall, Irrtum oder Unklarheit – er steigt immer wieder mit gleicher Lebenskraft in euch empor, Schlacken und Schlamm durchdringend, um endlich eure ganze Wesenheit zu überfluten, ein Lichtmeer um euch ergießend. Werdet euch dieser inneren Freiheit bewusst und betätigt sie durch Beherrschung dessen, was ihr vielleicht bisher gewohnt ward, als eure Former und Bildner zu betrachten. Bleibt euch in jedem Augenblick dessen bewusst, was ihr seid – aufwärtsstrebende Geister, die ihre innere Freiheit ununterbrochen betätigen. Bewusst oder unbewusst bilden sie ihre Zukunft, formen ihre Schicksale, lassen ihre gottgegebenen Schwingen entweder kraftlos hängen oder entfalten sie zum herrlichen Flug von Sphäre zu Sphäre, von Kraft zu Kraft.

Selbstbeherrschung nach innen und außen ist die erste Notwendigkeit zum Wachstum wahrer Freiheit – die Beherrschung der Verbildungen eurer Individualität, zur Ermöglichung der Entwicklung eurer wahren Wesenheit. Furcht, Unruhe oder Verzagtheit sinken ins Nichts zurück vor eurer Erkenntnis, dass nichts, was an euch herantritt, anders sein kann, als gut für euch. Die notwendigen Lehrmeister verändern sich an Gestalt und Form je nach eurer Umbildung. Es steht in eurer Macht, in jedem Augenblick eures Lebens Grundsteine zu einem herrlichen Bau zu legen. Der Wunsch nach irdischem Wohlergehen geht unter in der Sehnsucht nach wahrem Wohlergehen, nach Zunahme an wahrhaft beseligenden Empfindungen wie Kraft oder Liebe.

Als Folge dieser wahren Freude schließen sich dann von selbst die kleinen funkelnden Kristalle irdischer Freuden an; als Folge des Sonnenscheins und Morgentaus wahren Gottvertrauens. Aus der Erkenntnis der Gotteskindschaft, der Gottesführung, der angestrebten Gottesliebe erwachsen die irdischen Blumen auf deinem Weg und besäen ihn mit farbigen Sternen, alle Steine mit ihren Blüten deckend. Doch sind sie von euch als von nebensächlichem Wert erkannt, und selbst wenn sie spärlich blühen, bleibt euch der Friede, der in eurer Erkenntnis, in eurem zielbewussten Fortschritt wurzelt.

Je weniger eure Verbildungen eure wahre Freiheit hemmen, desto mehr kommt euch diese als Empfindung ruhiger Kraft zum Bewusstsein. Ihr hebt das Haupt in das Licht der ewigen Gesetzeswelt empor, und je mehr ihr in das Ewige blickt, desto wahrer wird euer Geist, bis ihr, ganz in diesem Licht stehend, von Wahrheit gesättigt werden könnt und keiner anderen Nahrung mehr bedürft, keine andere Nahrung mehr aufnehmen könnt.

Wenn ihr die Wonne, die tiefe, weite Seligkeit auch nur ahnen könntet, die solche Geister erfasst und in berauschender Sphärenmusik dem inneren Jubel Ausdruck verleiht, eure ganze Wesenheit müsste erzittern vor erwartungsfreudiger Sehnsucht, solcher Seligkeit entgegenzustreben. Euer irdisches Leben könnte nichts anderes sein als klare, zweckbewusste Arbeit, die ihre Befriedigung in sich trägt.

Gesetz und Freiheit

Das Gesetz ist der Ausfluss der Weisheit und der unteilbaren Einheit Gottes. Das Gesetz ist ewig, wie der, von dem es ausgegangen ist. Gesetzlosigkeit würde jede Freiheit unmöglich machen, da diese nur in der Vollkommenheit zu finden ist. Das ewige Gesetz verwandelt sich uns zu Gesetzen, dem Bedürfnis der unvollendeten Schöpfung entsprechend. Gesetz ist, dass jeder Geist die Vollkommenheit seiner Individualität erreicht, dass gewordene Vollkommenheit sich nicht mit ewiger Vollkommenheit vermischen kann.

Gesetze sind: Arbeit und Sühne, Solidarität der Geister und all die Naturgesetze, deren Verwandlung mit jener der Natur verbunden ist. Die Liebe ist die Vollendung der Gesetze. Durch die Gesetzesführung erreicht der Geist seine Vollkommenheit, und diese erhebt ihn über alle Gesetze, da die Vollendung der Liebe und der Erkenntnis sein Führer geworden ist. Sie erhebt ihn über die Gesetze, weil er in den Lichtkreis des höchsten Gesetzes eingetreten ist. Aber die Gesetze wirken weiter, Welten führend und erlösend.

Ihr könnt nicht verstehen, was wahre Freiheit ist: Sie ist Geistesgröße, schöpferische Kraft, Erkenntnisvollendung und Liebesvollkommenheit.

Dem Geist, der die wahre Freiheit errungen hat, ist jeder Fehler, jeder Irrtum, jeder unklare Begriff unmöglich. Nach euren Begriffen von Freiheit müsste diese in ihrer Vollendung alles möglich machen, doch Freiheit ist nicht Gesetzlosigkeit, und dem Gesetz seiner Wesenheit entwächst kein Geist.

Die Einheit des vollendeten Geistes

Ich möchte euch die Einheit und Einfachheit des vollendeten Geistes klarmachen. Dies werden klarere Begriffe für euch werden können, als das Dualverhältnis der Geister.

Die Einheit des vollendeten Geistes besteht darin, dass das Gleichgewicht all seine Kräfte oder Wesenheitsattribute, wie Erkenntnis, Weisheit, Wille, Tatkraft oder Freiheit, ein vollkommenes ist. Keine dieser Kräfte ist anders als in der Liebe und durch die Liebe geleitet, da der Geist relative Liebe geworden ist, so wie Gott absolute Liebe ist. Durch diese geistige oder eigenschaftliche Vollendung des Geistes hat auch sein Stoffliches oder Elementares die Vollkommenheit erreicht, welche ich mit Wesenheitsvollendung bezeichnen möchte. Diese Wesenheit ist einfach, reines Element, dem ewigen Gesetz der Anziehungskraft von Gleichem auf Gleiches unterworfen oder (um euch vielleicht einen klareren Begriff zu geben) in den Lichtkreis der Führung und Wirkung dieses Gesetzes eingetreten durch das Ausscheiden aller unreinen, nicht ewigen Stoffe, die sich im Laufe seiner Entwicklungszyklen in niederen Sphären mit ihm vereint haben.

Da diese Einfachheit, dieses vollkommene Gleichgewicht aller ewigen Kräfte des Geistes sein Endziel und Ursache der Wesenheitsvollendung ist, möchte ich dem Erdenmenschen immer wieder zurufen: »Seid einfach, widerspruchslos, klar und wahr. Soweit es eurer Stufe möglich ist, strebt jetzt schon dieses Gleichgewicht der in euch nun zur Entwicklung kommenden ewigen Kräfte an. Strebt mit ganzer Kraft, und ihr könnt die Schnelligkeit des Fluges, der euch möglich ist, gar nicht ermessen. Breitet die Schwingen eures Willens nur weit aus. Die Luft, die diese Schwingen trägt, sie erhebt und der Sonne näherbringt, ist da. Sie ist die Gesetzeswelt, aus der Gottesliebe und Gottesweisheit hervorgegangen sind, in euch und um euch ewig seiend und wirkend, wie der Äther, der das Universum erfüllt.

Strebt, ringt, erweitert das Feld eurer Erkenntnis durch die Kraft und Macht eurer wahren Güte und findet darin den Beweis, dass die Vollendung des Geistes in seiner Einheit liegt.

Raum und Zeit

Ihr könnt euch keine wahren Begriffe des Lebens im Geistigen machen, wo der Wille und die Sehnsucht die Erfüllung und Befriedigung so nahe bringen. Im materiellen Leben bedarf der Wille einer Materialisation – der physischen Tat. Viele Menschen, deren Wille gut ist, verstehen die Gesetze der Materialisierung dieses Willens nicht ganz. Die Güte der Tat bleibt hinter der Güte des Willens zurück.

Der Geist hat nur eine Sprache: Den Gedanken, den Willen, die Sehnsucht, und es bedarf keiner Übersetzung oder Materialisation zur Tat. Wille und Tat sind eins. Der Geist, der sich reine, ungetrübte Sehnsucht nach Erkenntnis und gottähnliche Liebe errungen hat – dem diese Sehnsucht als Folge seines Ringens nach geistiger Vollendung zuteil geworden ist – dieser Geist findet so viel Befriedigung, so viel Freiheit, dass Zeit und Raum aufhören, für ihn wahre Begriffe zu sein.

Was ist Raum für einen Geist, dessen Freiheit und Wille ihm immer größere Sphärenkreise erschließen? Was ist Zeit für einen Geist, dessen Maß Wahrheit geworden ist? Nicht mehr ein Maß von der Bewegung der Materie, wie es die Achsendrehung des Erdballs festgesetzt hat, sondern bestimmt von seiner *eigenen* Bewegung, von seinen gesetzlichen Entwicklungsbahnen von Erkenntniskreis zu Erkenntniskreis, bis zum Erreichen seiner Vollkommenheit. Versteht ihr, was solche Fesseln der Materie für den Geist sind? Seine niedere Stufe überliefert ihn den Gesetzen der Materie, seine geistige Entwicklung erhebt ihn über diese Gesetze und führt ihn in die Freiheit ewiger Gesetze ein, welche Freiheit mit dem Erreichen vollendeter Liebe ihre Vollendung erreicht. Betet für alle diese Strebenden:

»Vater, gib ihnen die Erkenntnis deiner Größe und die Erkenntnis, dass sie den Gesetzen von Zeit und Raum entwachsen können. Die

Erkenntnis, dass sie damit den ersten Schritt zum Ergründen deiner absoluten Ewigkeit getan haben – nach der Möglichkeit für die Erschaffenen, das Unerschaffene zu ergründen.«

So gebt ihr ihnen heute, was sie heute benötigen; denn das Bedürfnis der Geister ändert sich mit ihrem Fortschritt, und allein das Gebet:

»Herr, erfülle deinen Willen ganz und voll an diesem Geist« – ist dem Bedürfnis *aller* Geister, auf jeder Entwicklungsstufe, angepasst.

Die Tätigkeit des Geistlebens

Frage:

Wir bitten dich, soweit dies möglich ist, uns mehr über die Ausführung von Handlungen und Aufgaben der Geister kundzugeben. Du sagst: »Der Wille des Geistes ist seine Tat.« An anderer Stelle lehrst du: »Den Geistern sind bestimmte Aufgaben gegeben.« Kann der Geist eine Aufgabe nur durch seinen Willen, ohne Tat, ausführen?

Antwort:

Es ist nicht möglich, euch Menschen einen klaren Begriff der Tätigkeit des Geistlebens zu geben. Die Materie macht einen Bestandteil des Menschen aus. Alles, was der inkarnierte Geist ist, fühlt und empfindet, was ihn zur Handlung bringt, kann nur durch die Materie zum Ausdruck gelangen. Sogar der ihm vom fremden Geist übertragene Gedanke gelangt dem inkarnierten Geist erst durch das Medium des Gehirns zum Bewusstsein. Er kann sich daher keinen klaren Begriff eines Lebens machen, das der Materie entwachsen ist. Ich wollte euch nur zeigen, wie viel schwerer es für den tief gesunkenen entkörperten Geist ist, den Versuchungen, welchen ihn seine tiefe Stufe aussetzt, zu widerstehen, als für den tief gesunkenen Geist im Menschenkleid, da letzterer seinen Willen zur Tat materialisieren muss, während bei ersterem der Wille an sich schon die Tat enthält.

Der tief gesunkene Geist übt sowohl physisch als auch moralisch einen Einfluss zum Schlechten auf den inkarnierten Geist aus, wenn dieser ihm nicht so weit überlegen ist, dass die ihn umgebende reine Sphäre ein Vermischen mit der Lebenssphäre des Tiefgesunkenen unmöglich macht. Auch hier gilt das Wort: »Wer hat, dem wird gegeben werden, und wer nicht hat, von dem wird auch das, was er hat, genommen werden.«

Je reiner der Geist, desto weniger empfindet er das schwere, nie-derdrückende Element der ihn wechselnd oder stetig berührenden Welle der tief gesunkenen Geisterwelt. Wie das ganze Geistleben durch Gesetze geführt und vervollkommnet wird, so zieht die er-rungene Reinheit, die Kraft und eine bestimmte geistige Stufe der Versuchungsmöglichkeit eine Grenze, die nicht überschritten wer-den kann, weil sie gesetzlich ist. Die Kirche lehrt, dass Sünde dem entkörperten Geist unmöglich sei, und irrt in ihrer Lehre nur um ein Zeitteilchen, indem nicht die Entkörperung oder der Tod die Grenze bildet, sondern eine errungene geistige Stufe.

Mit jeder weiteren errungenen Stufe werden bestimmte Sünden und Fehler dem Geist unmöglich, wie es der Libelle unmöglich ge-worden ist, als Folge ihrer Entwicklung wieder in das Element, in dem sie auf unentwickelter Stufe ihre Lebensbedingungen gefunden hatte, auch nur vorübergehend einzutauchen. So schließt erreichte Vollkommenheit jede Möglichkeit eines Falles aus. Was aber die Tätigkeit solcher vollkommener Geister ist, vermögt ihr nicht zu ver-stehen. Die Einheit des Willens, der Tat und der jubelnden Seligkeit, wie sie das Leben im innersten Lichtkreis Gottes bedingt, geht weit über euer Ahnungsvermögen hinaus.

Die Aufgabe des Geistes entspricht stets seinem Wert und besteht darin, seinen Willen zur Wirkung auf bestimmte Kreise zu bringen. Ich spreche hier natürlich von einem hochstehenden Geist, dem sich schon das gesetzliche Leben der Opferfreudigkeit in der Bruderhilfe erschlossen hat. Es ist schwer, Geistleben und Wirkung eurem Be-griff klarzumachen. Es ist schwer, in eurer armen Sprache die Worte zu finden, die nicht nach einer Richtung den Begriff trüben, indem sie ihn nach der anderen Richtung ein wenig zu erhellen vermögen.

Ein Geist ist stets eine Kraft; die Wirkung dieser Kraft entspricht dem Willen und dem Wert des Geistes. Die Aufgabe oder Tätigkeit des Geistes ist eine wechselnde bis zur Erreichung seiner Vollkommen-heit; und mit dem Erreichen dieses Endzieles geht euch jeder Begriff der gesetzlichen Wirkung einer solchen selbsttätigen Macht verloren. Der gut wollende Geist jeder Stufe bis zum Erreichen dieser Grenze ist in seiner Tätigkeit, im gesetzlichen Fortschrittswollen wechselnd, Perioden der Aufnahme und der Übertragung unterworfen.

Versteht mich recht. Eine Periode der Aufnahme schließt nicht eine gewisse Tätigkeit der Übertragung aus und umgekehrt; doch gibt es für jeden fortschreitenden Geist wechselnde Zyklen, in welchen das Reifen durch Aufnahme und das Ausgießen gewisser Kräfte, die er sich erworben hat, Hauptaufgabe ist. Sein Wille entspringt dann der Erkenntnis dessen, was ihm nun Bedürfnis und was nach Gottes unermesslicher Weisheit zu gleicher Zeit bestimmt ist, die beste und ausgedehnteste Wirkung auf seine Bruderkreise auszuüben.

Indem es der Geist durch reines Sehnen, das der Stufe seiner Errungenschaften entspricht, höheren Geistern möglich macht, ihm vergeistigte Elemente der Erkenntnis, Wahrheit und Güte zu bringen, so dass er sie gesetzlich aufnehmen und zu seinem Eigentum machen kann, wird er als verbindendes Glied der Bruderkreise seiner Aufgabe, das heißt seiner Bestimmung, gerecht; denn er betätigt in der folgenden Periode der Übertragung das Erworbene in dem Bruderkreis, dem er entwachsen ist. So kann euch eine Ahnung zuteil werden von der heutigen Tätigkeit der Apostel und aller Geister ihrer Stufe, die eine solche Periode der Aufnahme vollendet haben und in der kommenden Ära der Vergeistigung eurer Erde durch die Erscheinungsform des Spiritualismus die Übertragung ihrer Kräfte auf die verkörperten und entkörperten Erdengeister zur Wirkung bringen werden.

Schutzgeister

Frage:

Hat der Charakter eines Schutzgeistes mit dem seines Schützlings Ähnlichkeit? Haben sehr schlechte Menschen überhaupt Schutzgeister und führen sie nach dem Tod eines Menschen ihr Amt noch fort?

Antwort:

Ich sagte euch schon, dass eine gewisse Ähnlichkeit zwischen Schützling und Schutzgeist besteht. Es ist dies natürlich eine Ähnlichkeit der geistigen Stufe, die sie sich errungen haben. Die Arbeit eines Geistes entspricht immer seinem Wert. Die Arbeit, einen tiefstehenden Menschen zu etwas wahrerer Empfindung und Anschauung zu verhelfen, vermag ein gut wollender, nicht weit vorangeschrittener Geist zu leisten; und zwar besser zu leisten als ein hochstehender Geist, weil ersterer eine solche menschenähnliche Sprache spricht und weil auch der Stoff seiner Fluide sich besser mit dem fluidischen Kreis des Menschen vermischt. Ganz tiefstehende Völker, die ihr unter dem Namen »Wilde« zusammenfasst, sind natürlich ebenso von einem Geistleben umgeben, das ihrem Wert entspricht, wie ihr es seid. Das beste von diesem Geistmaterial vermag es, Schutzgeistarbeiten bei ihren tieferstehenden Brüdern zu übernehmen, da diese bei tiefstehenden Völkern hauptsächlich darin bestehen, sie vor der Einwirkung ganz schlechter, teuflischer Geister zu schützen.

Wenn ein Mensch mit Vorsatz und Wollen schlecht ist und die Stimme des Gewissens konsequent betäubt, so kann der Schutzgeist seines Amtes nicht mehr walten und verlässt diesen Menschen, weil es zwecklos geworden ist, ihn länger zu umgeben. Die Entsprechung der endlichen mit den geistigen Gesetzen ist überall vorhanden und muss von euch gefunden werden. Es ist ein ewiges Gesetz, dass alles Zwecklose erlischt. Die Natur übersetzt es in ihre Sprache, indem sie zwecklose Organe durch Rückbildung verwischt und aufhebt.

Wenn ein solcher Mensch Reue empfindet und das Gute anstrebt, so wird ihm wieder so viel Hilfe zuteil, als seinem Wert und Wollen entspricht. Ihr müsst euch das Schutzgeist-Amt nicht als etwas nach einer bestimmten Schablone Gemachtes denken.

Im Geisterreich herrscht wahrhaftes Leben. In stetigen Verwandlungen und Berührungen mit höherem Leben strebt alles der Vollkommenheit entgegen. Es ist nicht notwendig, dass ein Schutzgeist von der Inkarnation bis zum Ende des Menschenlebens an den Menschen gebunden ist. Wenn ein Mensch eine geistige Arbeit hat, zu der er höherer Führung bedarf, so wird ihm dieselbe durch einen hochstehenden Geist zuteil. Doch bedingt dies nicht, dass der Geist so an den Menschen gebunden ist, wie ihr dieses Wort versteht. Es besteht zwischen ihnen ein geistiges und fluidisches Band, das die sofortige Gedankenübertragung ermöglicht, das aber keine Fessel in eurem Sinn für den Geist ist, da es ihn nicht hindert, sich in seine Geistheimat zu schwingen und mit seinen Geistbrüdern dort zu verkehren. Zeit und Raum sind, wenn auch noch nicht vollkommen aufgehoben, doch von solchem Geist beherrscht.

Es wechseln auch die leitenden Schutzgeister der Menschen mit dem Wechsel ihrer Arbeit, ihres geistigen Fortschritts. Ihr Menschen seid in eurem geistigen Wert erkannt, genau bemessen und klar durchschaut von einem höheren leitenden Geist.

Eurem Wert einen entsprechenden Wert nach dem Gesetz der Solidarität zur Hilfe zu geben, ist die Aufgabe jener geistigen Reife und Weisheit, welcher schon ein Führeramt in materiellen Welten gegeben worden ist.

Träger göttlicher Offenbarungen

Frage:

Sind die Träger göttlicher Offenbarungen an die Menschheit ausschließlich ursprünglich rein geschaffene Geister, welche sich zur Vollkommenheit emporgearbeitet haben, oder kann eine solche göttliche Mission auch einem Geist auf dem Weg der Reinkarnation übertragen werden, welcher das materiell-geistige Dasein in Menschengestalt durchlebt hat?

Antwort:

Was nennst du Träger göttlicher Offenbarungen?

Göttliche Offenbarung ist alles, was dem Menschen zur wahren, geistigen Nahrung dient. Diese Nahrung ändert sich mit dem Wachstum der Menschheit, doch alle solche Nahrung wird der Menschheit dem ewigen Gesetz zufolge so geboten, dass jedes Geistwesen das erreichen und aufnehmen kann, wodurch sein geistiger Fortschritt bedingt ist.

Die Träger solch göttlicher Offenbarungen sind daher sehr verschiedener Art. Die Materialisation ist eine göttliche Offenbarung; doch sind die Träger derselben auf keiner hohen geistigen Stufe. Ein Geist kann das Menschenkleid annehmen, um Träger einer göttlichen Offenbarung zu sein. Ein Geist kann vor Jahrtausenden in einem solchen Kleid auf Erden gelebt und längst die Erdenschule absolviert haben. Er kann wieder in die Erdensphäre zurückkehren, um entweder im Erdenkleid oder als Leiter eines Mediums weitere geistige Nahrung zu bringen.

Wenn nur reine Geister, die sich ohne Fall zu ihrer Vollendung emporgearbeitet haben, Träger göttlicher Offenbarungen sein könnten, so wäre eure Erde seit der Inkarnation Christi ohne Nahrung geblieben. Doch Gott lässt immerfort Geistkräfte in eure Welt strömen, die ihrer Wesenheit nach befähigt sind, Träger göttlicher Wahrheiten zu sein. Ich sage »Wahrheiten«, denn solche Träger sind Überbringer von Teilen, der eine diesen, der andere jenen Lichtstrahl auffangend und weiterstrahlend. Der Lichtbringer sind viele, die in euren Nebel hineintauchen und ihn zum Teil erhellen.

Wer sie sendet, ist die Liebe, und was es ihnen ermöglicht, ist das Gesetz der Solidarität der Geister.

Die Solidarität der Geister

Arbeite im Geistigen, so viel du kannst, denn ich möchte durch dich den Menschen die enge Verbindung und Verbrüderung alles wahren Lebens, einerlei ob innerhalb oder außerhalb des materiellen Kleides, erklären. Wenn einmal das intensive Licht der Überzeugung, dass die Solidarität der Geister eines der ewigen Gesetze Gottes ist, die Menschheit durchdringen würde, so könnte sie sich durch Anerkennung und Annahme dieses Gesetzes in eine höhere Sphäre erheben, in welcher sie von manchen endlichen Gesetzen und den damit verbundenen Leiden, die heute noch das Zepter über die arme Menschheit schwingen, frei wäre. Die Solidarität der Geister ist ein ewiges Gesetz, für euch das vornehmste, obwohl in Wahrheit keines dieser Gesetze größer ist als das andere, da sie sich zu *einer* großen Vollkommenheit verbinden und ihre Wechselwirkung von der *einen* großen göttlichen Wahrheit bestimmt und festgestellt ist.

Doch für euch ist es jetzt das vornehmste Gesetz, denn es ist nach eurer Entwicklungsstufe die Wahrheit, die von euch zunächst anerkannt und *gelebt* werden muss, um die Atmosphäre zu schaffen, durch welche weitere ewige Gesetze zu euch dringen können, euch die größere Freiheit der Beherrschung endlicher Gesetze bringend.

Die erste notwendige Errungenschaft, um die Solidarität der Geister anzuerkennen und ihr gemäß zu leben, ist Selbstlosigkeit. Der unentwickeltste Geist im Menschenkleid denkt nur an sich. Er ist mit dem Hund vergleichbar, der, obwohl selbst gesättigt, doch seine Futterschüssel mit Zähnefletschen bewacht, damit kein anderer hungriger Hund einen Brocken daraus erwische. Die nächste Entwicklungsstufe solcher Geister ist die, dass sie von ihrem Überfluss etwas abgeben; die folgende, dass sie für jene, die ihnen am nächsten stehen, kleine Entsagungen auf sich nehmen. Geister auf niederer Entwicklungsstufe haben eine enge Grenze der Liebesfähigkeit. Das

Verhältnis von Mutter und Kind ist beispielsweise eine mächtige Hilfe für den unentwickelten Geist, um einen Begriff von entsagender Liebe zu erhalten. Mutterliebe ist etwas erweiterte Selbstliebe und steht in Wahrheit auf einer der untersten Stufen jener Liebesentwicklung, die ihr Ziel und ihre Vollendung für den geschaffenen Geist in der Aufnahme und dem Zurückstrahlen der Gottesliebe erreicht.

Die Sinnlichkeit, die ihr Menschen Liebe zu nennen pflegt, hat mit Liebe überhaupt nichts zu tun; denn wahre Liebe ist ewig, Sinnlichkeit aber ein Ergebnis des Geisterfalles, der damit verbundenen Verdichtung der Materie und folglich vergänglich.

Viele Menschen werden sagen, dass die Mutterliebe die edelste, opferfähigste Liebe sei. Sie wird ja auf eurer unentwickelten Erde fast der göttlichen Liebe gleichgestellt. Ein trauriges Zeichen eurer Entwicklungsstufe, dass es dieser materiellen Verbindung des Gefühls: »Das ist mein Fleisch und Blut« bedarf, um euch opferfähig zu machen. Die Selbstlosigkeit eines Menschen muss eine gewisse Entwicklungsstufe erreicht, eine gewisse Klarheit vor seinem geistigen Auge geschaffen haben, bis er die Solidarität der Geister als göttliches Gesetz empfindet und nach diesem Gesetz lebt, bis er es in seiner Verbindung mit höherem Geist, in der Wechselwirkung desselben auf seinen Geist und in jeder Handlung seines Lebens betätigt fühlt. So wie Gott jedem Einzelnen seiner Geistgeschöpfe die gleiche Liebe, die gleiche Quelle der Hilfskräfte gegeben hat, so haben auch wir, als erste Bedingung unserer angestrebten Gottähnlichkeit, die ganze Kraft unserer Opferfreudigkeit, die ganze Anziehungskraft unserer selbstlosen Liebe auf jeden unserer Brüder auszugießen. Weil Gott sie liebt, weil Gottes Gesetze sie alle führen, weil es keine Seligkeit der Vollendung für den Einzelnen geben kann, wenn er nicht mit dem Sonnenlicht seiner Wesenheit die Schatten, die noch seine Brüder umgeben, aufzulösen versucht. Solange der Geist seine Vollendung nicht erreicht hat, wird es immer ein Austausch der Gaben für ihn sein, wenn er dem unentwickelten Geist etwas aus seiner Welt bringt. Je mehr er nach den erkannten ewigen Gesetzen lebt, desto mehr nähert er sich dem Lichtkreis der verstandenen Gottesliebe. Verlässt aber der vollendete Geist diesen Lichtkreis, um seinen Brüdern zu helfen, so kann er von diesen nichts mehr empfangen, denn alles, was der Bruder dem Bruder geben könnte, ist schon in der Potenz der göttlichen Atmosphäre enthalten, welche die des Vollendeten geworden ist.

Strebt wahre Selbstlosigkeit an, liebe Menschen. Ihr könnt nur in dem Maße glücklich sein, in dem ihr das wahre Glück eurer Brüder mit ganzer Kraft, mit reiner, starker Liebe fördert.

Gott ist Liebe. Indem ihr in der Liebe lebt, steht ihr trotz materiellem Kleid in dem Lichtkreis gesetzlicher Geister und empfindet als solche den wahren Frieden, die wahre, aufjauchzende Freude, die nur von jenen empfunden werden kann, die sich durch alle Schatten des trägen Anerkennens in das reine Licht des Erkennens und Lebens durchgerungen haben. Seid wahr, seid treu und verschlaft nicht euer kostbares Erdenleben. Jeder Augenblick ist von Wert für euch, wenn ihr ihn nur zu leben versteht. Brecht die engen Schranken eurer Liebe nieder, schreitet darüber hinweg, wie dieselben auch heißen mögen: »Familie, Konfession oder Nation.« Ihr werdet den leiblichen Bruder nicht weniger lieben, wenn ihr erkennt, dass die ganze Welt nur Brüder für euch enthält und der Tod keine Trennung sein kann, weil unser aller Vater Urleben, Urliebe und Urgeist heißt. Nicht das materielle Kleid macht euch zu Brüdern, sondern das Hervorgehen aus *einer* geistigen Schöpfungskraft, das Geleitetwerden von *einer* ewigen Liebe. Versucht einmal, die Brüder alle in Liebe zu umfassen, eurer kleinen Erde ihren Platz unter den Schwesterwelten zu geben, sie nicht zur alleinigen Geburts- und Entwicklungsstätte allen Lebens zu machen – überschreitet die engen Grenzen des Persönlichen. So werdet ihr fühlen, was wahre Freude ist, denn sie liegt in der Größe, die in der Erkenntnis der Gesetze und in dem Empfinden göttlicher Liebe liegt.

Gnade

Bernhard von Clairvaux führt in seiner Schrift „Über die Liebe Gottes" vier Stufen auf, die zur Einigung mit Gott führten:
Der Mensch wird demnach schrittweise zur Gottesliebe geleitet, sie wird ihm als Geschenk höchster Huld eingepflanzt, sobald er aus freiem Willen die Fehler und Mängel seines Wesens ausrottet, welche dem Einströmen der Liebeskraft Gottes entgegenstehen.
Ist diese Auffassung der Wechselwirkung von Gnade und eigener Arbeit richtig?

Antwort:

Etwas rein Geistiges, wie die im Geist erwachende und wachsende Liebe, lässt sich nicht in genau begrenzte Stufen einteilen. Schon die Entwicklung des Lebens im Lebensprinzip hat keine scharfen Grenzen mehr – wie wollt ihr rein Geistiges sezieren, analysieren oder klassifizieren? Du, lieber Bernhard, legst dem Übergangsstadium, dem *einen* Verwandlungsprozess (eure Sprache hat kein Wort, um den Begriff genau zu decken), *Mensch* genannt, viel zu viel Wichtigkeit bei. Ich möchte euch die Entwicklung des Geistes verdeutlichen.

Auf welcher Stufe dieser Entwicklung (natürlich innerhalb einer bestimmten Grenze) der Geist das Arbeitskleid des Menschenkörpers eine Zeit lang um sich legt, um darin eine bestimmte Arbeit zu leisten, ist von wenig Belang. Wenn er dann, die Früchte dieser Arbeit in der Hand, zurückgekommen ist in die Geisterheimat, wieder ein Stück Arbeit vor sich liegen sieht, zu welcher er des Arbeitskleides bedarf, so wird er es wieder um die Schultern legen. Denn einerlei ist dem gesetzlichen Geist das *Gewand*, so er nur arbeiten darf in Gottes Weinberg.

Die ganze geistige Schöpfung ist eine Einheit – kein Teil derselben ist in sich scharf abgegrenzt. Als solche erkennt sie der reifende Geist und ist es zufrieden, das Schwerste zu tragen, wenn er sich nur mit ganzer Kraft in der Ausarbeitung dieses herrlichen Ganzen betätigen darf, um sich als Teil dieses Ganzen zu fühlen, klar in der Erkenntnis, dass Gott die Eine große Liebe ist, und daher Liebe zu ihm und Liebe zum Bruder die Seligkeit des Geistes ausmachen muss. In der Kraft dieser Erkenntnis kann er tief hineintauchen in die reinigenden Wasser der Leiden aller Art, in denen er seine schwachen Brüder kämpfen sieht, um denselben Hilfe zu bringen – nicht indem er sie aus diesen Wassern heraushebt, sondern indem er ihnen seine Kraft zeigt, die hervorgeht aus seiner Erkenntnis. So vermag er ihnen zu helfen, sich auf eine Stufe emporzuarbeiten, welche die gleiche Erkenntnis auch für sie bedingt.

Ihr redet so viel von der Gnade Gottes. Seid ihr auch ganz klar, was ihr darunter zu verstehen habt? Gott ist die Liebe, das ist seine Ureigenschaft, und allein diese Eigenschaft bedingt eure Seligkeit, wie die Weisheit die Wege zu diesem Ziel gebaut hat. Diese Liebe zeigt sich dem gefallenen und dem unreifen Teil der Geister-Schöpfung in Verwandlungen. Solche Verwandlungen sind Gnade und Gerechtigkeit. Jenen Geistern gegenüber, die nie gefallen sind, bedurfte es auch keiner solchen Verwandlung der Ureigenschaft. Sie leben in ihr und für sie, im reinen, ungebrochenen Licht. Das Licht der Urliebe brach sich zuerst durch den Sündenfall der Geister und wurde für sie zur Gnade, als deren Folge das Gesetz der Sühne durch eigene Arbeit entstand. Solange es daher Fall und Sünde gibt, so lange ist das Licht gebrochen und besteht die sichtbare Farbe »Gnade«. Doch wendet sich diese Gnade nicht mehr dem einen als dem anderen Geistwesen zu, da sie eng verbunden ist mit der anderen, durch den Fall bedingten Farbe »Gerechtigkeit«. Folglich muss jede Willkür ausgeschlossen sein. Wenn du daher sagst: »Der Mensch wird schrittweise zur Gottesliebe geleitet, sie wird in ihn als Geschenk höchster Huld eingepflanzt, sobald er aus freiem Willen die Fehler und Mängel ausrottet, welche dem Einströmen der Liebeskraft Gottes entgegenstehen« – so möchte ich diesen nicht unrichtigen Begriff folgendermaßen erweitern und ausführen.

Im Geistwesen liegt der Keim alles Guten, als Folge seiner Sohnschaft. Das Geistwesen hat dieses Gute in eigener Arbeit zu entwickeln und seiner Vollkommenheit entgegenzuführen. Die Folge dieser Entwicklung, die Folge geistiger Reife ist stets wachsende Erkenntnis und deren Folge wachsende Liebe. »Habt daher die Liebe und ihr habt Alles« – so sprach der Apostel aus seiner Erkenntnis heraus.

Was aber die Liebe zu Gott ist, wie hohe Geister sie fühlen, so wie sie gleichbedeutend ist mit dem von euch auch nicht ergründeten Begriff Seligkeit – das könnt ihr Erdenmenschen nicht fühlen. Ein solches Gefühl würde eure Materie auflösen und euren sofortigen Tod herbeiführen, wie der Blitz den starken Baum fällt. Ihr könnt es noch nicht verstehen; aber ihr *werdet* es einst wissen und fühlen. »Wenn ich erwache nach deinem Gleichnis, werde ich gesättigt sein.« Ihr müsst erwachen aus aller halben Erkenntnis, aus aller Verworrenheit und Halbheit. Dann erst könnt ihr das Tageslicht empfinden, das im Schlaf der Unreife unempfunden die geschlossenen Augenlider umgibt. Ist dir nun die Wechselwirkung von Gnade und eigener Arbeit klar?

Der Fall der Geister forderte neue Gesetze; denn die reine Geister-Schöpfung bedurfte nur Gesetze der Entwicklung und des Wachstums. Danach bedurfte es Gesetze der Auflösung des Übels, entstanden durch das Irren der Freiheit der Geister. Diese Gesetze sind Gesetze der Gnade und der Gerechtigkeit. Sie sind so lange in Wirkung, bis die Vollkommenheit der ganzen Schöpfung erreicht ist. Die Freiheit besteht immerfort im Geistwesen, diese Geschenke der Gnade anzunehmen, durch ihre weise Verwertung an Kraft und Erkenntnis zuzunehmen und so fähig zu werden, immer mehr dieser unermesslichen Gnadengeschenke an sich zu ziehen und durch ihre Annahme Friede und Freude, den Beginn der Seligkeit, für sich zu gewinnen.

Gerechtigkeit und Barmherzigkeit

Frage:

Ich kann mir die Gerechtigkeit Gottes nicht als nur innerhalb eines Menschenlebens wirksam denken, losgelöst von den Präexistenzen und den zukünftigen weiteren Entwicklungsstufen. Die aus den Präexistenzen ins Menschenleben hereingebrachten Eigenschaften und Fehler, das Karma, bilden die Grundlage weiterer Entwicklung der geistigen Individualität. Je nach deren Vervollkommnung oder Verfehlung werden sich die Wege gestalten, auf welchen der allmächtige Vater seine Kinder zur endlichen Vollkommenheit führt. Darin liegt die Gesetzmäßigkeit, deren Inbegriff Gott ist. Neben seiner Gerechtigkeit empfinden wir aber seine unendliche Barmherzigkeit.

Alle unsere Fortschritte sind neben dem eigenen Streben von der helfenden Liebe und Barmherzigkeit Gottes bedingt. Der Glaube an Gottes Barmherzigkeit neben seiner Gerechtigkeit befreit uns durch die Liebe von der Furcht, und ich möchte diesen Glauben nicht missen.

Antwort:

Vollkommen recht hast du, lieber Bernhard, wenn du sagst, dass die Gerechtigkeit Gottes nicht denkbar ist, als nur innerhalb *eines* Menschenlebens wirksam, losgelöst von den Präexistenzen und den zukünftigen weiteren Entwicklungsstufen. Wenn du von dem Glauben an Gottes individuelle Hilfe und Gnade sprichst, welche sich in der individuell verschiedenen Erkenntnis seiner Größe und Liebe, seines Willens und in der verliehenen Kraft zu dessen Erfüllung äußert, so möchte ich nur erneut darauf hinweisen, dass die Erkenntnis eines Geistwesens, sowie die Kraft, der Erkenntnis gemäß zu handeln, nicht nur Gnadengeschenk Gottes, sondern eine Errungenschaft dieses Geistwesens ist. Die Möglichkeit, sich das Höchste zu erringen, ist das Gnadengeschenk Gottes, und dieses Geschenk ist das Gleiche für jedes Geistwesen. Gott kann nicht einem Menschen mehr geben als dem anderen.

Du glaubst: »Nicht die irdischen Leiden, mit welchen der Mensch die Fehler seiner Präexistenzen sühnt, sondern deren geduldiges und ergebenes Ertragen bringe ihn der Vollkommenheit näher. Ist aber diese Ertragensfähigkeit dem Menschen aus eigener freier Kraft gegeben?«

Das Leiden ist eine Folge der Sünde: Ich möchte es die Schöpfung der Sünde nennen. Gottes Gnade und Barmherzigkeit verwandelte die Sündenfolge zu einem Hilfsmittel, mit welchem seine gefallenen Kinder ihre große Schuld abzuzahlen vermögen. Es ist dies eine geistige Alchemie, deren nur Gott fähig ist: Die Folge der Sünde zu einem geistigen Gold zu verwandeln und dieses dem Kind zur Abzahlung seiner Schuld zu geben. Dadurch, dass Gottes Gnade die Sündenfolge, das Leiden, zur Sühne verwandelte, wird das Leiden vom reifenden Geistwesen nicht mehr als drückende Last allein empfunden. Der Geist fühlt im Leiden den Gnadenhauch Gottes, der dem Leiden ausreifende, heilende Kraft verleiht.

Ich sagte dir schon, dass der fortgeschrittene Geist (einerlei ob innerhalb oder außerhalb des Menschenkleides) intuitiv das Wahre als solches empfindet. Er wird auch im Leiden den Gnadenhauch Gottes fühlen müssen, wie der Pflanzenkeim nach seinem gebundenen Gesetz den Sonnenschein durch die dichte und derbe Erde spürt und diese durchdringt, um ihn zu finden. Die Ertragensfähigkeit des Geistes ist also bedingt durch seine Erkenntnis, durch sein Empfinden des Gnadenhauches Gottes, und diese sind Errungenschaften des Geistes. Doch passt Gottes Weisheit das Leiden genau der Ertragungsfähigkeit des einzelnen Geistwesens an, und darin liegt eine Äußerung seiner Vaterliebe dem individuellen Geist gegenüber.

Du sagst: »Der Glaube an Gottes Barmherzigkeit neben seiner Gerechtigkeit befreit uns durch die Liebe von der Furcht, und du möchtest diesen Glauben nicht missen.«

Lieber Bernhard, glaube an die Liebe Gottes, und es wird dir jede Furcht unmöglich sein. Wenn du das herrliche Farbenspiel des

Regenbogens betrachtest, freust du dich da mehr, dass unter diesen Farben auch das Blau oder das Rot enthalten ist? Eine Farbe ist so schön wie die andere; nimm das Prisma weg, und sie fluten zusammen zum reinen Licht. So freue dich nicht mehr über Gottes Gnade und Barmherzigkeit, als über seine Gerechtigkeit. Sende deinen Geist in die Zeiten voraus, da das Prisma von Schuld und Schuldfolge aufgelöst und vernichtet sein wird, und das reine, ungebrochene Licht der Liebe Gottes, das Weltenall durchleuchtend, von jedem Geist als jenes Licht empfunden wird, das seine Wesenheit zur höchsten Vollkommenheit entwickelte, die er in jubelnder Seligkeit empfindet.

Jeder geistige Fortschritt ist eine Errungenschaft des Geistes

Jeder geistige Fortschritt ist eine Errungenschaft des Geistes. Jedes Geistwesen steht inmitten reicher Schätze, von der Gnade Gottes ihm auf den Weg mitgegeben. Des Geistes freier Wille muss diese Schätze weise verwerten. Die geistigen Kräfte, die er sich durch Aufnahme dieser Schätze erwirbt, sind demnach seine eigene Errungenschaft. Ein gesunder Mensch nimmt an Kraft zu, durch richtig gewählte, genügende Nahrung – die Gesundheit des Geistes ist seine Gesetzmäßigkeit, und diese ist gleichbedeutend mit seinem reinen, guten Willen. Dieser ist die erste Notwendigkeit, eine freie Gabe des freien Geistes, die er als Gegengabe niederlegen darf zu den Füßen Gottes.

Alles andere, was der Geist im Laufe der bildenden Zeiten, im Laufe seiner fortschreitenden Reife und Vollendung seinem Gott entgegenbringt, wie Glaube, Vertrauen, Opferwilligkeit, jedes Leid verklärende Sehnsucht, dem Bruder zu helfen und Gott zu dienen, bis hinauf zur gottähnlichsten Eigenschaft des Geistes, zur mächtigen vollendeten Liebe – sind nur Folgen der Erkenntnis des Geistes, Folgen seines geistigen Verstehens und Schauens. Der Geist schaut die Werke, die Gesetze Gottes im Laufe seines Heranreifen, und die Folge ist Vertrauen zu diesem Gott und die Sehnsucht, mitzuarbeiten am großen Werk der Vollendung. Doch die Ursache des geistigen Schauens oder der Erkenntnis ist die Betätigung des guten, starken Willens.

Geistige Freude

Ihr Lieben seid nicht so niedergedrückt und freudlos. Ihr habt viel, wofür ihr dankbar sein müsst. Vergesst das Gute nicht in den fühlbaren Prüfungen des Erdenlebens. Es ist mancher Schatten in eurem Leben; doch alle Schatten werden nur durch das Licht verursacht. Blickt hinweg über die Grenzen des Schattens und freut euch des glänzenden, strahlenden Lichtes, das diese engen, scharfen Grenzen umgibt und fortflutet – eine ewige Quelle, aufsteigend aus der Vollkommenheit Gottes und grenzenlos wie sie.

Kinder, freuen sollt ihr euch an der Schönheit, der Wahrheit, dem Licht, welche die ganze Schöpfung durchziehen und von jedem Geist empfunden werden können, der sich emporringt zur Selbstlosigkeit, zur Erkenntnis der Herrlichkeit, die Gott seinen Kindern bestimmt. Ihr zieht die engen Schattengrenzen des Heute um euch, senkt das Haupt und lasst eure Seele betrübt sein, statt euren Geist hinaufzusenden in das Licht, das ihn umflutet, damit eure Seele von demselben getränkt werde und euer Menschenherz die reine Freude empfinde, die von eurem Geist ausgeht und auch die Menschenherzen erfüllen kann mit reinem Jubel. Nicht in euer Erdenleben sollt ihr die Freude herabziehen, gleichsam zu materialisieren versuchen; sondern ihr sollt euren Geist von jeder Fessel befreien, damit er sich zur Freude erheben kann, die da *ist* und so gut für ihn, wie für jedes andere Gotteskind ist, das da lebt, ringt und strebt. In der Freiheit eurer Gotteskindschaft erhebt euch, und empfindet die reinen Lichtwellen der Freude, die das All durchfluten. Nicht zittern sollt ihr vor der Zukunft, nicht in den Fesseln der Reue über Vergangenes eure Kraft lähmen. Strebt frei von jeder Fessel zu eurem Gott.

Was macht ihr aus eurem Leben? Das Leben, das sich in reiner Seligkeit zur Vollkommenheit emporheben sollte, habt ihr durch eigene Schuld getrübt, und statt nun zu sagen: »Vater, sieh, wir heben dieses befleckte Leben empor in das reine Licht deiner Liebe, deiner Größe, deiner Unwandelbarkeit; denn dein Licht muss jeden Flecken verzehren. Wir heben es empor mit der ganzen Kraft unseres Geistes. Gib uns mehr Kraft, damit wir es immer höher emporheben, dem Licht immer näher bringen können. Deine Vollkommenheit ist größer als alle Schuld der ganzen gefallenen Schöpfung. In der Erkenntnis dieser Größe hebt sie sich empor aus aller Schuld und jauchzt dir entgegen« – statt dies zu sagen, es mit jedem Pulsschlag eures Lebens zu empfinden, legt ihr euch selbst die Fessel eurer alten Schulden an. Ihr getraut euch nicht, euch frei zu machen, ihr gebt der Vergangenheit alle Macht über euch, während ihr der ausgleichenden Zukunft dieselbe über euch versagt. Dies ist ein Fehler; denn ihr habt, Kinder der Gegenwart, die Macht, die Zukunft wie die Vergangenheit ausgleichend in euch wirken zu lassen.

Freut euch über jedes Erdenleben, das friedlich und glücklich ist; denn wenn ihr nicht einmal solch materialisierte Freude empfindet, wie wollt ihr die rein geistige Freude, die von Gott ausstrahlend das Weltenall durchflutet, verstehen, empfinden und erfassen? Reißt die Schranken eures Egoismus nieder. Wer die materialisierte Freude des eigenen Lebens sucht, findet wahre Freude nie.

Erhebt euren Geist in der Kraft der Selbstlosigkeit, und ihr werdet es verstehen, was es heißt, eurem Gott zuzujubeln. Zitternd, ihn ahnend, geht die Morgenröte der Seligkeit über eurem frei gewordenen Geist auf. So lernt, was Leben heißt, was Freude ist. Beide sind nicht ans Erdenleben gebunden; doch auch nicht ausgeschlossen von ihm.

Freude in der Wahrheit

Haltet nur das Ewige, Wirkliche von dem Vergänglichen, Schattenhaften auseinander. Ihr seid Kinder der Ewigkeit, und als solche kann euch nur das Ewige befriedigen. Nur die absolute, von Gott ausströmende Wahrheit macht Ewigkeit möglich; denn alles, dem nur der Schatten eines Irrtums anhaftet, ist der Vergänglichkeit unterworfen. Das relativ ewige Wesen, der Geist, der sich infolge seiner Unvollkommenheit an Irrtümern festhält, wird durch diese in die lange Entwicklungsreihe der Verwandlungen eingeführt, in jeder Verwandlung einen Teil des Vergänglichen, das sich an ihn gehaftet hat, zurücklassend und so endlich fähig werdend, in vollkommener Wahrheit sein eigenes Element und die Bedingung seiner Seligkeit, seiner Vollkommenheit zu finden.

Deshalb rufe ich jedem Menschen vor allem zu: »Sei wahr, sei wahr!« Wenn ihr nicht die Kreise der Wahrheit durchschreitet, die ihr eurer Geistesstufe nach durchschreiten könnt, wie kann der Tod da zum Freiheitsherold werden, um euch in größere, weitere, und tiefere Wahrheit einzuführen? Die innere geistige Verwandlung des Menschen bedarf nicht des Zeichens des Todes. Sie kann sich stetig vollziehen, von Tag zu Tag, und eine solche stetige Verwandlung ist das Zeichen eures Wachstums, welches ein Zeichen eures wahren Lebens ist.

Wenige, so traurig wenige Menschen erreichen in ihrem Erdenleben jene Stufe, die sie erreichten könnten, und nur diese Wenigen sind frei von Reue, wenn der Tod ihnen zur Erkenntnis des Erreichten und des Nicht-Erreichten verhilft. Die Reue aber über versäumte Zeit, über versäumte Fortschrittsgelegenheiten ist der bitterste Schmerz, den der fortschreitende Geist kennt – ebenso schmerzhaft im Verhältnis zu seiner geistigen Stufe, als es für einen tieferstehenden Geist der größere Schmerz der Erkenntnis ist, einem Bruderwesen geschadet zu haben. Je höher der Geist, desto klarer die Erkenntnis seiner Schuld, und eine Schuld kann ihn mit Schmerz erfüllen, die bei euch gar nicht als Schuld betrachtet wird. Eine Regung des Unvollkommenen nur, ein unklarer Gedanke, ein unfreudiges Geben erfüllen ihn mit Schmerz, weil er daran seine Unvollkommenheit erkennt; und nur in der erreichten Vollkommenheit, nicht schon in deren Anstreben, liegt selige Befriedigung.

Ich will euch nicht müde machen, indem ich euch zeige, welch weiter Weg euch noch von jener Vollkommenheit trennt, die euer Ziel und eure Befriedigung ist; aber in jenen Lichtkreis der Wahrheit möchte ich euch führen, in dem ihr eurer Wesensstufe gemäß zu stehen vermögt. Alle Trugbilder, so tröstend sie eure Schwäche auch gestaltet haben mag, müssen mit der Zeit untergehen; denn allein das Auge, welches die Wesenheit seiner Entwicklungsstufe zu schauen vermag, vermag auch den Frieden und die Seligkeit derselben zu schauen.

Denn Ihr werdet erst dann vor Irrtümern bewahrt, wenn euer Glaube in euch selbst aus der Erkenntnis heraus entstanden ist, wenn die Stimme der Wahrheit als solche von euch erkannt, aber nicht um dessen willen angenommen wird, der sie lehrt.

Was ich euch Menschen sagen will, was ich euch zeigen möchte – der ich berufen bin, es zu tun – ist einzig die große Kette, die Glied mit Glied der ganzen Schöpfung verbindet, die große Gerechtigkeit eures Gottes, die ihr nur dann verstehen könnt, wenn wir euch zu eurem kurzen Heute das Gestern und Morgen offenbaren. Das ist der Grund unserer Offenbarung, und wo dieser Grund wegfällt, da schweigt das gottgesandte Wort; denn es hat bestimmte Grenzen, innerhalb welcher es zu wirken hat.

Geistige Prüfungen

In Kämpfen und Klärungsperioden wirken auch Kräfte von außen auf den Menschen. Wie meine Stimme zu solcher Zeit dir doppelt klar wird, so werden es auch die Stimmen derer, die Freude an deinem Fall hätten. In Stürmen, Kämpfen und Klärungsperioden werden Elemente entfesselt und in Kontakt mit dem kämpfenden Geist gebracht, die sonst fern von ihm gehalten sind, und zwar gesetzlich fern, weil die Anziehungskraft fehlt. Doch im Sturm führt der Wirbel zusammen, was durch ruhige, gesetzliche Anziehungskraft niemals zusammengebracht werden könnte. Es hebt nicht ein Gesetz das andere auf, aber neue Elemente haben neue Gesetze. So fühltest du in dieser Zeit des Kampfes und der Prüfung eine Bitterkeit in dir aufsteigen, wie du sie früher nie gefühlt hast. Sie war durch niedere Wesen angeregt, welche an dich herangelassen wurden, um den Kelch der Prüfung vollzumachen.

Du magst fragen: „Warum das Schwere noch erschweren?" Es gibt eben Gesetze, von denen ihr nichts wisst, und ein solches Gesetz ist, dass den Geist in einem Reifepunkt alles früher einzeln Überwundene vereint angreifen muss, um seine Kraft zu erproben. Es lehrt euch dies die Geschichte von Hiob. Es kommt über jeden Geist eine solche Zeit stets vor jedem geistigen Wendepunkt in seinem Leben, vor dem Übergang von einer Weltenstufe oder Sonne zur anderen. Jede Prüfung, in der er einmal schwach gewesen und gefallen ist, kommt wieder an ihn heran, und zwar, wenn er in der Zwischenzeit geistig gereift ist, in einer Gestalt, die für ihn jetzt ebenso schwer zu bekämpfen ist wie früher die Versuchung, in der er gefallen ist.

Es gibt für einen Geist kein Überspringen einer Lehre, und es gibt keine *Zeit*, an welche die Lehre gebunden wäre. Hat er sie verstanden und gemeistert, dann sinkt sie in die Vergangenheit zurück. Doch solange diese Lehre nicht von ihm gelernt und an ihm *erprobt* ist, so lange schwebt sie über ihm und wird, je nach der Form, die nun seiner Wesenheit entspricht, ihm immer wieder in den Weg treten.

Der Geist, der Herr seiner selbst geworden, ist auch Herr dieser Prüfungsschatten, die über ihm liegen. Er wird wünschen, dass sie ihm verkörpert entgegentreten, damit er seine Kraft an ihnen erprobe und dann, durch den Kampf gestählt, seinen geistigen Weg weiterschreite, während die bemeisterten Lehren für ihn in die Vergangenheit zurücksinken, um niemals wieder an ihn herantreten zu *können*. Daraus seht ihr klar die Unhaltbarkeit des Ausspruchs, dass Christi Erscheinen im Fleisch der Reinkarnation der Geister ein Ende gemacht habe.

In der Welt der ewigen Gesetze Gottes kann nie eine Wirkung ausklingen, es sei denn, die Ursache ist aufgehoben. Die Ursache, dass der rein geschaffene Geist der Materie zu seiner Lehre bedarf, liegt in seinem Sündenfall, und die Möglichkeit seines Falles gründet in seiner Willensfreiheit. Hat der Fall einen Geist auf die Stufe gebracht, welche ihm die Materie anheftet, weil ihm die Materie notwendig geworden ist, so wird er dem Leben in der Materie verfallen sein, bis sein eigener Wille (und nicht eine enge Zeitgrenze) ihn auf eine höhere Stufe erhebt, auf welcher die Lehre des Materiellen nicht mehr als Schatten, der gesetzlich Form annehmen muss, über seinem Haupt schwebt, sondern auf welcher diese Lehre, bemeistert und überwunden, zurücksinkt in das große Grab der Gewesenen. Der Geist entwächst gewissen Gesetzen Gottes und erhebt sich dafür in das Reich neuer, rein geistiger Gesetze, und die Gesetze, denen er entwachsen ist, sind für ihn *begraben*.

Dies beweist euch Christus, der, obwohl das große Gesetz der Solidarität der Geister ihm die Pforten des Erdenlebens öffnete und ihn in die Kleidung der Erdbewohner hüllte, doch den Gesetzen der Erde nicht unterworfen war. Sein Eintritt in das Erdenleben, sein Austritt aus demselben und seine Handlungen während desselben waren den rein geistigen Gesetzen seiner Individualität unterstellt. Die Materie legte nicht die zwingende Hand des Gesetzes auf ihn, sondern die rein geistige Hand seiner vollkommenen Freiheit warf die Materie als Mantel um sich. Der Zweck seines Kommens war es, euch Wahrheit zu bringen, und wenn ihr, diese Wahrheit erkennend, nach ihr lebt, so macht sie euch frei von den Gesetzen, die bis zu dieser Erkenntnis zwingend für euch gewesen sind. Doch wenn euer freier Wille und eure tatkräftige, selbstlose Arbeit euch nicht erheben und befreien, so bleibt ihr diesen Gesetzen verfallen. Christus kam nicht, das Gesetz umzustoßen, sondern es zu erfüllen. Sein Kommen auf die Erde brachte euch die Lehre; doch nicht das *Bringen* der Lehre befreit euch, sondern das Befolgen derselben. Wie kann es denn auch anders sein?

Todesschlaf und Erwachen

Frage:

Wir nehmen allgemein an, dass im Zwischenstadium zwischen Sterben und Erwachen ein traumhafter Zustand des Geistes liegt. Träume können auch peinlich, unangenehm und schreckvoll sein. Diese wären dann die Einleitung und Vorbereitung zu der Läuterungsperiode, welche für den unentwickelten Geist mit dessen Erwachen zur Erkenntnis, was Geistleben ist, notwendig beginnen muss. Für den entwickelten Geist wäre der ruhige Todesschlaf dagegen die stärkende Vorbereitung zum Erwachen ins Geistleben – ins ewige Licht –, unter welchem wir die Erkenntnis der ewigen Gesetze und in denselben bis zu einem gewissen Grad die Erkenntnis des höchsten Wesens verstehen.

Währt dieser Todesschlaf, je nach der größeren oder geringeren Entwicklung des betreffenden Geistes, verschieden lang?

Antwort:

Der Zustand des Geistes nach dem Tod ist stets bedingt von seiner Entwicklungsstufe. Je höher der Geist, desto kürzer die Zeit seines Todesschlafes oder Ruhens; denn der Entwicklungsgrad des Geistes bestimmt auch seine Kraft. Ist der Geist vorangeschritten auf dem Weg seiner Vollendung, so beseelt ihn solche Geisteskraft, dass die ihm notwendige Zeitdauer des Ausruhens von der Arbeit der Trennung vom Körper nur Augenblicke zählt – etwa wie der lang gezogene Seufzer eines müde gewordenen Menschen. In diesem Augenblick durchströmt ihn die volle Geisteskraft seiner ihm ähnlichen Brüder, und er erhebt sich mit ihnen in die Lichtsphäre, die seine Heimat ist und war. Dies ist das selige Erwachen eines Geistes, der in selbstloser Liebe das Menschenkleid um sich genommen hat. Vorher der Materie entwachsen, verlieh er ihr auch in der engen Verbindung mit ihr, die ein Menschenleben fordert, keinerlei Macht, und im Augenblick seines Todes fällt jede materielle Fessel von ihm ab.

Der Todesschlaf der Geister, die noch nicht diese Stufe errungen haben, ist verschieden, sowohl was den Zustand des Geistes als auch was die Zeitdauer dieses Zustandes betrifft. Bei einem sehr tiefstehenden Geist, besonders wenn er durch Trinken oder ähnliche Laster seinen Geist abgestumpft und geknechtet hat, tritt nach dem Tod eine Betäubung ein, eine Lähmung seiner Geisteskräfte, die im Verhältnis zu seiner Arbeit an der Rückbildung seines Geistes steht – wie für den schon sehr vorangeschrittenen Geist das selige Eintauchen in noch größere Geistfreiheit die Folge seiner Ausbildung durch eine übernommene schwere materielle Aufgabe ist.

Dieser Zustand der Betäubung kann lange währen und klärt sich überhaupt nur sehr langsam. Doch empfinden diese Geister ihren Zustand erst mit der erwachenden Klärung als Qual, wenn schon das dumpfe Unbefriedigtsein, das finstere Brüten (eurer Sprache fehlen die Worte zur Beschreibung dieses Zustandes) überhaupt Qual genannt werden kann. Der Geist muss eine gewisse Stufe errungen haben, um die Reue in ihrer ganzen klaren Schärfe empfinden zu können. Gottes Gnade bestimmte dieses Gesetz, denn ein Geist, der auf der Entwicklungsstufe des Durchschnitts-Erdenmenschen steht, würde, wenn er die Reue über seine Sünde und deren Folgen ganz empfinden könnte, von solcher Qual erfasst sein, dass er unfähig wäre, zu handeln und zu ringen. Seine niedere Stufe bedingt das Verschleiern seiner Erkenntnis, seiner Erinnerung. Er weiß nicht mehr, was er verloren hat. Er erkennt oder fasst nicht, zu was er bestimmt ist. Mit seinem geistigen Fortschritt ist die Erweiterung seines Erkenntniskreises bedingt, und seine Erinnerung und seine Reue klärt sich.

Geister guter Menschen machen alle einen Todesschlaf durch; doch müsst ihr dadurch nicht immer einen Zustand, wie der Menschenschlaf es ist, verstehen. Bei vielen ist es nur ein kurzer traumhafter Zustand, ein langsames Bewusstwerden geistiger Fähigkeiten. Jeder Geist tritt direkt nach dem Tod in diesen Ruhezustand ein, der hochstehende auf Augenblicke, um dann frei zu sein von aller materiellen Fessel. Tieferstehende erwachen oft aus diesem Zustand, sehen ihre Beerdigung, ihre Angehörigen. Sie fühlen sich wohl in ihren Räumen und führen dort ein traumhaftes menschenähnliches Leben weiter. Ihnen ist wiederholter Schlaf in einem solchen Zustand möglich.

Geister, die in der letzten Zeit ihres Menschenlebens sehr gelitten haben und deren Trennung vom Körper mit viel Leiden verbunden war (was ihr einen harten Todeskampf nennt), die schlafen ruhig, friedlich in den Fluiden ihres Schutzgeistes eingehüllt, die ihnen die notwendige Nahrung oder Atmosphäre nach solcher Erschöpfung ihrer Geisteskräfte bieten. Das Ruhen nach dem Tod ist also gesetzlich für Geister von Welten wie eure Erde. Die Reife des Geistes bestimmt die Dauer, die Möglichkeit der *Kraftübertragung* während dieses Ruhens und das langsame oder rasche Klären der Erkenntnis und Zunahme der Geistfreiheit.

Die Erinnerung der Geister

Frage:

Tritt nach der Entkörperung des Geistes oder auch schon während der Inkarnation ein hellsehendes Überblicken der Präexistenzen, namentlich des mit Freiheit und Verantwortlichkeit verbundenen Lebens im Menschenkleid, im Licht der Wahrheit ein? Liest der Geist dann das selbst geschriebene Buch seiner Entwicklungsgeschichte, seines eigenen Wertes, in der Geistersprache? Bleibt dem Geist die Erinnerung an sein Erdenleben im Jenseits bis zu einer gewissen Stufe seiner Vervollkommnung erhalten?

Antwort:

Das klare Schauen des Geistes – nach seiner Entkörperung – im Licht der Wahrheit ist bedingt durch eine gewisse schon erreichte geistige Stufe. Wenn jeder Geist seine Entwicklungsgeschichte klar sehen und richtig lesen könnte, so gäbe es nicht die Widersprüche in den Anschauungen der Geister, wie sie euch durch Medien kundgegeben werden.[*] Das geistige Schauen ist Erkenntnis, und diese erweitert sich mit jeder errungenen Stufe. Wenig entwickelte Geister überblicken daher nach ihrer Entkörperung nur das eben vollendete irdische Leben, und dieses bleibt ihnen nach seinem wahren geistigen Wert oft noch lange unverstanden. Der Laie sieht oft ein Bild an und sieht nur Gestalten, Bäume und Häuser, nicht die Gedanken, die der Künstler in sein Werk gelegt hat. Wenn die Erinnerung einem niederen Geist die materiellen Erlebnisse des abgestreiften materiellen Lebens vorhält und es dem Geist unbewusst, unerkannt bleibt, dass bestimmte Gesetze diese materielle Vergangenheit für

---

[*]   Daran hat sich bis heute nichts geändert! (Anm. d. Hrsg.)

ihn bedingten, so sieht dieser Geist auch nur auf Gestalten, ohne den geistigen Grund dieser Formen zu erkennen. Er mag die Gestalten richtig erkennen; aber im Licht der Wahrheit steht ein solcher Geist noch nicht.

Ein Geist, der im Menschenkleid durch sein Sehnen nach geistigem Fortschritt, durch seine reine Selbstlosigkeit und Opferfreudigkeit sich die Erkenntnis geistiger Gesetze erringt und die Materie in ihrem wahren Wert und Wesen erkennt – ein solcher Geist wird nach seiner Entkörperung reiches Material zu einem weiteren Ausbau der Stufenleiter der Wahrheit finden, welche ihren Abschluss in der Berührung der Urwahrheit findet. Denn auch hier gilt das Wort: »Wer hat, dem wird gegeben werden.«

Denkt euch das Wachstum des geistigen Wertes immer als Verdoppelung. Die Verdoppelung der kleinen Summe ergibt noch immer eine kleine Summe, jene einer großen Summe ergibt schon einen großen Wert – und so geht die geistige Entwicklung weiter, von Kraft zu Kraft, bis zum Erreichen der Vollkommenheit.

Dem tiefstehenden Geist kann eine schlechte, von ihm in der Materie verübte Tat bis zur Qual deutlich unentrinnbar in der Erinnerung bleiben, bis wahre Reue, ehrliches Streben nach Besserung dieses quälende Bild erblassen, wenn auch nicht erlöschen macht. Bis zu einer gewissen Stufe stehen die Geister unter den Gesetzen, die diesen Prozess, den ihr Erinnerung nennt, bedingen. Hochentwickelte Geister beherrschen auch diese Gesetze. Es drängt sich ihnen keine Erinnerung auf, aber ein Willensakt des Geistes kann jede Vergangenheit ihm im Licht der Wahrheit augenblicklich wieder klar werden lassen. Glaubt ihr, die Vollkommenheit Christi mache es ihm unmöglich, sein Erdenleben zu durchblicken? Ihr könnt ja gar nicht verstehen, was ein vollkommener Geist und was sein Wirkungskreis ist – ihr könnt daher auch nicht ermessen, was zwecklos für ihn ist. Wenn sich ein Geist durch seine Entwicklung über gewisse Gesetzeskreise erhebt, so bleibt er ihr Beherrscher; sie haben die zwingende Gewalt über ihn verloren, doch er hat nicht die Möglichkeit verloren, sie seinen Zwecken, seinem Willen dienstbar zu machen.

Liebe

Notwendiger, als mögliche Präexistenzen zu besprechen, ist es für jeden Menschen, sein jetziges Leben zu *der* Vollendung, die seiner Entwicklungsstufe möglich ist, zu führen. Dazu ist es gar nicht nötig, dass er von seinen Präexistenzen weiß. Der gegebene Augenblick ist es, dem er seine ganze Geisteskraft zuwenden soll. Augenblick für Augenblick im erkannten Gottesdienst voll ausnützend, um bei seinem Hinübertreten in die Geistheimat eine Kette von Augenblicken zu besitzen, die einer Perlenschnur gleicht. Das Erdenleben eines Menschen ist gerade lang genug, um gegebene Arbeit gut zu Ende zu bringen. Nützt ihr eure Zeit nicht nach dem Grad eurer Entwicklungsstufe gut aus, so fügt ihr fehlerhafte, minderwertige Perlen aneinander. Jeder gefallene Geist muss auf einer ganz- oder halbmateriellen Welt, den Gesetzen derselben in äußerer Form unterworfen, eine Kette fehlerloser Perlen aneinanderreihen; dann erst ist es ihm möglich, in höhere Sphären einzugehen.

Deshalb sagte ich euch, dass ein vollkommener Mensch noch nicht vollkommener Geist ist. Doch muss die Vollkommenheit einer halbmateriellen Welt von jedem Geist erreicht werden, bis er den Lichtkreis werdender Geistvollkommenheit betreten kann. Ich selbst war ein Geist, der zur Stufe halbmaterieller Welten fiel, und habe nun, an der Grenze des Lichtkreises reinen Geistlebens stehend, noch diese Schutzgeist-Mission übernommen, ehe ich ganz in meine Heimat eingehe. Mein Fall verbindet mich mit euch gefallenen Geistern innerhalb und außerhalb des Menschenkleides. Gerne bleibe ich an der Grenze stehen, sehnsüchtig in das Heimatland blickend, wenn ich dadurch nur einem meiner Brüder helfen, nur einem die Macht der Gottesliebe damit zeigen kann.

Das direkte Walten der Gottheit vermag die Erde nicht zu erschauen. Direkte Gottesliebe vermag sie nicht zu empfinden; doch durchdringt diese Liebe die reine Geistwelt, und diese sagt dem Brudergeist, der nicht tief gefallen ist oder sich nach solchem Fall wieder bis zur Grenze reiner Geistwelt emporgearbeitet hat: »Nun zeige den armen Brüdern die Form der Liebe, die sie zu schauen fähig sind.« Und jeder von uns betätigt also seine Liebe, bis die ganze gefallene Welt von Liebe durchdrungen sein wird. Diese reine Geistwelt ist der in der Schöpfungsgeschichte oder Schöpfungsparabel genannte »Geist Gottes, der die Wasser bewegte«. Die Betätigung der Liebe auf jeder Welt in der von ihrem Geistleben verstandenen Form ist der Anfang wahren Lebens auf derselben, eines Lebens, das bis zur Geistvollkommenheit entwicklungsfähig ist.

Liebe und Leben ist eines. Bis der Geist dies erkannt hat und jubelnd bereit ist, jeder Lebensform und Lebensfreude zu entsagen, um dem Bruder wahres Leben, das mit Liebe gleichbedeutend ist, zu zeigen, ist er nicht fähig, den Lichtkreis reiner Geistwelt zu betreten. Doch kann er diesen Lichtkreis wieder verlassen, wenn er die Sehnsucht empfindet, den armen Brüdern abermals eine Offenbarung dieser höchsten Wahrheit zu sein.

Wenn eine Welt in einer Periode geistigen Aufschwungs steht, so vermehren sich die Inkarnationen hochstehender und reiner Geister auf ihr. Mit einem Funkenregen reinen Geistlebens möchte die Liebe der Brüder diese Welt überschütten, damit an allen Ecken und Enden das Licht wahrer Liebe emporleuchte und die Welt langsam in einen höheren Entwicklungskreis aufsteige, in dem ihr immer mehr ewige Gesetze geoffenbart werden können. An diesem großen Werk, das sich der Erkenntnis jedes höherstehenden Geistes zeigt, könnt auch ihr Menschen euch beteiligen, indem ihr bestrebt seid, die höchste geistige Stufe, die zu erreichen euch möglich ist, die reinste, mächtigste Liebe, die ihr zu empfinden fähig seid, zu erringen und zu betätigen. So werdet ihr hier schon im wahren Gottesdienst leben und beim Hinübertreten in die Heimat euch die Kraft errungen haben, den schwächeren Brüdern eine Offenbarung wahren Lebens zu sein.

III.

Geist und Materie

Die Inkarnation

Der eigene Wert des Geistes bestimmt seinen Erkenntniskreis. Wenn ein hochentwickelter Geist eine irdische Mission übernimmt, so übersieht er das Arbeitsfeld klar, erkennt und bemisst die Kraft, die er sich schon errungen hat, und bemisst richtig, ob sie zur Vollendung der übernommenen Aufgabe ausreicht. Er überschaut und durchblickt klar die Arbeit und den eigenen geistigen Wert. Er kennt auch im Hellsehen, welches der Inkarnation vorausgeht, die Hilfe, die er dadurch imstande ist, anderen zu geben, und den geistigen Fortschritt, den er selbst dadurch erringt.

Der ihm für seine Aufgabe mitgegebene Schutzgeist ist ihm an Kraft und Erkenntnis überlegen. Eng befreundet mit diesem, tritt er sein Leben an.

Der weniger entwickelte Geist durchblickt auch sein Leben; doch sieht er die Arbeit nicht so klar und bemisst seine Kraft nicht so richtig. Die Arbeit ist natürlich dem Wert des Geistes entsprechend; doch ist der Materie mehr Macht verliehen, früher Erkanntes zur Unklarheit zu verwischen, weil er sich mehr mit der Materie identifiziert. Dadurch wird es auch dem Schutzgeist schwerer, seinen Einfluss auf den inkarnierten Geist fühlbar zu machen – daher die vielen verworrenen, unklaren Menschen eurer Erde.

Auf allen Entwicklungsstufen der Geister aber, bis zu der Vollendung, welche spricht: »Ich komme, deinen Willen zu erfüllen – dein Gesetz ist in meinem Geist«, ist es immer der Wille des Geistes, der ihn in die Inkarnation führt, und dessen Erkenntnis (mehr oder weniger klar und wahr, je nach seinem Wert), die das Erdenleben mit seinen Aufgaben, seinen Fortschrittsgelegenheiten und Sühnemöglichkeiten ermisst und erwählt.

Der Aufbau des Körpers

Frage:

Organisiert der sich inkarnierende Geist seinen Körper selbst, baut er ihn innerhalb der materiellen und geistigen Gesetze für den Menschenleib, jedoch mit Berücksichtigung seiner eigenen, die Inkarnation speziell veranlassenden Zwecke auf?

Antwort:

Ich sagte euch schon, dass der Geist in der erreichten Vollkommenheit, wie sie ihm von Gott bestimmt ist und wie sie ihm seine Gotteskindschaft verbürgt, eine Einheit sei. Der fortgeschrittene Geist erkennt dies als sein Ziel und sucht auf jedem Schritt seines aufwärtsführenden Weges die Widersprüche und Unklarheiten, die ihm infolge seines Falles noch anhaften, abzustreifen. Er erreicht vollkommene Freiheit, das heißt er entwächst allen leitenden Gesetzen Gottes, indem er sich denselben unterwirft, zuerst den endlichen, dann den ewigen Gesetzen. Je nach der Stufe seiner Entwicklung verweben sich endliche und ewige Gesetze zu seiner Führung. Mit seinem geistigen Wachstum wird sein Schauen und seine Erkenntnis klarer. Er taucht von Gesetzeswelt in Gesetzeswelt, sie nur verlassend, wenn er sie vollständig bemeistert, wenn er alles, was sie an Lebensnahrung für ihn enthalten, ihnen entnommen und sie verarbeitet hat. Dadurch wächst die Kraft seiner Schwingen und trägt ihn in einen höheren Lichtkreis.

Die Geister, die sich auf eurer Erde inkarnieren, stehen auf verschiedenen Stufen. Entweder sind die Gesetze dieser Erde für sie zwingend oder sie sind denselben schon entwachsen. Bei letzteren tritt die Erkenntnis, dass eine Einheit, eine klare, widerspruchslose Individualität das Anzustrebende ist, an Stelle des Gesetzeszwanges, und sie werden sich den Gesetzen, welchen sie bereits entwachsen

sind, so treu anpassen, wie es nur der starke Wille eines schon gereiften Geistes vermag. Sie sind Menschen geworden und wollen
nichts anderes, als unter diesem Schleier die schleierlose Klarheit
ihrer Vergangenheit sich bewahren und dadurch fähig sein, ihren
Brüdern zu helfen. So ist zunehmende Erkenntnis Bedingung für
zunehmende Freiheit des Geistes.

Es ist das Gesetz materieller Welten, wie eure Erde eine von vielen
Millionen ist, dass der sich inkarnierende Geist seinen Körper selbst
aufbaut. Er formt die Hülle seines eigenen Wertes, daher ist diese
Hülle gesetzlich immer diesem Wert entsprechend. Ist der Geist ein
hochentwickelter, so muss seine Organisation in jeder Einzelheit
davon zeugen; die Hoheit und Reinheit seines Ausdruckes, die Form
seines Kopfes, die Linien seiner Hände, die Gesundheit all seiner
Organe, alle diese äußeren, sichtbaren Dinge zeugen dafür, dass *der
Geist gesund ist*, das heißt seine Verbildungen zurückgegangen sowie seine Widersprüche gelöst sind. Die Klarheit seiner Erkenntnis
erschließt ihm die Wege, auf denen er seinem Ziel unentwegt entgegeneilt.

Jeder Geist, der sich auf einer materiellen Welt inkarniert, hat
einen bestimmten Zweck zu erfüllen: Auf niederer Stufe steht er im
eigenen Dienst, auf höherer im Dienst anderer; und diesem Zweck
entsprechend ist die Organisation, die der Geist sich aufbaut. Die
Gesetze Gottes sind dehnbar, sind Lichthüllen, nicht Zwangsjacken
für den Geist. Aufrichtig zu beklagen sind jene tief gefallenen Geister, die diese Lichthüllen als Zwangsjacken empfinden, welche die
Folge ihrer Schuld gesetzlich in eine Organisation zwingt, die das
in grober Verdichtung zum Ausdruck bringt, was dieser arme Geist
geworden ist. Es sind dies jene Menschen, in denen das Tierische
vorherrscht, deren unausgebildetes Gehirn sie behindert, weil ihr
Geist jegliche Klarheit verloren hat.

Es ist kein Gesetz, dass die Blutsverwandtschaft aus einer Gruppierung gleichwertiger Geister bestehe. Gleichwertige oder gleichsphä-
rige Geister haben immer eine gewisse Anziehungskraft füreinander;
doch ist es für nicht sehr hochentwickelte, aber ihren Fortschritt
anstrebende Geister oft notwendig, sich in einen Kreis zu inkarnieren, der ihnen teilweise nicht entspricht. Das Erdenleben soll eine

Betätigung dessen sein, was der Geist sich errungen hat oder sich errungen zu haben glaubt. Es ist immer eine Prüfung. Der Geist soll sich solche Inkarnationen erschaffen, die dem Zweck der geistig-materiellen Verbindung am besten entsprechen; doch viele Geister sind schwach und verschieben den Schwerpunkt vom Nützlichen, Zweckentsprechenden auf das Angenehme. Ihr müsst mich nicht missverstehen, wenn ich sage: »Der Geist schafft sich eine Inkarnation.« Jede Inkarnation untersteht bestimmten Gesetzen; doch diese sind dehnbar, wie alles Lebendige.

Ihr müsst alles, was ich euch seither mitteilte, nicht in seiner ganzen Klarheit aufgefasst haben, wenn für euch noch ein Zweifel über die Möglichkeit oder Unmöglichkeit bestehen kann, dass der sich inkarnierende Geist aus dem Material, dessen er sich für sein Leben bedient, seine Eigenschaften formt. Der Geist ist das Reale, die Materie das Unreale. Wie aber kann das Unreale, Vergängliche dem Realen, Ewigen einen Stempel aufdrücken?

Erringt euch Klarheit über solche Dinge, die die Grundsteine unserer Lehre sind. Das Reale ist doch das Primäre, das Unreale das später Gewordene. Es ist durch Irrtum und Fall des Realen entstanden. Das Reale bricht sich überall Bahn, durchdringt jede Hülle mit seinem Licht und drückt der Materie seinen Stempel auf, mit der es sich verbindet. Das Menschenkleid ist nur eine Uniform, die äußere Gleichheit zwischen den Bewohnern einer Welt herstellend. Die Eltern stellen ihrem Kind nur das Material zur Verfügung, und der sich inkarnierende Geist baut sich einen Körper auf, der geeignet ist, seine eigenen Eigenschaften hervorzubringen. Wenn es eine geistige Vererbung vom Material her gäbe, wie könnten die absoluten Gegensätze, wie sie Eltern und Kindern oft zu eigen sind, entstehen?

Der Geist ist frei. Seine Eigenschaften und sein geistiger Wert sind sein frei errungenes Eigentum. Die Eltern geben und nehmen ihm nichts von seinem eigenen Wert. Alles, was ihr Menschen seht, ist nur ein Spiegelbild dessen, was ist. Ihr seht nur die Spiegelung oder die Verdichtung, nicht das Reale, was diesen zugrunde liegt. Deshalb ist es so schwer für euch, eine geistige Klarheit zu erlangen. Ihr seht das Licht, ihr fühlt die Wärme, ihr hört den Schall, und alles in materielle Erscheinungsformen gehüllte Leben teilt diese

Empfindungen mit euch. Doch es blieb den Zeiten des Fortschritts und der Entwicklung auf der Erde vorbehalten, die Ursachen von Erscheinungen wie Licht, Wärme oder Schall in den Bewegungen des Äthers zu erkennen. Die gesetzlichen Zeiten des Fortschritts und der Vergeistigung auf eurer Erde ermöglichen euch den Verkehr mit euren entkörperten Brüdern, die euch auf den geistigen Ursprung, das geistige Ziel aller Dinge hinweisen. Ihr sollt Hauptsache und Nebensache unterschieden lernen, sollt das, was die Mehrzahl von euch bisher als das Reale betrachtet, als das Unreale, weil Vergängliche, erkennen lernen.

Früh sterbende Kinder

Frage:

Viele Kinder sterben in frühen Jahren, in welchen kein uns bekannter Inkarnationszweck erreicht werden kann. Wir bitten dich, uns über den Zweck solch kurze Inkarnationen sowie über deren Folgen für den Geist aufzuklären.

Antwort:

Ganz kurze Inkarnationen von Geistern auf Welten wie eurer Erde sind eine Erscheinung, die verschiedene Ursachen aufweist. Das Menschwerden der Geister untersteht einer Reihe von endlichen und ewigen Gesetzen, in erster Linie dem Gesetz der Solidarität der Geister. Gute Geister inkarnieren sich nicht nur zu ihrem eigenen Fortschritt, sondern auch zur Hilfe für andere; hohe Geister ausschließlich zu letzterem Zweck. Der Durchschnitt der Erdenmenschen steht noch auf einer Entwicklungsstufe, auf welcher Leiden und Entbehrungen mancher Art noch notwendige Lehrmittel sind, weil sie eine Sprache sprechen, die, alle Äußerlichkeiten durchdringend, direkt den Empfindungskern des Geistes berührt.

Ein Geist auf einer Entwicklungsstufe, welche ihm noch nicht die Seligkeit reiner geistiger Liebe erschließt, inkarniert sich auf einer ganz materiellen Welt und wird dort Mutter. Damit erschließt sich für ihn eine bisher ungeahnte Macht, Kraft und Selbstlosigkeit der Liebe. Die endlichen Gesetze, welchen die Mutterschaft eurer Erde untersteht, haben für den unentwickelten Geist eine Offenbarung von Liebe gebracht, welche ihm ewige Gesetze infolge seiner niederen Entwicklungsstufe noch nicht geben konnten. Nun stirbt das Kind, aus dessen Werden dieser Liebesstrom entsprang, und unwillkürlich wird die in tiefem Schmerz ringende Mutter den Liebesstrom dahin lenken, wo sie das geliebte Wesen glaubt und wieder zu finden hofft – in eine geistige Welt. Es ist damit eine Brücke für ihre Gedanken, für ihr Wünschen und Sehnen geschlagen, und die Wirkung endlicher Gesetze hebt den Geist unmerklich in den Wirkungskreis ewiger Gesetze empor. Der Geist aber, der durch seine kurze irdische Inkarnation dem einverleibten Geist, welcher seine Mutter gewesen ist, eine neue Empfindungswelt gab, um mit seinem Tod oder der Rückkehr in die Heimat dem noch einverleibten Geist ein Fingerzeig ins Geistige zu sein, hat damit ein Liebeswerk vollbracht, hat die Solidarität der Geister betätigt. Glaubt nicht, dass die Leiden einer irdischen Inkarnation und des irdischen Todes ein zu großes Opfer seien, um einem Geist die Anfänge der Gottessprache, der Liebe, zu lehren, um die Verbindung eines Menschen mit seiner vergessenen, weil noch unverstandenen Geistheimat herzustellen. Es ist dies die größte Hilfe, das reichste Geschenk, das ein Geistbruder dem anderen geben *kann*.

Dies ist *eine* Ursache, warum inkarnierte Geister schon nach einigen Tagen, Wochen oder Jahren die Materie wieder verlassen. Doch vergesst nicht, dass die Geister, wenn auch auf Erden das gleiche Menschenkleid tragend, noch auf sehr verschiedener Entwicklungsstufe stehen. Es inkarnieren sich auch Geister, die so tief gesunken sind, dass sie den werdenden Körper nicht nach den Gesetzen, denen eure Erde untersteht, zu formen vermögen. Lebensunfähig nach den Lebensgesetzen der Erde, sterben solche Kinder, um, wenn sie wieder in ihrem früheren Zustand erwachen, den Schluss eigener Erfahrung zu ziehen, dass jede Handlung des Geistes bestimmten Gesetzen untersteht. Der Geist lernt durch das, was er empfindet. Je tiefer der Geist steht, desto derber die Lehre. Mancher Geist inkarniert sich wieder, und in den Sorgen und Mühen des Erdenlebens stehend, lässt er sich von diesen immer mehr in den Schlamm der Unklarheit, der Schwäche und der Feigheit hinunterziehen und kürzt schließlich die Dauer des Menschenlebens ab, um den Leiden zu entgehen. Wenn solche Geister zur Erkenntnis kommen, dass das innere Leiden einzig in der Unvollkommenheit des Geistes liegt und jenes Leiden, das von außen zu kommen scheint, nur die Erscheinungsform eben dieser Unvollkommenheit ist, so nehmen sie oft kurze Inkarnationen auf sich, um das zu Ende zu führen, was sie feige weggeworfen haben.

Dann gibt es weitere Ursachen. Von einer Geistgruppe, die zusammen gesündigt hat, erkennt einer sein Unrecht und inkarniert sich, um auf Erden seine Erkenntnis zu betätigen, seine Kraft in den Versuchungen und Prüfungen, die ihm durch das Erdenkleid begegnen können, zu testen. Doch die Macht des Bösen über ihn ist noch nicht gebrochen, die niedrigen Geister, die er verlassen wollte, umringen ihn und behindern jeden Fortschritt, indem sie seine Materie zum unfähigen Werkzeug machen. Die Auflösung der Materie solcher Kinder hat die relative Freiheit solcher Geister zur Folge; durch ihre Reue, ihr freiwilliges Eintauchen in die reinigenden Wasser der Leiden erheben sie bestimmte Gesetze in eine andere Geistsphäre, in welche hindernde Elemente aus niederer Sphäre nicht mehr eindringen können.

Du meinst, dass solche kurze Inkarnationen einen direkten Einfluss auf Medien bezwecken können. Dazu ist aber eine Inkarnation, als *solche*, nicht notwendig. Der Geist, der das Medium beeinflusst, wird nur dann imstande sein, eine Lehre zu geben, die für viele Menschen zum Hilfsmittel wird, wenn er möglichst über der Materie steht, wenn er also durch seine Entwicklung der Anziehungskraft der Materie und der endlichen Gesetze entwachsen ist. Ihr müsst bedenken, dass der Geist das noch beherrscht, dem er entwachsen ist. Es ist ihm kein *fremdes* Gebiet, denn er durchschaut es und kennt die Gesetze, die, euch mit der Materie verbindend, euren geistigen Horizont verengen.

Doch versteht mich recht. Es ist nicht die *Materie*, die den engen Horizont zieht, sondern eure Entwicklungsstufe, welche diese Materie mit den sie beherrschenden Gesetzen zu eurer Atmosphäre macht. Christus sah als Mensch so weit wie als Geist und konnte als Geist im Augenblick wieder den fluidischen Körper bilden, den er als Beweis seiner Identität seinen Jüngern gegenüber benötigte. Nicht Mensch gewesen zu sein, bildet die notwendige Brücke zwischen Geist und Medium. Ein gutes Medium muss eine gewisse Ähnlichkeit mit dem sich äußernden Lehrgeist haben. Es soll die

Lehre empfinden können, damit keine Gegenströme der Empfindungswelt dieser beiden die Klarheit der Lehre trübe.

Du glaubst, menschlich betrachtet, es sei ein Vorzug, als Kind zu sterben, weil solche Geister keine neue Schuld belastet. Das führt uns in ein anderes Gebiet. Die Definition einer »neuen Schuld« ist nicht so einfach, dass ein Geist frei von solcher Schuld wäre, wenn sein unentwickelter Körper, mit dem sein Menschtum ihn so eng verbindet, dass er ohne diesen keine Handlung begehen kann, ihn davor bewahrt. Schuld liegt nicht in der sichtbaren Handlung, denn diese ist ja nur die Erscheinungsform. Schuld liegt in dem Willen, in der Willens*fähigkeit*. Wenn ein Geist aus seiner Empfindungswelt, aus seiner Wesenheitsentwicklung eine Begierde hat, die eben diesen Grad der Entwicklung oder Nicht-Entwicklung beweist, und er bekämpft diese Begierde nicht, so hat er gesündigt, wenn er sein Wollen auch nicht zur Tat umsetzt. Dass ein Kind gewisse Sünden nicht begehen kann, stellt den *Geist* nicht höher, wenn es nach kurzer Inkarnation stirbt.

Schranken, welche Äußerlichkeiten dem Geist setzen, machen diesen selbst um nichts besser, geben ihm keine errungenen Werte in die Hand, wenn er in seine Geistheimat zurückkehrt. Unschuldig ist der rein geschaffene Geist, wenn er zuerst aus dem Lebensstrom des schaffenden Gotteswillens ins Bewusstsein tritt. Verlässt er die gesetzlichen Bahnen nicht, so reift seine Unschuld zur Vollkommenheit. Gefallene Geister jedoch haben ihre Unschuld verloren. Das Kinderkleid der Materie gibt sie ihnen nicht wieder, sondern nur zielbewusstes Streben stößt Schlacken und Fehler aus. Die für sie zur Gnade gewordene Gottesliebe bestimmt, dass sie das gleiche Ziel der Vollkommenheit einst erreichen werden.

Ihr seht in kleinen Kindern oft die hässlichsten Eigenschaften der Unwahrheit, des Neides, der Schadenfreude oder Grausamkeit. In anderen wieder zeigt sich eine Selbstlosigkeit und Liebeskraft, die euch staunen macht. Sobald die Entwicklungsstufe des Körpers es ermöglicht, äußert sich der Geist durch ihn so, wie er ist.

Das Menschenleben ist für euch in jedem seiner Augenblicke wichtig. Nützt es aus, spannt alle Kräfte an, seid zielbewusst, willensstark und Meister eurer selbst und eurer Zeit. Doch behaltet in der treuen Pflichterfüllung des Kleinen, des Einzelnen stets das Große, das

Ganze im Auge. So kostbar dieses Menschenleben für euch ist, wenn ihr es *zu leben versteht*, so ist es doch nur eine Sprosse in der großen Stufenleiter der Entwicklung eurer Individualität. Es ist nur eine Note in der großen, reichen Melodie eures Geistlebens.

Werdet groß, tief und klar, damit ihr ein möglichst weites Feld dieses Geistlebens zu überblicken vermögt, Zeitteile und Entwicklungsstufen miteinander vergleichend, nicht auf Nebensächliches, Vergängliches den Schwerpunkt legend, im Kleinen das Große im Auge behaltend. Vielseitig arbeitend, versucht jede Eigenschaft eurer Individualität der Vollkommenheit näherzubringen, und ihr werdet die Klarheit und Einfachheit erreichen, die Attribute wahrer Größe sind.

Die Reinkarnationslehre |

Die Ursache des ersten Geisterfalles bewirkte, dass die Geister die erwachenden gottähnlichen Eigenschaften und Kräfte in selbsttätigem Schaffen erproben wollten, dadurch ihre Fluide verdichteten und, indem sie in selbsttätiger Bewegung sich der gesetzlichen, von Gott ausstrahlenden Bewegung entgegensetzten, ein Chaos hervorriefen, in welchem sie latent gebunden lagen.

Neue Gesetze des großen Gesetzgebers hüllen dieses Chaos ein. Da göttliches Gesetz Leben ist oder, besser gesagt, Leben und dessen Ausbildung zur Folge hat, so erwachte das im Chaos schlummernde Leben zu neuer Erscheinungsform, an die erlösenden Gesetze gebunden, mitarbeitend an der Gestaltung von Welten, welche die Bedingungen erfüllen sollten, zu Pflanzstätten verlorener Freiheit, verlorener Größe zu werden.

Die Seele ist die Erscheinungsform des Geistes, jene Hülle, die durch seinen Fortschritt von Kraft zu Kraft bis zum Erreichen seiner Vollendung alle Stadien der Vergeistigung durchmachen muss, bis zu ihrer Vollkommenheit. Ein Zustand und ein Ziel, für welche euch Menschen jeder Begriff fehlt. Ein Geist kann seiner Seele nicht entwachsen. Sie kann nicht materiell und er hochentwickelt sein. Sie ist ja nur der Spiegel, der seine Wesenheit widerstrahlt. Die Seele ist das Bindeglied, welches es ermöglicht, dass der Geist sich mit der Materie zu einer Einheit – Mensch genannt – verbindet. Ohne ein solches Bindeglied wäre die vollkommene Vereinigung von Geist und Materie ausgeschlossen.

Wohl ist es notwendig, dass sich hochentwickelte Geister zur Belehrung und Hilfe mit Tiefstehenden vereinen, was bedeutet, dass hochentwickelte Geister, die der groben Materie entwachsen sind, sich noch einmal mit ihr verbinden, um so, im gleichen Kleid wie der gefallene Bruder, die gleiche Sprache redend, von ihm verstanden zu werden.

Versteht mich wohl. Erkenntnis kann keiner dem anderen geben; doch das Material, das Gott der ganzen Geistschöpfung gegeben hat, kann die Liebe des Bruders dem Bruder sichtbar machen und ihm den Weg weisen. Der ehrliche Wille des gefallenen Bruders wird dieses Material dann zu seinem Zweck benützen und sich emporringen von Stufe zu Stufe, Erkenntniskreis nach Erkenntniskreis sich erschließend.

Der Geist, der in die Inkarnation tritt, bedarf der Schule der Materie zu seinem geistigen Fortschritt. Der Geist soll die Prüfungen der Materie bestehen und soll sich alles das zu eigen machen, was sie an Lehre und Bildungsmöglichkeit für ihn enthält. Selbst der beschränkten Erkenntnis eines Erdenmenschen drängt es sich auf, dass dies ein weites Feld ist. Nun kann aber der Geist logischerweise erst dann von dem Gesetz, welches ihn in die Materie zwingt, entbunden werden, wenn er ihm entwachsen ist. Es ist dies ja nicht bei diesem Gesetz allein der Fall, sondern bei jedem Gesetz, welches Gott seinen Kindern zu ihrer Ausbildung gegeben hat.

Christus belehrt euch, welche Stufe ihr erreichen müsst, um in das Himmelreich einzugehen, also um der Materie vollkommen entwachsen zu sein. Dass er von der irdischen Geburt und nicht von einer geistigen Regeneration sprach, beweisen jene Worte: »Wenn ich von irdischen Dingen gesprochen habe und ihr glaubt mir nicht, wie wollt ihr glauben, wenn ich euch von himmlischen Dingen rede?« – Vom Geist geboren und dadurch fähig zu sein, ins Himmelreich zu kommen, heißt: Durch den Willen geboren sein, nur dem Bruder zu helfen, zu dienen – nur zu diesem Zweck allein die Materie um sich nehmen, um veredelnd und vergeistigend auf den Bruder zu wirken.

Solange ein Geist um seines eigenen Fortschritts halber oder – auf ganz niederer Stufe stehend – um der Lust des irdischen Lebens willen in das Menschenleben tritt, so lange hat er die Schule der Materie nicht absolviert und ist folglich nicht fähig, in höhere Welten einzutreten. Denn nicht die Zeit, die du in einer Schule zugebracht hast, befähigt dich zum Eintritt in eine höhere Lehre, sondern erst wenn du die Lehren einer Stufe gemeistert, sie dir ganz zu eigen gemacht hast, kannst du die Grenze überschreiten, die dich von Höherem trennt.

Schau dir die Menschen an, die dich umgeben. Was berechtigt dich zu der Annahme, dass der Tod eine solche Zauberwirkung ausübt, dass er den grobmateriellen Geist in die Möglichkeit versetzt, in geistige Gesetze emporgehoben zu werden? Es wäre dies ja eine Sprache, die er nicht verstünde. Ist es aber die Stufe des Geistes, die ihn in die Materie zwingt, und erkennst du die, wenn auch durch Unvollkommenheit beschränkte Freiheit des Geistes an, so wird nicht ein Erdenleben den Geist aus der Materie herausreifen, sondern allein der tatkräftige Wille des Geistes sein Erdenleben einzig zu seinem wahren Zweck benützen. Wie viele Menschen aber trägt die Erde, die sich ihres Lebenszwecks bewusst sind und die mit ungeteilter Kraft ihre erkannte Aufgabe zu erfüllen trachten? Diese wenigen stehen an der Grenze des Himmelreiches, und ihr Tod wird ihnen wahrhaft zur Erlösung von der Materie.

Die Reinkarnationslehre II

Die Atmosphäre, die den Geist umgibt – und unter diesem Ausdruck möchte ich alle Entwicklungsbedingungen des Geistes zusammenfassen – wird von seinen Bedürfnissen gebildet. Es wurzelt dieses Gesetz in dem Gesetz der Gnade, dem großen Sühnegesetz, das nach dem Fall der Geister entstehen musste, um diese sowie die durch dieselben hervorgebrachten Verdichtungen – Materie – mit den ewigen Gesetzen zu verbinden und es ihnen wieder zu ermöglichen, in den Kreis derselben zurückzukehren.

Gott ist Geist, und die direkte Folge des Urgeistes konnte nur Geist sein. Als durch den Fall eines Teiles dieser Geisterwelt Verdichtungen – die Materie – entstand, waren diese Geister nicht mehr fähig, ihre Entwicklungsbedingungen in der reinen Atmosphäre jener Geistsphären zu finden, welche die gesetzlichen Wege der Entwicklung im Geistigen nicht verlassen hatten. Diese Bedingungen lagen für die gefallenen Geister in jener Materie, die durch sie entstanden war. So, wie dieselbe sich durch ihren Fall gebildet hatte, so sollte sie sich durch die Arbeit der Geister an ihrer eigenen Vervollkommnung wieder vergeistigen. Um diese Vergeistigung der Materie zu ermöglichen, musste ihre Verbindung mit dem Geist eine enge sein. Mit der derbsten Materie einer Welt, wie sie sich in ihrem Mineralien-, Pflanzen- und Tierreich zeigt, kann sich der Geist nicht verbinden. Eine niedere Lebenswelle, welche ich Lebensprinzip nannte, belebt diese niedersten Formen. Der gefallene Geist ist an die Rotation der werdenden Welt gebunden; doch kann er erst dann auf derselben in Menschenform ins Leben treten, wenn sie eine gewisse Entwicklungsreife erlangt hat.

Der tief gefallene Geist wird sich auf jenen jungen Welten erst den Leidenschaften hingeben, denen er nun durch seinen Körper Ausdruck zu geben vermag. Der Tod eines solchen Menschen befreit ihn nicht von seinen niederen Begierden. Hat die niedere Stufe eines Geistes ihn an die Materie angeglichen, so wird ihn nur seine langsam wachsende Erkenntnis, von der derben Kost der Leiden genährt, die eine Folge niederer Stufe sind, immer klarer werden lassen, dass solche Verbindungen mit der Materie ihm keine wahre Befriedigung bringen. Von diesem Anfang der Erkenntnis des Wahren bis zu der vollendeten Erkenntnis, dass die Materie durch göttliches Gesetz zu einem Hilfsmittel für niederen Geist geworden ist, um in dieser Materie seine werdende Güte zu betätigen, damit er in ihr lernen, lehren und wirken muss, bis er kraft seiner reinen und selbstlosen Liebe dieser Schule entwächst – liegt ein weiter Weg. Wie lange der Geist zu diesem Weg benötigt, steht ihm frei. Der eine wird mit größerer Willenskraft die erkannte Aufgabe bewältigen als der andere. Die Freiheit des Geistes ist allerdings durch seine niedere Entwicklungsstufe mehr oder weniger beschränkt. Doch ist sie immerhin ein Faktor, der eine gleiche Anzahl von Reinkarnationen für alle Geister zur Unmöglichkeit macht.

Auf Welten von der Entwicklungsstufe der euren inkarnieren sich viele Geister, die schon eine klare Erkenntnis ihrer Aufgabe haben, die sich schon zu der reinen Liebeskraft, die in der Opferwilligkeit liegt, durchgerungen haben. Solche Geister sind an der Grenze angelangt, an welcher die Materie keine Anziehungskraft mehr ausübt.

Es gibt manche Geister, deren Fall ein einmaliger, sofort von der Qual der Reue gefolgter gewesen ist. Diese gelangen nicht in den Anziehungskreis materieller Welten, sondern berühren nur den Saum des Gewandes der Materie, durch eine Inkarnation auf einer halbmateriellen Welt. Versteht mich recht: Die Gesetze Gottes sind unendlich, und es besteht immer die Gefahr, wenn ihr eines dieser Gesetze zu erfassen vermeint, dass ihr es dann in gewisse Grenzen von Raum und Zeit einzuzwängen sucht, in Begriffe, die eurer Wesenheitsstufe entsprungen sind und von denen ihr göttliche Gesetze aber freizuhalten versuchen sollt.

Es ist Gesetz, dass eine bestimmte Entwicklungsstufe den Geistern die Verbindung mit der Materie notwendig macht. Daraus geht hervor, dass eine höhere Entwicklungsstufe den Geist außerhalb der Anziehungskraft der Materie bringen muss. Es unterliegt also ein

Geist nicht einer bestimmten Anzahl von Reinkarnationen, sondern er hat in der Verbindung mit der Materie einen gewissen Kreis der Wahrheit (eurer Sprache fehlen wieder die Worte für diesen Begriff) zu erkennen und gemäß dem Erkannten zu leben.

Ich kann daher nicht ganz deine Behauptung bestätigen, dass Christus, wenn er von der Wiedergeburt sprach, nur die Reinkarnation, nicht aber eine geistige Wiedergeburt meinte. Unter dieser versteht er die Erweiterung des Erkenntniskreises und die Betätigung desselben. Aus allem, was ich gesagt habe, geht hervor, dass eine solche geistige Wiedergeburt der Reinkarnation in Menschenform zugrunde liegen muss, wenn der Geist der Anziehungskraft der Materie entwachsen will. Ist er dieser Anziehungskraft entwachsen, so zieht ihn oft wieder die reine Liebe zum Bruder in dessen materielle Welt, wo er in der Betätigung dieser Liebe den Erkenntniskreis des Bruders erweitert und ihn also auch in die Anziehungskraft des Höheren bringt.

Versucht die Unterredung Christi mit Nikodemus richtig zu verstehen. Der Mensch muss wiedergeboren werden. Doch nicht der »Wille zum Leben«, das heißt die Befriedigung in der Materie, soll die Ursache der Reinkarnation sein, sondern der Wunsch, in jener Atmosphäre an seiner Vervollkommnung zu arbeiten, welche jetzt noch Entwicklungsbedingungen für ihn enthält. Denn was vom Geist geboren ist, ist Geist. Der Geist, der in der Materie seines Geistlebens bewusst ist, der die Materie als das, was sie ist, erkennt und ihr dadurch jede Macht über ihn nimmt, der erfüllt seine Aufgabe und macht sich frei von der Materie und allen endlichen Gesetzen, um in den Lichtkreis der ewigen Gesetze zurückzukehren und dort größere Freiheit und höhere Seligkeit zu finden

Die Reinkarnationslehre III

Das Ziel allen Lebens ist das Erreichen der Vollendung einer Wesenheit. Auf dem langen Weg, der für das Wesen ›Geist‹ vom Erwachen des Bewusstseins bis zur Vollendung seiner Wesenheit liegt, ist er vielen Verwandlungen unterworfen. Ursache und Zweck jeder Verwandlung ist seine Entwicklung, sein Fortschritt. Eines der Attribute des Geistes, welches aus seiner Gottessohnschaft entspringt, ist seine Willensfreiheit. Doch ist die Beschränkung dieser Freiheit durch die Unvollkommenheit des Geistes gesetzlich notwendig, da dessen Entwicklung eine allseitige ist und sich die Vollendung der Freiheit aus der Vollendung der beiden anderen Wesensattribute des Geistes – Erkenntnis und Liebe – ergibt. Dies ein notwendiges Vorwort, damit ihr die Ursache und den Zweck der Inkarnation des Geistes in die Materie überhaupt sowie dessen Reinkarnation verstehen könnt.

Die niedere Entwicklungsstufe eures Wohnortes, der Erde, bedingt, dass über diese Frage, wie über alle anderen von Wichtigkeit, unzählige verschiedene Anschauungen entstanden sind. Ein Teil der Menschen nimmt an, dass jede irdische Geburt die Schöpfung einer neuen unsterblichen Seele sei, welcher in diesem Erdenleben eine einzige Gelegenheit zur Erlangung des »ewigen Lebens« gegeben ist. Andere nehmen an, dass der Geist zu seiner Entwicklung einer bestimmten Anzahl von Wiedergeburten auf dieser Erde unterworfen ist, dass er auch in der Form eines Tieres reinkarniert werden kann. Wieder andere nehmen an, dass die Anzahl der Wiedergeburten zwar nicht eine bestimmte sei, dass aber jeder Geist zu seiner Entwicklung unbedingt der Verbindung mit der Materie in der Menschenform bedarf.

Die erste Anschauung der Schöpfung einer Seele durch die irdische Geburt ist die kindlichste und entspringt aus der Kleinlichkeit und der mangelnden Erkenntnis, welche *das Sandkorn Erde* als die wichtigste Schöpfung erscheinen lassen, um deretwillen die übrige Schöpfung entstanden sei. Die Sternenwelt etwa zu dem Zweck, dass die ›Krone der Schöpfung‹, der Erdenmensch, nachts hübsche leuchtende Pünktchen zu bewundern habe. Über diese Anschauung bedarf es keiner weiteren Worte; der inkarnierte Geist entwächst ihr bald.

Die Annahme, dass der Geist einer bestimmten Anzahl von Reinkarnationen unterworfen ist, widerspricht der Freiheit des Geistes, welche, wenn auch durch Unvollkommenheit beschränkt, immerhin ein niemals völlig zu vernichtendes Geistesattribut ist. Für den Geist auf einer gewissen Entwicklungsstufe enthält das Leben in der Materie bestimmte Lehren, bestimmte Prüfungen, durch welche seine Kräfte ausgebildet werden. Die Zeit ist jedoch nicht Herrin des Geistes, so dass er eine bestimmte *Zeit* in einer bestimmten Entwicklungsstufe gefesselt bleiben könnte. Er ist frei, die Lehren, das *ewig Gute*, was in jeder Geistatmosphäre liegt (ob diese nun dichte Materie, Halbmaterie oder Geistsphäre heißt), mit mehr oder weniger Willenskraft aufzunehmen. So bestimmt er selbst die Zeitdauer seines Gebundenseins an die Welten der Materie.

Dass der Geist sich in Tierform inkarniert, ist aufgrund der Attribute seiner Wesenheit – Freiheit, Liebe und Erkenntnis – unmöglich. Es *kann* eine Wesenheit nur eine solche materielle Form annehmen, durch welche dieselbe zum Ausdruck zu gelangen vermag. Es gibt in Gottes Gesetzeswelt nichts Zweckloses, und zwecklos wäre eine Lebensform, die den Lebenskern in seiner Entwicklung hemmt. Es kann also der Geist des Erdenmenschen nicht in der nächsten Inkarnation ein Tier sein; wohl aber kann er durch fortgesetzte Rückbildung seiner Wesenheit eine Stufe erreichen, auf der seine Attribute der Lethargie verfallen und seine Entwicklungsstufe die Tierform bedingt. Doch bedarf es für solche Rückbildung Zeiträume, für welche euch der Begriff fehlt, und bis zur völligen Lethargie seines Attributes ›Willensfreiheit‹ kann der Geist dieser Rückbildung jeden Augenblick Einhalt gebieten. Erst bei völliger Lethargie sinkt er in die niedere Gesetzeswelt und unterliegt dem endlichen Gesetz alles niederen Lebens, der unfreiwilligen Entwicklung der Wesenheit innerhalb einer bestimmten Zeitspanne.

Die menschliche Anschauung, dass der Geist zu seiner Entwicklung unbedingt der Verbindung mit der Materie in Menschenform bedarf, steht im Widerspruch zu der Wahrheit, dass das Geistige das Primäre, die Materie das Sekundäre ist. Wäre das Geistige nicht das Primäre, sondern müsste es sich erst aus der Materie entwickeln, dann gäbe es für den Geist allerdings keinen anderen Entwicklungsgang als durch das Mineral-, Pflanzen- und Tierreich. Doch Gott ist nicht der Gott der Toten, sondern der Lebendigen. Gott, der Urgeist, dessen Attribute Liebe und Weisheit sind, wie sie selbst euer Ahnen nicht fassen kann, *konnte* als erste Folge seines Urlebens nicht ein Mineralreich haben. Gott, als Urleben, bedingte Bewegung. Bewegung ist Licht, ist Leben, und dieser erste Ausfluss göttlichen Lebens konnte nicht anders, als dem Schöpfer ähnlich sein; die Attribute dieser Gottessöhne waren Erkenntnis, Liebe und Willensfreiheit, hervorgegangen aus den Attributen Gottes – vollendete Weisheit, absolute Liebe und Allmacht. Doch ist reiner Geist noch nicht vollkommener Geist. Die Unvollkommenheit der Erkenntnis sowie die Freiheit innerhalb gewisser Grenzen ermöglichten dem Geist das Verlassen bestimmter gesetzlicher Wege, die eine Verdichtung der Geistatmosphäre, eine Halbmaterie, zur Folge hatte.

Über Schöpfung und Fall habe ich schon gesprochen; ich will hier nur betonen, dass die Materie, das Sekundäre, als eine Folgeerscheinung dem Primären, dem Geist, *nur dann* notwendig ist, wenn er die primären und ewigen Gesetze, welchen er seiner Wesenheit nach bei seiner Schöpfung untersteht, kraft seines freien Willens und innerhalb der Grenzen, die seine Unvollkommenheit diesem zieht, *verlässt* und sich damit der endlichen Gesetzeswelt der Materie unterstellt. Es gibt herrliche Geistscharen, die niemals den göttlichen Weg der Entwicklung im Geistigen verlassen haben. Es gibt aber auch Geistscharen jeder Entwicklungsstufe, welche in allen Sphären halbmaterieller und grobmaterieller Welten jene Atmosphären finden, die ihrer Entwicklungsstufe entsprechen und die ihnen folglich jene Gelegenheiten, Lehren und Prüfungen bieten, deren sie bedürfen.

Wenn ihr einzelne Lehren, wie die der Reinkarnation, verstehen wollt, so sucht euch immer ein möglichst klares Bild der ganzen Gesetzeswelt zu machen – *so weit wir selbst in sie eingedrungen sind* und *so weit wir sie euch offenbaren durften* – damit ihr über das eine Gesetz das einheitliche Bild des Ganzen nicht verliert. Es ist dies heute noch der Fehler aller christlichen Konfessionen, dass sie den Schwerpunkt auf die eine oder die andere Wahrheit oder Lehre verlegen und so den einen großen Umriss des Ganzen verlieren.

Die Materie entstand also infolge des Geisterfalles. Göttliche Gerechtigkeit und göttliche Gnade verlangte und ermöglichte, dass diese eure Schöpfung von euch selbst wieder umgebildet werde, daher ist die Vergeistigung der Materie eine der vornehmsten Aufgaben der inkarnierten Geister aller materiellen Welten. Doch so, wie die Materie selbst gewissermaßen das Ergebnis einer geistigen Tat gewesen ist, so ist auch deren Vergeistigung wieder das Ergebnis eures wahren Wachstums in der Liebe, in der Selbstlosigkeit und in der Erkenntnis. Aus diesen gehen die Kräfte hervor, die, umbildend, vergeistigend auf eure Menschenwesenheit und auf die materielle Welt, euren Wohnort, einwirken. Ist es der Grad seiner Entwicklung, die den Geist in die Materie führt, so kann es auch nur wieder der Grad seiner weiteren Entwicklung sein, der ihn von der Materie befreit.

Wie wenig aber lernt der Geist *in einem* Menschenleben! Wie schwach ist seine Erkenntnis wahrer Liebe und Güte, und überdies ist die Erkenntnis der *Betätigung* derselben meistens noch weit voraus. Bis aber ein Geist die Lehren und relativen Wahrheiten einer Welt erfasst, erkannt und *betätigt* hat, ist er an diese Welt gebunden. So macht er alle Klassen dieser einen großen Schule durch (denn für den Durchschnittsgeist eurer Sphäre ist ein Sandkorn, wie diese Erde, eine große Schule), und erst wenn diese Lehren ihm nichts mehr zu geben haben, ist er reif für höhere, weil geistigere Lehre. Daraus ergibt sich das Gesetz der Reinkarnation. Wenn der Geist den Menschenkörper abgelegt hat und, im Geistigen stehend, das vergangene Erdenleben durchblickt, erfasst ihn die Reue über versäumte Gelegenheiten, missachtete Lehren, über das Gute, das ungetan geblieben, über das Schlechte, das mit Freuden getan wurde. Dankbar ist er dann, in einem weiteren Erdenleben erweiterte Erkenntnisse erringen zu dürfen.

Doch nun zu den Widersprüchen, die du gefunden zu haben glaubst. Deine Frage: »Alles, was in der Lehre Christi von Wiedergeburt vorkommt, bezieht sich wohl auf Reinkarnation. Christus verstand darunter nicht geistige Wiedergeburt, sondern das Wiederkehren ins Menschenkleid«, ist die Frage eines Menschen, der leicht von einem Extrem ins andere fällt. In früheren Jahren glaubtest du nicht an Reinkarnation, dann kam die Erkenntnis und du zogst die rasche Folge: Alles, was Christus von Wiedergeburt sagt, muss sich auf die körperliche Wiedergeburt beziehen. Daher musste ich versuchen, deinen Erkenntniskreis zu erweitern, indem ich darauf hinwies, dass eine geistige Wiedergeburt, das heißt eine Erweiterung der Erkenntnis, eine Kraftzunahme der Liebe und Selbstlosigkeit, der Reinkarnation in Menschenform zugrunde liegen müssen, wenn der Geist der Anziehungskraft der Materie entwachsen will. Wo ist da der Widerspruch zu einer anderen Aussage, die du anführst: »Christus belehrte euch, welche Stufe ihr erreichen müsst, um in das Himmelreich einzugehen«, das heißt, um der Materie vollkommen entwachsen zu sein. Dass er von der irdischen Geburt und nicht von einer geistigen Erneuerung sprach, beweisen jene Worte: »Wenn ich von irdischen Dingen gesprochen habe, und ihr glaubt mir nicht, wie wollt ihr glauben, wenn ich euch von himmlischen Dingen rede?« *Dieses* Wort Christi bezog sich auf die irdische Geburt; doch gerade da weist Christus wieder darauf hin, dass die irdische Wiedergeburt ohne die ihr zugrunde liegende geistige Regeneration nicht in das Himmelreich führe. Es handelt sich um Christi Unterredung mit Nikodemus (Joh. III). Dort sagt er: »Wenn ein Mensch nicht wiedergeboren werde, kann er das Himmelreich nicht schauen.« Auf das Erstaunen des Nikodemus darüber, erklärte Christus: »Wenn ein Mensch nicht aus Wasser und Geist geboren ist, kann er nicht in das Himmelreich eingehen. Was vom Fleisch geboren ist, das ist Fleisch, was vom Geist geboren ist, das ist Geist.«

Es gibt zwei Dinge, die den Geist in die Reinkarnation führen können: Die Lust zum Leben, wie der Buddhist sagt, oder der Wunsch nach geistigem Fortschritt und nach Betätigung erkannter ewiger Gesetze durch opferfreudige Nächstenliebe. Der buddhistische Ausdruck »die Lust zum Leben« lässt falsche Begriffe zu, denn das darunter Verstandene ist Scheinleben, und wahres Leben ist von solchem Geistwesen noch gar nicht erkannt worden. Ich bediente mich dieses Wortes, weil es dem Menschen im Allgemeinen doch ein klarer Begriff ist. Solange die Lust zum irdischen Leben mit all seinen materiellen Freuden die Anziehungskraft bildet, die den Geist in die Reinkarnation führt, so lange kann er nicht »ins Himmelreich eingehen«, sondern liegt im Bann der Materie, in welchem höhere Lehren, höhere Freuden ihm unverständlich bleiben müssen. »Was vom Fleisch geboren, das ist Fleisch.«

Erst wenn der Geist, unbefriedigt vom irdischen Leben, Höheres sucht und in einer Reihe von Reinkarnationen immer weitere, reinere Erkenntnis zu *betätigen* lernt, verliert die Materie als solche jede Anziehungskraft für ihn, und nur die Sehnsucht, noch eine Mission der Liebe zu erfüllen, wie es seine zunehmende Kraft im Guten ihm ermöglicht, zwingt ihn noch einmal in die Materie. Doch trotz der gleichen äußeren Erscheinungsform der Menschengestalt bleibt »Geist, was vom Geist geboren ist«, und dieser ist nun fähig, im Geistigen allein zu leben und eine Wonne zu empfinden, welche dem Durchschnittsmenschen fremd ist. Bei seinem »Tod« breitet er die Flügel aus, um »ins Reich Gottes« zu entschweben.

Die Reinkarnation ist ein Hilfsmittel für den Geist, der dieselbe als solches erkennen soll, um mit der ganzen Kraft seines Willens eine Entwicklungsstufe anzustreben, die es ihm ermöglicht, von seiner vollen, gottähnlich gewordenen Liebe getragen, noch einmal in die dunklen Fluten der Materie zu tauchen, um die in denselben Ringenden mit sich an die Luft und ins Licht emporzuziehen. Damit auch ihnen in geistigen Elementen die Flügel wachsen, die sie über alle Fluten hinwegtragen sollen an das *eine* große Ziel, welches alles erschaffene Leben nach göttlichem Gesetz bewusst oder unbewusst anstrebt – zur Vollendung ihrer Wesenheit.

Die Reinkarnationslehre IV

Die Entwicklungsstufe einer Welt bestimmt die Gesetze, durch welche sie geführt wird. Die Erde hat die Stufe noch nicht erreicht, auf welcher es hohen Geistern gesetzlich möglich ist, in der Materialisation belehrend mit euch zu verkehren. Der Zweck der Materialisation ist heute noch der Unsterblichkeitsbeweis und die Waffe gegen die plumpen Irrtümer der Materialisten.

Der Zweck, den eine Sache verfolgt, bestimmt auch den Wert des Materials, das zu diesem Zweck ausgesandt wird. Erwartet daher heute durch Geister, die sich materialisieren, noch nicht Lehren von hohem Wert. Erst wenn die materialistische Richtung auf Erden ihren Todesstoß erhalten hat, kann das geistige Leben sich entfalten. Ihr pflanzt erst dann eure schönsten Blumen in den Garten, wenn sie die Jahreszeit vor Frost und Reif sichert. So pflanzen wir unsere Lehre erst dann in eine Welt, wenn deren Entwicklungsstufe sie vor Unverstandensein und vor dem Schaden des Halbverstandenwerdens schützt.

Der rein geistige Einfluss besteht ja zu eurer Führung; denn jeder Mensch fühlt mehr oder weniger den Einfluss seines Schutzgeistes, soweit er auf einer grobmateriellen Welt, wie dieser Erde, überhaupt einen Einfluss solcher Art zu fühlen vermag. Die Gesetze, welche eine Welt führen, sind das Beste, was ihr gegeben werden kann, wenn auch nicht das Beste an sich. Darum beugt euch unter diese Gesetze und sucht durch euer möglichst reines, selbstloses und opferfreudiges Leben die Vergeistigung eurer Welt zu beschleunigen: Denn wer hat, dem wird gegeben werden.

Krankheit und Heilmagnetismus

Frage:

Die magnetische Heilkraft ist eine unserem Geschlecht eigentümliche, nur zu wenig gepflegte und ausgebildete Gabe. Sie beruht auf dem einem gesunden, kräftigen Organismus entströmenden Fluidum, dem Träger von Lebenskraft, welche, auf die kranken Organe der Leidenden übertragen, Störungen in deren Funktionen zu beseitigen vermag. Wesentlich verstärkt wird diese Kraft durch Konzentration des Willens und tiefes Mitgefühl für die Leiden des Kranken. Dieses Mitgefühl befähigt den Magnetisierenden, in seiner Entwicklung alles zu empfinden, was den Patienten quälend belästigt; und diese latente Intuition kann in Bezug auf Organisationsstörungen bis zum Hellsehen derselben gesteigert werden. Auch kommen die Gesetze der Reaktion bei manchem Magnetisierenden zur vollen Auslösung.

In der engeren Verkettung des Magnetisierenden und des Patienten durch die höchste geistige Potenz, deren Aufnahme uns gesetzlich möglich ist, in der Verbindung mit dem Christus-Geist, wird die höchste physische und psychische Wirkung magnetischer Heilkraft erzielt werden.

Sind diese Anschauungen richtig?

Antwort:

Der Magnetismus ist eine Kraft, deren Wirkung die Menschheit jetzt zu entdecken beginnt, ohne sich über die leitenden geistigen Gesetze klar geworden zu sein. Jeder Mensch ist Träger dieser Kraft, denn sie ist eine Eigenschaft seines Geistes und ewig wie dieser. Je nach der Entwicklungsstufe des Geistes wird dieser Kraftstrom an Macht zunehmen oder, durch die Schlacken seelischer Verdichtung gehemmt, zum Minimum abgeschwächt werden.

128

Absolute, ewige Vollkommenheit, Gott, ist eine Einheit; relative, werdende Vollkommenheit, der Geist, strebt diese Einheit an, indem sie die ewigen, ihr innewohnenden Kräfte gleichmäßig zu entwickeln sucht. Alle gottgegebenen Eigenschaften sind dem Geist gleich notwendig; nicht eine darf verkümmert bleiben. Es gibt dadurch bedingte Inkarnationen, dass eine einzige Eigenschaft des Geistes noch auf einer Entwicklungsstufe steht, welche ihm die Schule der Materie noch notwendig macht. Es sind dies meistens Inkarnationen, welche die oberflächlich urteilende, von ewigen Gesetzen wenig wissende Menschheit unglückliche nennt, und zum Teil mit Recht, denn der gefesselte Vogel empfindet die Fessel quälender als die gefesselte Schildkröte. Doch der Geist, der eine solche Inkarnation antritt, sieht (bedingt durch die hohe Entwicklungsstufe seiner anderen geistigen Eigenschaften) klarer, was ihm fehlt und wählt die Aufgaben und Prüfungen seines Menschenlebens seinem Ziel entsprechend, um die unvollkommensten seiner Eigenschaften auf eine Entwicklungsstufe zu bringen, die die Harmonie seiner Individualität wiederherstellt. Durch diese Harmonie kommen Kräfte zur Wirkung, die durch den Widerspruch der Ungleichheit im Geist nicht zur vollen Wirkung gelangen konnten.

Ihr Erdenmenschen, mit wenigen Ausnahmen, steht alle noch unter dem lähmenden Bann des Widerspruchs in euch selbst. Prüfet euch mit Demut und mit dem festen Willen, klar zu sehen, und ihr werdet finden, dass einzelne eurer geistigen Eigenschaften eine Entwicklungsstufe erreicht haben, die im Widerspruch zur Größe eurer Fehler steht. Der Fehler ist das Negative; das Positive ist das Fehlen, das noch Latente der geistigen Eigenschaft, die diesen Fehler unmöglich machen würde. Eure kleine Welt ist nur ein Spiegelbild der Fratze eurer Widersprüche, nur eine Folge dieser sind die Widersprüche und Unzulänglichkeiten eurer Religionen, eurer irdischen Gesetzgebungen und eures Lesens der ewigen und endlichen Gesetze, denen eure Welt untersteht.

Die Krankheit des menschlichen Körpers ist nichts Absolutes. Nichts, was einem ewigen Gesetz untersteht. Sie ist eine Giftpflanze, die überhaupt nur in der Atmosphäre niedriger Welten gedeihen kann. Geistige Gesetze sind mächtiger als endliche. Gelingt es dem

Geist im kranken Menschenkörper, sich vom Bann der endlichen Gesetze frei zu machen, so dass die reine Kraft ewiger Gesetze die Atmosphäre durchdringt, in der Krankheit allein gedeihen kann, so muss diese Giftpflanze absterben. Die kommenden Jahrhunderte werden euch dieses Gesetz verdeutlichen, und eine psychisch und physisch gesunde Menschheit wird sich im Besitz von Kräften sehen, deren Wirkungskreise sich immer mehr erweitern. Ihr werdet mir vielleicht erwidern: »Wie kommt es denn, dass geistig hochentwickelte Menschen oft ihr Leben lang krank sind, während Menschen, die auf sehr niederer Stufe stehen, kaum Krankheit kennen? Wie ist dieser Widerspruch zu lösen?«

Er lässt sich, wie viele scheinbare Widersprüche, dadurch lösen, dass ihr die Wechselwirkung ewiger und endlicher Gesetze in eure Rechnung einbezieht. Das endliche Gesetz, dem eure Materie untersteht, stellt euch zur Gesunderhaltung dieses materiellen Gewebes gewisse Bedingungen. Viele dieser Bedingungen wisst ihr und stellt sie jetzt sogar zu einer Wissenschaft zusammen, die ihr Hygiene nennt. Das ist auch recht und gut so, denn als Kinder einer materiellen Welt untersteht ihr den endlichen Gesetzen und sollt sie erkennen und euch ihnen anpassen.

Doch seid ihr nicht *nur* Kinder der Materie und untersteht folglich auch den ewigen Gesetzen, von denen ihr, der Entwicklungsstufe eurer Welt gemäß, noch wenig wisst. Passt der sich inkarnierende niedere Geist sich ganz der Materie an, geht er in derselben unter, das heißt er unterstellt sich in Folge seiner fehlenden Erkenntnis ganz den endlichen Gesetzen und zieht durch seine Willenskraft nicht die möglichst große Wechselwirkung geistiger Gesetze in sein Leben hinein, so wird er, wenn er die Bedingungen materieller Gesetze ganz erfüllt, und zwar sowohl während des Aufbaus seines werdenden Körpers als auch später, gesund und physisch kräftig sein. Er fühlt sich wohl in der Materie und gedeiht in der Atmosphäre, die ihm behagt. Er ist nicht gefeit vor Krankheiten, aber sie werden sich seltener an ihn haften, weil seine Kräfte noch nicht in ringenden Widerspruch geraten durch die Erkenntnis dieses höchsten Zieles und durch seine *ruckweise* Annäherung an dasselbe.

Es gibt eine sehr niedere Art von Harmonie, in der sich der inkarnierte Geist befindet, dessen geistige Eigenschaften noch unentschlossen sind, und in der er folglich in dem vollkommenen Anpassen an endliche Gesetze auch den Segen dieser Gesetze empfindet – die Gesundheit. Wenn er dieser Entwicklungsstufe entwachsen ist, so beginnt für ihn die lange Periode geistigen Wachstums, bedingt durch die immer klarer werdende Erkenntnis seines Zieles, der Wege, die dahin führen sowie der Kräfte, die er sich erringen muss. Diese Periode findet ihren Abschluss, wenn der Geist die Harmonie jener Entwicklungsstufe erreicht hat, die ihn über alle Gesetze materieller sowie halbmaterieller Welten stellt und von der aus er seine Vollendung allein in dem Lichtkreis ewiger Gesetze anstrebt und ausarbeitet, bis er im Erreichen seines Ziels auch diesem Lichtkreis entwächst, das Empfinden und Zurückstrahlen der Gottesliebe seine einzige Leitung ist und er somit die Vollendung seiner Freiheit gefunden hat.

In dieser langen Entwicklungsperiode ist er nun nicht vor Krankheiten gefeit. Er kann in der Erkenntnis des Guten schon weit fortgeschritten und folglich das sein, was ihr einen guten, edlen Menschen nennt (was auf der langen Stufenleiter eurer Entwicklung noch immer eine recht niedrige Sprosse ist). Doch ist er noch nicht zur Erkenntnis gekommen, dass Krankheit kein *notwendiges* Übel ist, dass dieser materielle Auswuchs eurer geistigen Gebrechen nicht eine gottbestimmte Zeit hat, innerhalb welcher er nicht entfernt werden kann.

Nichts ist irriger, als die Annahme, dass Gott die Leiden eines seiner Geschöpfe will. Ihr müsst das Gesetz der Sühne nicht missverstehen. Ihr seid Herren jenes schemenhaften Dinges, das ihr Zeit nennt, und nicht deren Diener. Wenn ihr in einer leidvollen Inkarnation steht, so ist es nicht *Erkenntnis* der Gesetze Gottes, welche euch sagen lässt: »Diese Inkarnation ist schon durch vergangene Schuld verdorben. In diesem Leben kann ich Schwächen und Krankheiten nicht ändern, mich nicht frei machen von dem Bann, der auf mir liegt.« Das ist ein Missverstehen eines göttlichen Gesetzes, ein Missverstehen, welches das lichtvolle Gnadengesetz der Sühne in eine starre Form zu zwingen sucht und dasselbe unter den Bann eines von euch bestimmten Zeitmaßes zur Wirkung gelangen lassen will.

Das Ziel, das vor euch liegt, ist gottbestimmt. Die latenten Kräfte in euch sind gottgegeben; doch die Zeit ist nicht eure Herrin. Euer Wille und die demselben unterworfenen Kräfte haben auch in eurer Unvollkommenheit so viel Freiheit, dass ihr eurem Ziel langsamer oder rascher entgegenschreiten könnt. Ihr seid noch unfrei genug. Macht euch nicht willig zum Sklaven eurer Trägheit. Lernt endlich, die geistigen Gesetze zu verstehen. Erhebt euch in deren Wirkungskreis; denn was der Entwicklung einer Welt als solcher noch nicht möglich sein mag, ist es doch dem einzelnen Wesen in dem Überwiegen der Freiheit der Individualität gegenüber jener der Geistergruppe. Die Individualität ist ewig, die Gruppierung zu Sphären und zur Erscheinungsform bewohnter Welten ist nur eine Folge unvollendeter Entwicklung und des Geistfalles.

Eines dieser geistigen Gesetze ist die Wirkungskraft jenes Fluides, welche die Ausströmung eurer gottgegebenen Eigenschaft relativer schöpferischer Macht ist. Nur wenige Menschen sind sich dieses Kraftstroms bewusst und steigern ihn durch Ausbildung zu immer größerer Wirkung. Die Größe der Willenskraft des Menschen sowie die Größe seiner Liebe müssen gesetzlich Hauptfaktoren bei der Potenzierung dieses Kraftstroms sein, da der Entwicklungsgrad dieser zwei höchsten geistigen Eigenschaften den Wirkungsgrad der weiteren Eigenschaften bestimmt. Die nicht ausgebildete Harmonie im Geist ist Ursache, dass nicht alle Menschen, deren Willens- und Liebeskraft hoch entwickelt sind, einen diesem Entwicklungsgrad entsprechenden Kraftstrom des Magnetismus haben. Die Mitarbeit des Leidenden, um sich eine möglichst große Aufnahmefähigkeit dieses Kraftstroms zu schaffen, besteht darin, dass er sein Leiden nicht für unheilbar hält; denn der Glaube ist ein gesetzlicher Leiter und Träger solcher Kraftströme. Wie oft weisen Christi Worte auf dieses Gesetz hin. Je reiner aber die Sphäre, in die sowohl der Geber als auch der Empfänger dieser Kraft sich zu erheben wissen, desto mächtiger kann auch diese reine Kraft zur Wirkung gelangen. Das Verbundensein in Christus, das Leben und Atmen im Geist Christi war es doch, was den Aposteln sofortige Heilungen durch das Handauflegen möglich machte. Es gelangten nicht andere Gesetze für sie zur Wirkung als für euch; aber sie lebten voll und ganz in diesen Gesetzen, und die Folge war eine sichtbare Wirkung.

Der richtige Magnetismus, der sich mit deinen Fluiden verbindet, Krankheitsstoffe auflöst und aufzehrt und neue Lebenskraft in deinen Lebenskreis bringt, ist das einzige, das wirklich helfen kann. Die Fluide, die einen Menschen umgeben, sind die Hülle, welche, wenn sie gesetzlich in ihrer Mischung und in ihrer spezifischen Bewegung ist, ihn vor jeder Krankheit bewahrt. Daher macht viel Sorge und Kummer den Menschen krank, denn er verliert darin das Gleichgewicht seines Geistes. Dieser wirkt auf die Seelenhülle, hemmt deren individuell gesetzliche Bewegung und es tritt teilweise Stagnation ein. Der Mensch empfindet ein seelisches Unbehagen und ist Krankheiten von außen unterworfen, wie durch gewisse Stimmungen der Melancholie, des Pessimismus oder der Freudlosigkeit in der Unfähigkeit dauernder geistiger Erhebung. Darin liegt die große Wechselwirkung ewiger und endlicher Gesetze.

Der Geist untersteht dem ewigen Gesetz, dass Gleiches sich mit Gleichem verbindet und die Entwicklungsstufe des Geistes seine Nahrung, seine Atmosphäre, seinen Erkenntniskreis und das Maß seiner Seligkeit bestimmt. Dieses Gesetz klingt in dem endlichen Gesetz aus, dass der Geisterfall die Materie bedingt, die grobe Materie wieder dem inkarnierten Geist Leiden bis zu seiner Abstumpfung bringen kann und doch wieder der Wechselwirkung des ewigen Gesetzes untersteht, wonach das Geistige, als das Ursprüngliche und Ewige, bis in die Verdichtung zu einer *magnetischen* statt materiell-medizinischen Kur, in vielen materiellen Leiden *einzig* die Heilung zu bringen vermag.

Der Mensch irrt, wenn er annimmt, sein Leiden solle ihm lieb sein, damit er es Gott aufopfere, es Gott gewissermaßen darbringen könne und Gott dafür ein anderes geliebtes Wesen von Leiden verschone. Welch falscher, kleinlicher Gottesbegriff, welch falscher Begriff der wunderbar herrlichen Gesetze Gottes, die in seiner Liebe ihren Ursprung haben, liegt diesem Glauben zugrunde! Ist Gott ein Wesen, das Qual sehen muss, damit er, das Leiden des einen annehmend, dadurch bestimmt wird, ein anderes Wesen ohne Leiden durch das

Erdenleben ziehen zu lassen? Die Gnade Gottes bestimmte, dass auch das Leiden, die Folge des Falles und daher die eigenste Schöpfung des Geistes, das Mittel zu seiner Veredelung werden kann. Doch Gott will das Leiden nicht, und Freude ist im Himmel über jeden Geist, der dieser niedersten Schule entwachsen und fähig geworden ist, höhere, primäre, nicht aus dem Geisterfall entstandene Lehre zu empfangen.

Versteht mich recht. Die niedere Stufe eurer Erde veranlasst zwei entgegengesetzte und doch falsche Begriffe des Leidens.

Die Juden nahmen an, der Mensch, der leide, sei von Gott gehasst, von Gott verlassen. Materieller Segen war das notwendige Zeichen, dass Gott den Menschen liebe. In der Reaktion gegen diese irrige Lehre (und der Fortschritt eurer Welt ist ein so langsamer, weil er sich in Reaktionen bewegt) entwickelten die Christen die Lehre von der Heiligkeit des Leidens. Leiden zu ertragen, stellten sie als das Gott Wohlgefälligste hin. Sie konnten im traurigen, aber immerhin tatsächlichen Heroismus Gott um Leiden bitten, um ihrem Körper selbst Leiden zuzufügen.

Zwei Jahrtausende sind über die Erde gezogen, seit der Gottessohn euch den Begriff der Vaterschaft und der ewigen, unermesslichen Liebe Gottes sowie den Begriff des Leidens als Folge der Sünde gebracht hat. *Alles* muss zum Guten des aufwärtsstrebenden Geistes wirken. *Eines* ist notwendig: Wahrheit und Anspannen aller Kräfte in dem Streben, das Ziel zu erreichen, vollkommen zu werden und in diesem Streben die Sprache Gottes, das heißt die Offenbarungen des göttlichen Gedankens, der göttlichen Gesetze immer deutlicher zu verstehen. Jahrtausende sind seit diesen Offenbarungen verstrichen, und wie viele Menschen haben sie verstanden, erkannt und gelebt? Immer noch missverstehen die Menschen die Lehre Christi, missverstehen Ursache, Zweck und Wert des Leidens. In der Erkenntnis, dass Leiden eine Schule ist, der der Mensch entwachsen muss, soll ihm das Leiden als solches nicht lieb sein. Es ist keine Münze, mit der er sich oder anderen Gnaden erkaufen kann. Er soll aber auch im Leiden nicht die Herrschaft über sich verlieren, sondern soll den Wert, den Gottes Gnade in das Leiden gelegt hat, erkennen und das Gute desselben annehmen.

Er soll aber auch nicht in dem Glauben, dass die Dauer des Leidens von Gott allein bestimmt ist, diese Dauer in Trägheit verlängern, sondern soll im Anspornen all seiner Kräfte der Schule des Leidens entwachsen, indem er ihre Lehre verarbeitet. Dann sinkt das Leiden, als *zwecklos* geworden, in die Vergangenheit des Überwundenen.

Hypnose und Suggestion

Du fragst, ob Hypnose und Suggestion ein Medium veranlassen können, die Bedingungen für das Eintreten spiritueller Phänomene zu verhindern?

Die psychischen Kräfte, das heißt die Seelenatmosphären oder Fluide des Mediums sind das Material, welches der sich äußernde Geist benützt. Sie sind das Feld, das er beherrschen muss, um sich kundgeben zu können. Das Medium kann, bewusst oder unbewusst, dieses Arbeitsfeld dem Geist räumen, je nachdem es aus eigenem Willen und im Verlangen nach höherer Lehre oder im Wunsch, tieferstehenden Geistern zu helfen, demselben seine psychischen und physischen Kräfte zeitweise zur Verfügung stellt. Wirkt es *unbewusst*, ist der eigene Wille des inkarnierten Geistes schwach, wird es folglich von einem oder mehreren Geistern beherrscht. Ist durch die Hypnose der Wille des inkarnierten Geistes brach gelegt, so werden seine psychischen und physischen Kräfte von einem anderen Geist beherrscht, und zwar meistens von dem Geist des Menschen, der ihn in den Zustand der Hypnose versetzt hat. Ist aber der Hypnotisierte ein gutes, starkes Medium, das unter guter Leitung steht, und erkennt der Leiter, dass sein Medium unter der Herrschaft des Willens und in der Gedankenatmosphäre des Hypnotiseurs Schaden leidet, so vermag dieser Leiter durch seine Macht über das Medium die Macht des Hypnotiseurs zu verdrängen und aufzuheben. Doch ist ein solcher Kampf für das Nervensystem, jenes Grenzland physischen und psychischen Lebens, nicht gut, und daher wird der Leiter nur dann seine Macht anwenden, wenn das Medium unter der Macht und in der Atmosphäre des Hypnotiseurs größeren Schaden erleidet. Das Medium kann in der Hypnose keinen Drang zur Ausübung seiner Mediumschaft empfinden, weil sein Wille ausgeschaltet ist.

Die Macht eines Geistes, ob innerhalb oder außerhalb des Men-

schenkleides, beruht hauptsächlich auf dem Maß der Widerspruchslosigkeit und dem Grad der Klarheit und Ergänzung guter Eigenschaften, die er sich errungen hat. Wenn die Entwicklung des Geistes
eine sehr einseitige ist, so fehlt ihm jene Kraft und Macht, die in
einem relativen Ausgleich seiner Kräfte und Eigenschaften liegt.
Es ist dies eine Wirkung des Gesetzes, dass der absolute Ausgleich
aller geistigen Kräfte die Harmonie und Vollendung der Geistfreiheit
sowie damit die Vereinigung der getrennten Duale und die Wesenheitsvollendung ergeben. Damit ist zugleich die Frage beantwortet:
Warum der Mensch, der nach einer Richtung hin so hoch entwickelt
ist, dass ihr ihn ein Genie nennt, oft moralisch auf tiefer Stufe steht
und so häufig trotz seines hervorragenden Intellekts der Nacht des
Wahnsinns verfällt?

Ein solcher Geist hat einseitig gearbeitet. Er hat seine geistigen Eigenschaften und Kräfte nicht gleichzeitig vervollkommnet, sondern
eine Eigenschaft auf Kosten der anderen großgezogen und damit
die Kraft und Macht verloren, die in dem möglichen Gleichgewicht
der geistigen Eigenschaften liegt. Es fehlt ihm Zielbewusstsein und
Beherrschung seiner Kräfte. Er unterliegt den schädlichen Einflüssen
von außen, den schädlichen Auswüchsen seiner eigenen Individualität. So kann ein Mensch, der auf einer moralischen Stufe steht,
die ihr gut nennt, den schädlichen Wirkungen einer Suggestion unterliegen, weil ihm die Kraft jener einheitlichen Entwicklung fehlt,
die in einem Übereinstimmen, in einem Gleichgewicht der geistigen
Eigenschaften der Erkenntnis, der Vernunft, der Willenskraft und
der Selbstlosigkeit liegt.

Ein Mensch aber, dessen Entwicklung ihn zielbewusst, willensstark, selbstlos und klaren Verstandes durchs Leben gehen lässt, ist
gefeit vor jeder Einwirkung der Hypnose. Er beherrscht sich selbst,
seine psychischen und physischen Kräfte, und kein außer ihm ste-
hender Geist vermag ihn zu beherrschen. Ein solcher Mensch ist
gefeit gegen jede Hypnose und Suggestion; denn sein Geist hat dem
Seelenkleid seinen Stempel aufgedrückt und hat es mit seiner Wesenheit durchdrungen. Es bietet dem fremden Geist nicht mehr die
nötigen Bedingungen zu seiner Beherrschung. Viele Menschen aber
sind niemals einer Hypnose ausgesetzt, nicht weil eine bestimmte

Entwicklungsstufe ihnen diese relative Freiheit verleiht, sondern weil das Stoffliche ihres Seelenkleides die Bedingungen nicht erfüllt. Ihr könnt daher kein Urteil über den geistigen Wert eines Menschen nach seiner Sensibilität für Hypnose fällen; denn ihr wisst nicht, welche Ursache seiner Nichtempfindlichkeit zugrunde liegt. Gleiche Wirkungen können oft verschiedene Ursachen haben.

Wechselwirkung von Geist und Materie

*Wir hatten im kleinen Kreis die Kundgebung über »den uner-
schaffenen und erschaffenen Geist« gelesen und an die Stelle
anknüpfend, welche von der Überwindung der Materie durch den
Geist im Menschen spricht, unsere Anschauungen über die Möglichkeit oder Unmöglichkeit einer Beeinflussung des Geistes durch
den Körper ausgetauscht. Infolge dieser Diskussion wurde dem an
derselben beteiligten Medium die nachstehende spontane Kundgebung zuteil:*

Ich möchte euch noch ein erläuterndes Wort über die Wechselwirkung von Geist und Materie im Menschen sagen.

Der Geist formt und bildet die ihn umgebende Materie. Die Stufe
des Geistes bestimmt es also, dass die Materie entweder grob oder
etwas vergeistigter ist. Der Geist bringt das zur Erscheinungsform,
was dann so eng mit ihm verkettet ist, dass es mit ihm eine Einheit
– Mensch genannt – bildet. Diese Form (der Körper) wirkt, weil sie
zur Einheit mit ihm verbunden ist, wieder auf den Geist und vermag
es, je nach der Stufe des Geistes, ihn herabzuziehen.

Versteht mich recht. Der Körper ist nichts als das vom Geist ge-
webte Kleid. An dem Geist liegt es daher, wenn es beengend und
hemmend ist, statt nur seine gesetzliche Hülle zu sein, in der eine
bestimmte gesetzliche Arbeit geleistet zu werden vermag. Ich sagte
nie, dass die Materie euch herunterziehen muss. Wo wäre die Gerechtigkeit Gottes, wenn sich der schwache Geist einer Hülle be-
dienen müsste, die ihn schon als solche herabziehen müsste? Nicht
die Hülle also ist beschwerend, sondern die mangelnde Erkenntnis
des Geistes, sich in das richtige Verhältnis zu dieser Hülle zu setzen. Sie kann allerdings wie ein Albdruck auf ihm liegen, doch nur,
wenn er schläft, im Traum befangen bleibt – nicht wenn er erwacht,

wenn er im Gefühl seiner Geistkraft sich der Freiheit des bewussten Gottesdienstes nähert. Die Materie als solche ist machtlos über den Geist, wenn dieser nicht durch seine tiefe Stufe ihr die Macht über sich verleiht.

Der Geist, der seinen Körper geformt und sich mit ihm zu einer Einheit vereint hat, wird sich, je nach seiner Stufe, in seinem Kleid behaglich fühlen, sich so mit diesem identifizieren, dass ihm das vergängliche Kleid das Reale und Wichtigste dünkt – oder wird diesem Kleid eine Macht über sich einräumen, die nicht eine Notwendigkeit, wohl aber eine Möglichkeit ist, wenn der Geist sich nicht zum richtigen Verhältnis durchgerungen hat. Er sucht diese von ihm als solche empfundene, aber nicht im Grunde erkannte Krankheit durch die Palliativ-Mittel der Askese zu bekämpfen, statt zu erkennen, dass es des *Heilmittels* des geistigen Aufschwunges bedarf, um solche Krankheiten und Missverhältnisse unmöglich zu machen.

Zu diesen beiden Kategorien gehörte die Mehrzahl der Menschheit; doch haben sich schon einige durchgerungen zu dem richtigen Verhältnis zwischen Geist und Körper. Sie sind sich bewusst, Geist zu sein, bewusst, dass ihre Fehler und Mängel nur im Geist liegen und der Körper nichts ist als ein Arbeitskleid, als das Wort, das einen Gedanken zur Ausführung bringt und dann verhallt. Es wird ihm einerlei sein, mit was er diesen Körper nährt und umgibt. Er gibt ihm das, was notwendig ist, um ihn dienstfähig zu erhalten.

Habe ich euch diese zwischen Geist und Körper bestehende Wechselwirkung nun klar gemacht?

Der Geist kann dem Körper eine Macht über sich verleihen. Doch nicht in der Hülle selbst liegt diese Macht, sondern in dem Geist, der diese Hülle mit Eigenschaften versieht. Ich sagte, dass ihr die Materie zu überwinden vermögt. Sie *ist* überwunden, wenn ihr sie erkannt und euch in das richtige Verhältnis zu ihr gesetzt habt. Ich sagte, dass sie keine Macht für einen Geist besitzt, der sich eine gewisse Stufe errungen hat. Das weist doch darauf hin, dass sie an sich machtlos ist und es lediglich der Geist ist, der sich zu sehr mit ihr identifiziert, sein Geistleben zersplittert, um seiner Erscheinungsform Scheinleben zu geben und ihr damit eine Macht verleiht, die sie an sich nie besitzen könnte.

Ihr legt zu viel Gewicht auf dieses winzige Bruchteil des Geistlebens – ein Menschenleben – und eure Schlüsse sind, wenn auch
scheinbar logisch, falsch, weil sie auf falschen Grundlagen aufge-
baut sind. Ihr sagt: Unsere Lebensaufgabe ist es, die Herrschaft des
Geistes über die Materie im Kampf zu erringen. Ich sage: Unsere
Lebensaufgabe ist es, das Gute in uns, das Bürgschaft unserer Gotteskindschaft ist, zu seiner Vollkommenheit auszubilden. Gebt dem
Begriff »Leben« doch nicht so enge Grenzen, dass ihr darunter ein
Menschenleben versteht. Ihr nennt doch einen Lichtstrahl oder einen
Schatten nicht den Tag, weil dieser sie hervorgerufen hat? Ich sage
unsere Lebensaufgabe, weil das Kleid, sei es fluidisch geistig oder
grobmateriell, keine Änderung der Aufgabe verursachen kann. Dieser Aufgabe ist der Geist nicht gerecht geworden, sein Fall bedingte
die Verbindung mit der Materie, und sein Fall, nicht die materielle
Hülle, erschwert ihm seine Aufgabe.

Ihr habt euch daran gestoßen, dass ich die Hülle mit dem Wort
verglich. Das Wort zeugt vom Gedanken, ist gewissermaßen die Materialisation des Gedankens. Ich gehe weiter und sage: Das Wort, das
vom Gedanken Gott zeugte, die Geistschöpfung – in der Totalität ist
sie der SOHN. Das Wort aber, das von dem gefallenen, durch seinen
Fall an materielle Welten gefesselten Geist zeugt, ist das Menschenkleid, eine Wirkung, ein Ausdruck dieses Geistes – sonst nichts.
Das Wort oder der Ausdruck Gottes, der von ihm ausstrahlenden
Bewegung, welche Folge des Urlebens ist, ist ewig. Das Wort oder
der Ausdruck des gefallenen Geistes ist vergänglich, da ja nur der
Ausdruck der Vollkommenheit ewig sein kann. Indem sich der Geist
von Stufe zu Stufe, von Kraft zu Kraft emporringt, wird auch sein
Ausdruck logischerweise die Form ändern müssen, bis auch dieser
Ausdruck, dieses Wort, diese Hülle und dieser Lichtkreis die Voll-
kommenheit erreicht haben wird, welche allein die Unwandelbarkeit
einschließen kann.

Die *Wirkung* des Wortes, des verhallenden Wortes, pflanzt sich in
Schwingungen fort, wie du sagst; doch ist die Wirkung des Wortes
nicht gleichbedeutend mit diesem selbst. Der Gedanke des Wan-
delbaren erweitert und vertieft sich. Ein neues Wort bringt ihn zum
Ausdruck, und der Gedanke oder Geist entsteigt dem Kreis der

Schwingungen des schon verhallten Wortes. Verstehst du, was ich meine? Die grobe Materie, die er abgestreift hat, fällt zurück zur Materie. Asche zu Asche und Staub zu Staub, um neuen Bildungen unterworfen zu werden. Der Geist bringt in einer materiellen Welt in seiner materiellen Hülle das zum Ausdruck, was er *ist*, und dieses verhallende Wort pflanzt sich in Schwingungen fort, der Welt auch dann noch in seiner Wirkung fühlbar, wenn der Geist schon dieser Welt entwachsen und längst schon durch ein neues Wort seiner Vertiefung und Verherrlichung Ausdruck verliehen hat.

Der Kampf, der in jedem Geist liegt, der seine Vollkommenheit noch nicht errungen hat, ist weder *bedingt* durch seine materielle Hülle noch durch sie hervorgerufen. Er wusste, was Kampf war, bevor er in diese Hülle kam, und mit dem Abstreifen derselben endet auch der Kampf nicht.

Laster lassen sich nie dem Körper zuschreiben, wie ihr es irrtümlich meint. Auch Trunksucht und Sinnlichkeit sind geistig-seelische Eigenschaften des tief gesunkenen Geistes. Dieser hat eine schwere, grobe Seelen-Hülle, in der er die Begierde empfindet, die er in der noch gröberen Hülle des Menschenleibes zum Ausdruck bringt. Doch nicht die Materie ist Schuld daran und nicht in dem *Ausdruck* liegt die Sünde, sondern in der Begierde des Geistes. Versteht mich recht. Ein solcher Geist darf seine Begierde nicht zum Ausdruck bringen. Durch Enthaltung vermag er sie abzuschwächen, und indem er die erkannte Pflicht erfüllt (und sei sie noch so gering) hebt sich der Geist langsam aus den Tiefen empor, in die sein eigener Wille ihn gestürzt hat. Seine Seele wird zum lichteren Kleid, und wenn er wieder eine menschliche Hülle um sich nimmt, braucht er kaum mehr als Versuchung zu empfinden, was früher seiner größten Kraftanstrengung bedurfte, um nur nicht zum Ausdruck gebracht zu werden.

Ihr sagt: »Die aus Geist und Materie zusammengesetzten Individualitäten sind den Konflikten dieser verschiedenen Gesetzeswelten, welche beide in ihnen zur Wirkung gelangen, unterworfen. Da sie im Menschen zur individuellen Abgrenzung kommen, spielt sich in ihm der Kampf des Ewigen mit dem Vergänglichen ab.«

Das Ewige kämpft nicht mit dem Vergänglichen – nie und nimmer.

Das absolut Ewige, die Gottheit, *ist*. Sie wirkt, schafft und strömt Leben aus – weil sie *ist*. Es bedarf überhaupt keines Kampfes von ihrer Seite, damit alles, was aus ihr geworden ist, sich in seiner Vollkommenheit mit ihr verbinde. Das relativ Ewige, der Geist, ist durch seine Unvollkommenheit und Willensfreiheit auf ein Kampffeld gestellt worden; doch was sich ihm auf diesem Feld entgegenstellt, ist nicht die Materie, sondern eben seine Unvollkommenheit. Zu diesem Kampf ist ihm jede Waffe und jede Rüstung gegeben, die ihn über kurz oder lang zum Sieg führen muss. Es steht ihm frei, zu stehen oder zu fallen. Wirft er die gottgegebene Rüstung, die Reinheit, fort, so ist er verwundbar geworden und bleibt es, bis er sich durchgekämpft hat zur Vollkommenheit. Unsere Lebensaufgabe ist es daher, unsere Vollkommenheit auszubilden, wodurch sich unser Seelenkleid immer mehr vergeistigt.

Ihr sagt: »Gerade darin, dass der Geist eine gewisse Stufe erreicht haben muss, damit die Materie keine Macht über ihn besitzt, erblicke ich den Hinweis darauf, dass sie an sich nicht machtlos ist, dass ihr diese Macht abgerungen werden muss.« Ich wiederhole: »Der Geist kann seiner Hülle, seiner Schöpfung, eine gewisse Macht über sich *verleihen*, indem er sich zu sehr mit ihr identifiziert. Darin liegt die Wechselwirkung zwischen Geist und Materie. Sie besteht nicht *an sich*, sondern wird nur vom Geist ins Leben gerufen und ermöglicht.

Sobald der Mensch erkennt, dass er Geist war, bevor er mit der Materie verbunden war, wird er die Quelle aller seiner Fehler in seinem Geist suchen und die Materie lediglich als das betrachten, was sie ist – eine Hülle, die sein Fall ihm umgeworfen hat, die ihn aber an sich nicht herabzieht, obwohl es traurig ist, dass der rein geschaffene Geist in solch dichter Atmosphäre seine Entwicklungsbedingungen findet.

Körper, Seele und Geist im Menschen

Frage:

Wie verhalten sich Körper und Seele zum Geist in dem Moment, in welchem sie zu gegenseitiger Reaktion gelangen?

Antwort:

Ein hoch entwickelter Geist erkennt den Wirkungskreis seiner Worte, seiner Lehren. Nicht die *Lehre* ist ein mächtiger Faktor in der Entwicklung eines Geistes, sondern das Gesetz. Die Erkenntnis ist Folge des reinen Strebens, des geistigen Aufschwungs, und jede erreichte Erkenntnis macht dem Geist einen weiteren Erkenntniskreis erreichbar. »Wer hat, dem wird gegeben, und wer nicht hat (wer eine gegebene Gelegenheit ungenutzt lässt), von dem wird genommen werden, was er hat« (der wird gesetzlich immer ärmer an Gelegenheiten werden). Ob dieser strebende Geist sich nun innerhalb oder außerhalb des Menschenkleides befindet, ist von wenig Belang.

Du fragtest dich einmal, ob ich wohl je ein Mensch gewesen oder ein rein gebliebener Erstlingsgeist sei?

Lieber Bernhard, lerne doch nach seiner Aufgabe die Art eines Geistes erkennen. Meine winzige Aufgabe zeigt dir meine verhältnismäßig niedere Stufe, denn winzig ist die Aufgabe, einen Menschen zu erziehen und zu leiten, damit er in der groben Hülle der Materie nichts von der im Geistleben errungenen Klarheit verliere, und dann durch diesen Menschen einem kleinen Kreis Geister innerhalb und außerhalb des Menschenkleides Hilfe und Wahrheitsteilchen zu reichen. Auch ich bin ein gefallener Geist – wenn auch nie so tief gefallen, dass das Erdenkleid mir notwendig wurde. Ich habe mich auf einer anderen Welt durch jene Materie gearbeitet, die meiner Stufe angemessen war. Nun strebe ich wieder im Geistigen jenem

Ziel zu, das meine ganze Sehnsucht ist und das ich doch eine Zeit lang verlassen konnte. Rein gebliebener Erstlingsgeist ist gewordene Vollkommenheit. Lebenssonnen sind solche Geister, denn gewordene Vollkommenheit ist ein selbst strahlender Lichtherd. Solchen *fertigen* Geistern sind Weltsysteme zur Führung übergeben. Sie sind die obersten Sprossen der Jakobsleiter; und von ihnen bis zum Dämon herab verbindet sich Glied mit Glied.

Vergleiche mich nicht mit solchen; ich liege anbetend vor solcher Größe. Du wirst nun wieder einen Widerspruch darin sehen, dass ich sagte: »Die Materie hat *an sich* keine Macht über den Geist«, und dann »dass durch die derbe Hülle der Materie im Geistleben errungene Klarheit getrübt werden könne.« Und doch ist ein solcher Widerspruch nur scheinbar. Die Materie zieht den Geist nicht herunter und hindert nicht seinen geistigen Aufschwung; denn der Geist vermag in ihr jedes seiner Talente zu verwerten, jede seiner Kräfte zu entfalten. Wenn er die Materie abgestreift hat und sieht, was er sich durch seine Verbindung mit dieser Dienerin erworben hat, wird er erkennen, dass auch über die Materie, die eine Folge seines Sündenfalls ist, die belebende Hand seines Gottes gegangen ist und sie für ihn zum Heilmittel verwandelte.

Wenn ich aber sagte, dass die Materie früher errungene Klarheit trübt, so wies ich damit auf das Gesetz hin, wonach der Geist bei seiner Inkarnation jede Erinnerung niederlegt und früher Erworbenes nicht mehr in früherer Klarheit vor ihm steht, sondern nur als Ahnung, als Sehnsucht, als Intuition in ihm erwacht, um von Neuem zu bewusster Klarheit ausgebildet zu werden.

Du ziehst zu scharfe Grenzen um den winzigen Lebensbruchteil eines Menschenlebens. Da diese Grenzen tatsächlich nicht bestehen und dich an der Erkenntnis von manchem hindern, was du deinem ehrlichen Streben gemäß erkennen könntest, so möchte ich diese Grenzen aufheben, indem ich dich auf die große einheitliche Aufgabe *des Geistes* hinweise, die in nichts durch das Menschenkleid geändert oder gehemmt wird.

Unser Thema ist die Wechselwirkung zwischen Geist und Materie im Menschen. Du wirst aber eine Wirkung nie verstehen, wenn du nicht auf deren Ursache zurück und auf deren Folge weitergehst.

Will der Botaniker eine Pflanze erkennen, so zerlegt er nicht nur ein Stückchen des Stammes zu Fasern, sondern er betrachtet auch Wurzel, Blüte und Frucht. Ich verlange nicht, dass du mir auf alle Stufen geistiger Entwicklung bis zum Erreichen der Geistvollkommenheit folgen sollst; denn dies vermöchtest du ja gar nicht. Aber ich verlange, dass du ein so weites Feld überblickst, als dir eben möglich ist.

Als du in die Inkarnation kamst, warst du ein stürmischer Geist, und in deiner Jugend hast du im Vollgefühl deiner Kraft dich (das heißt deinen Geist) zu sehr mit deinem Körper identifiziert. Du hast diesem dadurch eine Macht verliehen, die du jetzt noch als solche empfindest. Nun trachtest du danach, ein geistiger Mensch zu werden; empfindest aber das noch als Fessel, was du selbst zur Fessel gemacht hast. Da ich dein ehrliches Streben sah, wollte ich dir helfen, indem ich dir sagte: »Das, was dir so wichtig dünkt, hat keine Macht an sich.« Der Kampf mit Windmühlen mag ja die Muskeln des Armes stärken; aber Windmühlen sind an sich keine gefährlichen Dinge. Ich erfreue mich ja an deinem Kampf und möchte ihn dir erleichtern. Ich sagte dir schon einmal, dass ich dir meinen Frieden und meine Freude geben möchte. Ich vermag mich nicht auf deinen Standpunkt zu stellen und *dem* eine Macht einzuräumen, was an sich tot und machtlos ist, obwohl du es noch als Macht empfindest. Aber du vermagst dich auf meinen Standpunkt zu stellen – wenn auch nicht heute, so doch morgen – denn auch ich bin ein gefallener Geist wie du, und gleiches Streben, gleich ehrliches Ringen vereint die Brüder.

Natürlich muss der Geist der Materie entwachsen, was ohne Kraftanstrengung nicht möglich ist. Der geistige Fortschritt aber ist die Anstrengung für den tief gefallenen Geist, die Befreiung von der Materie nur die Folge davon.

Verwundbar wird der Geist durch seinen Fall, selbst wenn er nicht so tief gefallen ist, dass er der Verbindung mit eurer Materie bedarf. Durch seinen Fall (und wenn er auch nur einen Schritt vom Wege abgewichen ist) begibt er sich in den Einflusskreis des Bösen. Die Rüstung ist von ihm abgefallen, die Pfeile des Bösen, das heißt sein Einfluss, ist ihm fühlbar, und er vermag demselben unschwer zu widerstehen. Von der leisen Einwirkung des Bösen auf den nur wenig gefallenen Geist bis zu dem im Augenblick überwältigend mächtigen Einfluss des einen tief gefallenen Geistes auf einen anderen tief gefallenen Geist in Form der Besessenheit – ist eine lange Kette. Suche diese, soweit es dir möglich ist, zu überblicken, statt dein Auge nur an einem Glied haften zu lassen, in der irrtümlichen Annahme, dass du dadurch dieses Glied gründlich erkennen wirst. Gottes Gesetze und deren Wirkungen sind so unendlich groß, dass auch ihr groß sein müsst, wollt ihr sie nur annähernd erfassen.

Verschieden ist die Form der Lehre, je nachdem ich dieselbe an einen tief gesunkenen oder an einen etwas entwickelteren Geist richte. An euch Menschen kann ich nicht ganz dieselben Worte richten wie an meine Geistbrüder, die mit mir auf gleicher Entwicklungsstufe stehen. Es liegt darin kein Mangel an Wahrheit oder auch nur an Aufrichtigkeit meinerseits. Jede Wahrheit, die durch einen höherentwickelten Geist zur Belehrung eines weniger entwickelten Bruders zum Ausdruck gelangt, muss in eine Form gebracht werden, die es diesem möglich macht, sie anzunehmen. Ein tief gesunkener Geist hat, als Folge seiner tiefen Stufe, das Bedürfnis, seine niederen Begierden im Menschenkleid zum Ausdruck zu bringen. Gibt er dieser Versuchung nach und befriedigt er das, was er als Bedürfnis empfindet, so verroht er seinen Geist noch mehr. Dieser Geist hat als Folge seiner tiefen Stufe der Materie wirkliche Macht über ihn verliehen, und je öfter er den Versuchungen nachgibt, desto mehr verliert er seine Geistfreiheit und empfindet als zwingende Macht, was an sich keine Macht wäre, wenn nicht die niedere Stufe des Geistes sie dazu gemacht hätte. Der Herr ist eben zum Schatten geworden, der Schatten zum Herrn.

Je höher der Geist, desto weniger Macht verleiht er dieser Materie. Der Herr ist wieder Herr, der Schatten Schatten und das Verhältnis ein durchaus richtiges, wahres, gottgewolltes, statt ein durch die niedere Stufe des Geistes verschobenes, unrichtiges zu sein.

Ich sagte nie, dass der Körper eine völlig freie Schöpfung des Geistes ist. Vollkommene Freiheit ist dem Geist, welcher der Schule der Materie bedarf, verloren und er muss stets den Menschentypus jener Welt, der ihn seine geistige Stufe zuführt, zum Ausdruck bringen. Natürlich ist er in der Wahl des Materials auf jenes beschränkt, was seinem eigenen Wert entspricht. Ich nannte daher den Körper nur den *Ausdruck* des Geistes. Die Wechselwirkung zwischen Geist und Materie besteht ja; aber die Macht der Materie auf den Geist besteht nicht *an sich*, sondern ist eine ihr durch den Geist verliehene. Die früher errungene Stufe des Geistes ist es, welche die Grenzen dieser Macht bestimmt.

Ich würde daher nie einem verrohten Menschen sagen, die Materie sei keine Macht an sich, denn er steht ja im Augenblick im Banne dieser Macht, welche seine niedere Stufe der Materie verliehen hat, und er ist ganz unfähig, über diesen Augenblick hinauszuschauen. Doch das, was er sieht und empfindet, ändert ja die Tatsache nicht.

Gerade die Tatsache, dass ein höherentwickelter Geist die Macht der Materie nicht empfindet, beweist, dass dieselbe an sich nicht besteht. Wie wäre es sonst möglich, dass er sie nicht empfindet, da doch die Materie die Gleiche ist? Je höher entwickelt der Geist, desto *wahrer* ist sein Empfinden. Die Unterschiede der Entwicklungsstufen der Geister bedingen den Unterschied ihrer *Empfindungen*; doch ändern sie nicht die *Tatsachen*. Allein die erreichte Vollkommenheit des Geistes bedingt die vollkommen richtige Empfindung einer Tatsache.

Du meinst, die Seele sei das Kampffeld, auf das der Geist gestellt worden ist. Du meinst, er müsse sich die Seele erobern und mit ihr identifizieren? Die Seele ist ja nichts als der Ausdruck der fluidischen Hülle des Geistes. Sie ist weder Schlachtfeld noch eine mit Bewusstsein begabte Individualität, noch ein Feind, den sich der Geist untertan machen muss, indem er ihr seine Überlegenheit zeigt. Sie ist die Hülle, die sich dem Geist anschmiegt. Je höher der Geist entwickelt ist, desto leichter ist seine Hülle. Sie kann gar nichts anderes sein als sein Ausdruck, sein Spiegelbild. Im Menschen ist sie das notwendige Bindeglied zwischen Geist und Materie, ohne welches sich der Geist nicht durch die Materie äußern könnte. Sie ist stets identifiziert mit dem Geist, indem sie ja nur seine Atmosphäre, sein Dunstkreis und seine Ausstrahlung ist.

Mit dem Kampffeld, auf das der Geist gestellt worden ist, meinte ich weit Größeres. Es schließt alle Unvollkommenheiten des Geistes ein, die sich durch seinen Fall gewissermaßen kristallisiert haben, sowie alle gottgegebenen Gelegenheiten seines Fortschrittes, in welcher Gestalt sie sich auch immer zeigen. Er hat dieses Kampffeld erst erobert, wenn er seine Vollkommenheit erreicht hat, und er verlässt es nicht, wenn er das Menschenkleid dieser oder jener Welt um sich wirft.

Ich habe hier nur wieder große Konturen hingeworfen, wo du ausführliche Detailmalerei verlangtest; aber ich kann nicht anders. Zuerst muss die große Kontur richtig sein, bevor eine Detailausführung möglich wird. Habe daher Geduld mit mir und mit dir und mit der langsamen Offenbarung göttlicher Gesetze.

Der Astralkörper

Frage:

Die Theosophie nimmt für den Menschen neben dem physischen Leib einen geistigen Leib mit geistigen Sinnen – den Astralkörper – an. Dieser sei die geistige, den physischen Gesetzen nicht unterworfene, in ihren Wirkungen weder an unsere Raum- und Zeitanschauungen noch an die irdische Hülle gebundene, den Tod überdauernde Wurzel unseres Ichs.

Christus spricht von einem inneren Lichtleib des Menschen; auch Paulus unterscheidet einen natürlichen und einen geistigen Leib.

Wir bitten dich um Aufklärung über diesen inneren Lichtteil oder geistigen Leib des Menschen, der wohl nach dem Verlust des materiellen Leibes die Hülle des Geistes bilden wird?

Antwort:

Ihr sollt die Umrisse oder Grundzüge jener Wahrheit erhalten, die in jeder Einzelheit zu erfassen allein eure erreichte Vollkommenheit euch fähig machen kann. Gott, der Urgeist, hat als Folge seines Seins, als äußeres, dem unvollkommenen Geist sichtbares Zeichen seines Lebens, das gleichbedeutend ist mit Ausstrahlung oder Bewegung, eine Hülle, die Urlicht genannt werden kann. Hülle ist wohl nicht das richtige Wort für die Ausstrahlung Gottes; aber eurer Sprache fehlt das Wort, weil eurer Entwicklungsstufe der Begriff dafür fehlt. Die Sprache ist die Erscheinungsform der Begriffe und folglich sich, wie diese, entwickelnd.

Jeder gottgeschaffene Geist ist Lebenskern und folglich Bewegung. Der Entwicklungsstufe des Geistes ist die durch seine Entwicklungskraft gebildete Hülle angepasst. Dieselbe wird den Geist ewig umgeben und in der Vollendung des Geistes ihre Vollendung in Schönheit erhalten. Diese Hülle könnt ihr nun Seele, Astralleib, Lichtleib oder geistigen Leib nennen; dem gereiften Geist ist das *ein* Begriff. Dieser geistige Leib ermöglicht dem Geist die Verbindung mit der Materie und bedingt diese Verbindung, wenn er sich durch den Fall so verdichtet hat, dass er sich nur durch die Verbindung mit noch gröberer Materie wieder zu ursprünglicher Reinheit läutern kann. Dieser geistige Leib ist es, der, sich wieder mit der Materie verdichtend, die sogenannten Materialisationserscheinungen ermöglicht. Ein Geist, der sich materialisiert, muss Mensch gewesen sein, während ein Geist, dessen Verkehr mit einem Menschen darin besteht, dass er mit seiner Empfindungswelt jene des inkarnierten Geistes durchglüht, überwältigt und sich dadurch kundgibt, nicht in der groben Menschenhülle gelebt haben muss.

Ich weiß, dass diese Identifizierung von Seele und Astralkörper dein Kopfschütteln und eine Reihe von Fragen hervorrufen wird. Ich möchte dir nur vorerst zu bedenken geben, dass Gott eine Einheit und wir im Erreichen unseres Zieles, der Verbindung mit Gott, Einheiten werden müssen. Wie denkst du dir solche Einheiten, wenn Geist und Seele ein eigenes, getrenntes Leben und Bewusstsein haben?

Fällt der Geist, so verdichtet sich als Folge die Seele. Hat sie sich zu so grober Materie verdichtet, dass sie sich mit der noch gröberen Materie der Menschenform identifiziert, so hat der Geist eine harte Arbeit, um diese Verdichtung wieder zur ursprünglichen Reinheit umzuarbeiten. Abstreifen kann er diese Hülle nie. Sie war klar, als er fiel, und verdichtete sich als Folge. Sie ist verdichtet, wenn er zuerst wieder den Impuls des Aufwärtsstrebens empfindet, und vergeistigt oder klärt sich als Folge der Betätigung dieses Impulses.

Die Seele als Lebensprinzip

Frage:

*Lebensprinzip und Astralleib, beide Seele genannt, sollen identisch
sein; doch ist der Astralleib, durch die Bewegungskraft des Geistes
gebildet, die ihn ewig umgebende Hülle. Das Lebensprinzip dagegen
entwickelt sich aus der Materie und bildet deren lebendiges Kleid.
Wie kann ich diese Lehren zum Einklang bringen?*

Antwort:

Bruchstücke der Wahrheit sind immer in Einklang zu bringen, wenn
ihr durch eure geistige Entwicklung einen immer weiteren Blick in
die unendliche Gesetzeswelt Gottes bekommt. Ihr müsst den *prinzipiellen* Unterschied zwischen Geist und Lebensprinzip festhalten,
der darin liegt, dass die Entwicklungsfolge des Lebensprinzips dieses
nicht zu Geist machen kann ohne die direkte Einwirkung Gottes;
denn anders ist die elementare Substanz des Lebensprinzips und
die des gottgeschaffenen Geistes. Die Umbildung dieser elementa-
ren Substanz, die sie an die Anfangsstufen höheren, das heißt *anderen* Lebens stellt, ist ein Schöpfungsakt Gottes. Das geläuterte,
alle Entwicklungsstufen seiner Wesenheit durchgemacht habende
Lebensprinzip ist eine Lebenswelle, die aufwärtsflutend, als Folge
ihrer höchstmöglichen Entwicklung von dem schöpferischen Willen
Gottes individualisiert, in ihrem Element durch die Verbindung mit
göttlicher Substanz zu *Geist* wird, mit jenen Eigenschaften, die allein
im Geist liegen: Liebe, Freiheit und Weisheit. Sie besitzt Entwicklungsfähigkeit bis zur Vollkommenheit.

   Deine letzte Frage bezog sich auf die Seele oder den Astralkörper
des *Menschen*. Anderer Natur ist die Seele oder der Lichtleib des
Menschen, oder besser gesagt des Geistes. Anderer Wesenheit ist die

Seele oder das Leben, das, in niederer Materie liegend, diese vor dem Verfall, vor der Auflösung in Nichts bewahrt. Die Seele des Geistes ist dessen Folge. Was ist, hat eine Folge; also ist Geist ohne Seelengewand undenkbar. Die Seele oder das Leben in niederer Materie ist deren Erhaltungsbedingung. Darin liegt eben die Möglichkeit der Vergeistigung der Materie.

Das Leben, das in der niederen Materie liegt, um diese zu erhalten und so die Wohnstätten gefallener Geister vorbereitend, entwickelt sich in der Unfreiheit, wird umgebildet zu anderer Wesenheit und folglich zu ihrer höchsten Entwicklungsfähigkeit. Gefallene, wie auch gesetzlich rein geistige Bahnen nie verlassen habende Geister streben ihrem Ziel zu. Die Kraftwelle höchster Güter schwillt und schwillt, und immer mächtiger ist deren Einfluss auf werdendes Leben. So zehrt die Kraft des Gesetzes die Kraft des Gegensatzes auf, und es wird eine Zeit kommen, wo es keinen Gegensatz mehr gibt; denn nicht nur der einzelne Geist, sondern die ganze Schöpfung Gottes wird licht werden. Die Zeiten, da dieses Ziel erreicht wird, können wir Geister nicht bemessen. Der noch nicht erreichten Vollkommenheit fehlen solche Begriffe; doch wir wissen, dass einst alle Finsternis im Licht untergegangen sein wird, und wir streben mit der ganzen Kraft unserer erreichten Stufe danach, Lichtträger zu sein.

Die Vergeistigung der Materie

Frage:

Größere Vergeistigung schließt also für den Geist höhere Macht ein, um das Physische zu beherrschen, zu erneuern und zu erhalten. Ein relativ vollkommenes Leben, wie etwas das von Henoch, bewirkt eine Dematerialisation des physischen Körpers. Dieser entschwindet dem physischen Blick seiner Umgebung.

Werden mit zunehmender Vergeistigung unseres Geschlechtes solche Dematerialisationen an die Stelle des Todes des physischen Körpers treten?

Antwort:

Es freut mich, dass dir die Vergeistigung der Materie durch meine Mitteilung über die Wesenheit des Astralkörpers oder der Seele klar geworden ist. Die Vergeistigung der Materie ist ein göttliches Gesetz. Diese zu verstehen, ist Aufgabe des in der Entwicklung fortschreitenden Menschengeschlechts.

Die Erzählungen des Alten Testaments müsst ihr nicht wörtlich nehmen. Es sind Gleichnisse und Bilder, Zukünftiges und Vergangenes unklar vermischend. Ihr müsst euch die Grundzüge der Wahrheit, wie sie sich euch in der Lehre der Entwicklung des Lebens, in der erst durch den Geisterfall entstandenen groben Materie, offenbaren, nicht verwischen lassen. Eure kleine Erde entstand nach denselben Gesetzen wie alle materiellen Welten und war zuerst die Heimstätte niederen Lebens (Lebensprinzips). Dann, in vorgeschichtlichen Zeiten, von denen jede Spur durch mächtige elementarische Ereignisse, wie das Auswerfen eures kleinen Mondes, verwischt wurde, war sie die Heimstätte ganz tief gefallener Geister in Form von Tiermenschen. Später wurde sie zur Heimstätte von Geistern eurer Art in den unzähligen Schattierungen von besser und schlechter, entwickelter und unentwickelter, wie sie in jeder bewohnten Welt enthalten sind.

Von einigen tausend Erdenjahren, ob dreitausend oder sechstausend Jahre macht in der Entwicklung einer Welt wenig Unterschied, waren die Menschen nicht auf einer Höhe der Entwicklung, dass sie, wie die Bibel berichtet, mit Gott sprechen konnten oder Beherrscher der Elementargewalten und materiellen Gesetze waren, die sie auch zu Herrschern über ihren menschlichen Körper machte, so dass sie diesen Jahrhunderte erhalten und schließlich entmaterialisieren konnten. Der Tod, wie er heute noch auf eurer Erde stattfindet, ist die Folge grobmateriellen Lebens. Dieses Leben muss bestimmte Stufen der Vergeistigung durchgemacht haben, ehe es, statt durch die enge, schmale Pforte der Todesqualen über das sonnige, blumige Feld der Entmaterialisation von einer Lebensform in die andere treten kann. Johannes sagt in seinen Offenbarungen: »Und der letzte Feind, der vernichtet wird, ist der Tod.« Der letzte Feind ist gleichbedeutend mit der Folge grobmateriellen Lebens, das eine Folge des tiefen Geistfalles ist. Zuerst hebt sich nach göttlichen Gesetzen die Ursache auf, dann klingt leise verhallend die Wirkung aus.

Das Leben in Menschenform ist immer eine Fessel für den Geist, selbst wenn er auf einer halbmateriellen Welt sich seiner wahren Wesenheit bewusst bleibt und keine engen, dunklen, schaurigen Pforten, wie sie Geburt und Tod auf einer grobmateriellen Welt sind, zu durchschreiten hat.

Der fortgeschrittene Geist, der eine klare Aufgabe vor sich sieht und sie in reiner Selbstlosigkeit gut zu Ende führen will, wird sich einen gesunden Körper zu deren Erfüllung formen. Ihr werdet in den Augen solcher Menschen geistige wie physische Gesundheit schauen können; doch es nicht eine Folge der geistigen Entwicklung des Menschenlebens einer Welt, dass sich dasselbe jahrhundertelang erhalte. Denn der Wunsch danach ist in wahrhaft durchgeistigten Wesen erstorben! Jede materielle Form ist eine Fessel. Je entwickelter der Geist, desto mehr empfindet er diese Fesseln und sehnt sich nach der vollendeten Freiheit in dem materielosen Lichtkreis vollendeter Liebe. Zugvögel sind wie belehrende Geister, und ihr seid in Menschenform lernende Geister. Unsere Sehnsucht geht nicht dahin, den kurzen nordischen Sommer, der von Stürmen durchzogen und von Leid durchklungen ist, zu verlängern, sondern sie trägt uns in Lichtgefilde, die Stürme und Unbefriedigtsein nicht kennen. Die Herrschaft über materielle Gesetze ist noch nicht die höchste Freiheit. Diese aber streben wir an, denn sie allein kann die Gottesschöpfung, den vollendeten Geist, befriedigen.

Die Todesstrafe
und das Töten von Tieren

Frage:

Wie beurteilst du die auf Erden noch vielfach in Anwendung stehende Todesstrafe? Entziehen wir durch deren Vollzug dem Verbrecher nicht die Möglichkeit, seine Schuld im irdischen Dasein zu sühnen? Auch bitten wir dich, uns zu sagen, ob du den Menschen für berechtigt hältst, Tiere zu töten, wie dies nicht nur in der Notwehr und zur Deckung der menschlichen Lebensbedürfnisse geschieht, sondern auch als Jagdleidenschaft vielfach in Übung ist?

Antwort:

Die Todesstrafe, wie sie jetzt noch auf Erden nach euren Gesetzen vollzogen wird, ist der Entwicklungsstufe eurer Welt noch angemessen. Sie ist bis jetzt gut, das heißt auch nach höheren Gesetzen erlaubt. Doch wenn die Menschheit durchgeistigter geworden sein wird, dann wird auch die Todesstrafe aufhören, gut, gesetzlich und angemessen zu sein. Jede Erziehungsmaßnahme hat ihre Zeit. Wenn der Geist niederer Lehre entwächst, so tritt er als Folge in den Wirkungskreis höherer Lehre ein. Für den sehr niederen Geist eines Mörders ist die Todesstrafe eine Hilfe, denn er sieht dieser Strafe selten ohne Reue, ohne tiefes Nachdenken über seine Tat und deren Folgen entgegen. Den Tod vor Augen zu haben, gibt ihm den Impuls zu diesem Nachdenken. Ein Streiflicht der Erkenntnis wird in seinem Geist geweckt und bleibt demselben erhalten, wenn der Körper abgestreift wurde. Lebenslängliches Gefängnis wirkt nur in seltenen Fällen gleich heilsam auf den Geist. Je tiefer dieser steht, desto mehr bedarf er der Erschütterung spontan wirkender Gerechtigkeit, wie sie seiner Erkenntnis verständlich ist. Je höher der Geist steht, desto mehr vermag er in der Erkenntnis höherer Gesetze zu ruhen. Er hat warten gelernt und bedarf nicht rascher, sichtbarer Wirkung der Gesetze, um von diesen überzeugt zu werden. Wer den *Geist* begriffen hat, bedarf keiner Erscheinungsform.

Wenn der Mensch Tiere tötet, so vernichtet er ja nur eine Erscheinungsform des Lebensprinzips – und dieses bildet sich dann neue Formen. Das Leben könnt ihr nicht vernichten. So euch aber die Erscheinungsform nützlich und notwendig ist, so seid ihr gerechtfertigt, das, was die Erde trägt, zu eurem Nutzen zu verwenden. Ein durchgeistigter, sensitiver Mensch wird immer vor dem Akt der Tötung zurückschrecken, wenn nicht Notwehr oder Mitleid ihn gebieten. Die Jagdleidenschaft als solche ist verwerflich. Wie kann ein geistig hochstehender Mensch stunden- und tagelang sein Denken und Wünschen auf das Töten eines Tieres beschränken? Der unsterbliche Geist, der seine Vollkommenheit zu erringen hat, sollte Besseres zu tun wissen.

Die zwei Gedächtnisse

Frage:

Wie ist der Vorgang zu erklären, dass der Geist bei jeder neuen Inkarnation die Erinnerung an die Präexistenzen verliert?

Antwort:

Gewiss hat ein Geist auf eurer Stufe, das heißt ein noch unentwickelter, noch nicht einfach gewordener Geist, zwei Gedächtnisse. Verbindet sich der Geist in der Inkarnation mit der Materie, so müssen ihm die Ereignisse, die nun auch an den Menschen herantreten, durch den Eindruck in sein Gehirn zum Bewusstsein kommen. Das physische Gedächtnis der letzten Inkarnation ist dadurch natürlich verloren. Der Mensch würde auch keinen Gewinn davon haben, die kleinen irdischen Ereignisse derselben zu wissen. Der geistige Gesamtwert aber, das heißt das Ergebnis seiner mehr oder minder gut ausgenützten Vergangenheit, ist sein Eigentum. Er bringt jene Weisheit, jene Güte, jene Intuition oder Wahrheitsempfindung in sein Menschenleben mit, die er sich errungen hat. Diese können kein äußeres Ereignis, wie eine Inkarnation, sondern nur ein Fall zeitweilig trüben. Die Ereignisse des Erdenlebens haben ihr Spiegelbild im geistigen Element. So bleibt, wenn die fotografische Platte des Menschengedächtnisses durch Krankheit oder den Tod vernichtet wird, dem Geist das Bild der Ereignisse doch erhalten. Aber nur eine bestimmte Stufe des Geistes ermöglicht es ihm, diese Bilder zu schauen und zu verstehen.

Wenn ihr also ein geistiges, von dem physischen getrenntes Gedächtnis annehmt, so habt ihr recht. Doch nicht der Tod ist es, der euch den vollen Schatz des geistigen Gedächtnisses erschließt; und nicht die Inkarnation als solche ist es, die undurchdringliche Schleier über diese Bilder zieht. Aus den verschiedenen Kundgebungen von Geistern, die so häufig die Möglichkeit einer Reinkarnation leugnen, seht ihr, dass nicht der Eintritt in das Geistleben dem Geist die Stufenleiter seiner Vergangenheit sichtbar macht.

Inkarniert sich aber ein vollkommener Geist, wie Christus, auf eurer Erde, so bleibt das geistige Gedächtnis ungetrübt. Er steht über dem Gesetz materieller Welten und bedarf der Materie einer fotografischen Platte nicht, um Ereignisse in sein Bewusstsein zu bringen. Seinem geistigen Blick steht Zukunft wie Vergangenheit offen.

Sehr kurzsichtig und kleinlich ist es, wenn Menschen sagen:»Was nutzt mir ein Vorleben, von dem ich nichts weiß?« Alles, was an euch herantritt, hat nur den einen Wert für euch, dass es euch entwickelt, weiser, klarer und edler macht. Alles, was ihr *seid*, das kommt zum Durchbruch, sowohl durch die Lichtschleier der Seele als auch durch die grobe Hülle der Materie. Zu wissen, wie ihr in der letzten Inkarnation geheißen und gelebt habt, hat wenig Wert.

Das ewig als euer Eigentum zu behalten, was die Gelegenheiten zum Fortschritt bietet, die in jeder Inkarnation (das heißt in jedem Lebensabschnitt, sei er nun rein geistiger oder halbmaterieller Natur) für euch liegen und euren geistigen Wert erhöht haben, das ist das Wichtige, das ist die Hauptsache. Durch euer geistiges Wachstum sollt ihr Klarheit bekommen, nicht durch euch aufgedrungene kleine Bilder ein erzwungenes Wachstum erhalten. Das ist ein ewiges Gesetz, in der ewigen Freiheit der Geistschöpfung Gottes wurzelnd. Versteht mich recht, wenn ich von ewiger Freiheit rede. Eure Freiheit macht es euch möglich, euch selbst zu Sklaven zu machen. Doch Gottes Gesetze zwingen den Geist nicht, sie leiten ihn nur. Wenn sie den strebenden Geist über die Grenze der Gesetze im Flug hinaufgetragen hat in das Lichtmeer vollendeter Liebe, die jede andere Vollendung in sich einschließt, so seid ihr, über den Gesetzen stehend, die Herrscher jener Kräfte, die eure Leiter und Träger gewesen sind.

Das Gedankenleben der Menschen

Du meinst, mein Schützling, du willst auch selbstständig denken? Die Selbstständigkeit eines Erdenmenschen ist ein problematisches Feld. Die Menschen sind alle mehr oder weniger dem Geistereinfluss ausgesetzt, und wohl dem Menschen, der durch Anstrengen all seiner Kräfte des Willens und der Sehnsucht (in der Erscheinungsform der Tat) reine Geister anzieht und es ihnen möglich macht, ihre Gedanken immer klarer in sein Bewusstsein zu bringen. Es ist der Fehler der meisten Menschen, dass sie sich in Extremen bewegen. Entweder leugnen sie die Geistereinwirkung auf euer Gedankenleben oder sie wollen die Gedanken, wenn nicht ausschließlich, so doch hauptsächlich einer fremden Quelle zuschreiben.

Die euch spontan kommenden Gedanken sind nicht ausschließlich fremder Quelle zuzuschreiben. Eine Erkenntnis kann euch urplötzlich zuteil werden, indem sie lediglich das Ergebnis einer erreichten Stufe ist. Ihr mögt jahrelang an eurer Entwicklung gearbeitet und endlich die Stufe erreicht haben, die eine gewisse Erkenntnis euch möglich macht. Dann habt ihr die Bedingungen dazu erfüllt – vielleicht langsam und mühsam – doch *sind* sie einmal erfüllt, flammt urplötzlich das Licht der Erkenntnis empor.

Erkenntnis ist immer Errungenes, nie Gegebenes. Hat sich euer emporstrebender Geist in den Lichtkreis einer Erkenntnis geschwungen, so kann er selbst durch einen spontanen Gedanken, den er ins Menschenbewusstsein ausklingen lässt, Zeugnis ablegen von seiner Errungenschaft. Zieht nie zu enge Grenzen, sagt nie von Dingen, die sich eurem vollkommenen Ergründen verschließen: »Das eine schließt das andere aus.« Ihr könnt das Ineinandergreifen der Gesetze Gottes nicht ermessen. Kommende Jahrhunderte werden sie der Menschheit immer klarer machen und dadurch den Fehler immer mehr ausschließen, dem, was sich euch, eurer Unvollkommenheit wegen, in unfertigen Konturen zeigt, zu enge Grenzen zu ziehen.

Inspiration

Frage:

Es durchzucken unser Gehirn manchmal blitzartig Gedanken, welche nicht Folge eines äußeren Sinneseindruckes sind, die uns aber so fremd, unserem bewussten Wesen und Wollen so heterogen, peinlich und abstoßend sind, dass wir deren Quelle nicht in der eigenen Seele, nicht im Unbewussten suchen und finden zu können glauben. Stammen solche in unser Bewusstsein tretende, wie angeflogen kommende Gedanken ausnahmslos aus der eigenen Seele oder können sie nicht vielmehr Eingebungen oder Ausstrahlungen unentwickelter, niederer Geister sein?

Antwort:

Ich sagte euch bereits, dass ihr mit dem Geisterreich verwoben und verbunden seid, und eure eigenen Erfahrungen könnten euch dies beweisen. Aus dem Geisterreich kommend und wieder dahin zurückkehrend, seid ihr während der kurzen Dauer eures Menschenlebens doch nicht getrennt von ihm. Euer Gehirn ist ein Instrument, auf dem Geister, sowohl höherer als auch niederer Stufe wie ihr selbst, Töne hervorbringen, die ihr Gedanken nennt. Ebenso häufig wie etwas Schlechtes, dem euer eigener Geist schon entwachsen ist, als Gedanke in euer Bewusstsein tritt, ebenso oft du durchzuckt euch ein hoher, leuchtender Gedanke, den ihr als Inspiration zu verstehen fähig seid und an dem ihr euch emporzuringen vermögt, den ihr aber noch nicht imstande seid, aus eurem schon Errungenen zu entwickeln. Die Menschen erkennen im Allgemeinen leichter, dass sie dem Niederen entwachsen sind, als dass sie des wirklich Hohen noch nicht fähig sind.

Es ist euch immer noch das Gesetz nicht lebendig und gegenwärtig genug, dass ihr Teile eines Ganzen seid. Zwischen Geist und Geist, von den niedersten bis zu den höchsten Stufen, besteht eine Wechselwirkung. Indem ein hoher Geist dir einen Gedanken eingibt, den du noch fassen und verstehen kannst und der dir durch dein Verständnis zur geistigen Nahrung wird, durch welche dein Geist an Kraft gewinnt, hat er seiner Aufgabe gemäß gehandelt, von seinem Licht weiterzugeben und dem ringenden Bruder zu helfen. Solche Geistesblitze durchzucken die ganze Menschheit. Je nach dem Boden, auf den sie fallen, zünden oder erlöschen sie.

Anders die Gaben der niederen Geistbrüder. Keiner kann etwas anderes geben, als seiner Wesenheit entspricht. Doch nur in der Art sind die Gaben verschieden – dasselbe Gesetz bedingt sie beide. Und wieder – je nach dem Boden, auf den sie fällt – wird die Fackel zünden oder erlöschen, wird die Saat keimen oder verdorren. Denn ihr behaltet den freien Willen und die Tatkraft, die euren Geist empfänglich machen für höhere oder niedere Botschaften.

Der Höhere ist immer berufen, dem Niederen zu helfen. Erkennt ihr, dass ihr auf einer höheren Stufe steht als die Quelle eines in eurem Gehirn euch bewusst werdenden Gedankens, so weist diesen ab. Erhebt euren Geist zu Hohem und Reinem und sendet die bindende, in ihren Wirkungen von euch noch unergründete Kraft des starken Willens hinaus zu dem armen Bruder, der euch mit dem schmutzigen Wasser seiner Wesenheit bespülte. Versucht, ihn zu überschütten mit dem reinen, klaren Wasser eurer Nächstenliebe und eurer Erkenntnis des Gesetzes, nach welchem ihr alle berufen seid, einer dem anderen zu helfen und zu dienen, im Menschenkleid wie im Geisterreich. Denn Sünde und Materie und alle durch die Unvollkommenheit entstandenen Grenzen trennen nicht so weit, wie die ewige, alles durchdringende, einmal von allen verstandene Liebe vereint.

Das Gedankenlesen

Frage:

Kannst du uns den Vorgang der Gedankenübertragung oder des Gedankenlesens, eine geistige Fähigkeit, die in unseren Tagen bei einer überraschend großen Anzahl von Menschen zu Tage tritt, in seinen Grundzügen erklären?

Antwort:

Der vollkommene Geist ist einfach, ist eine einheitliche Kraft – daran haltet fest. Jeder gottgeschaffene Geist ist denkfähig, das heißt er strömt fortwährend von seiner reinen Erkenntnis, welche seinen Interessenkreis bildet, eine Gedankensubstanz aus. Diese durchflutet den fluidischen Kreis, der jeden Geist und jeden Menschen umgibt, und überträgt so die Individualität des Geistes auch in die ihn umgebende atmosphärische Hülle. Die Individualität eines Geistes ist ewig, wie dieser selbst, und muss daher in allem, was ihn umgibt, zum Durchbruch kommen. Entmaterialisierte Geister erkennen sich. Ihnen ist die Gedankensubstanz des Bruders der Spiegel seiner Wesenheit, und wenn in dieser Substanz Wahrheiten enthalten sind, die noch nicht aus seiner eigenen Quelle, als Folge seiner Erkenntnisstufe, geflossen sind, so vermischt er diese Substanz mit der eigenen. Dann werden in ihm neue Gedanken entstehen, als Folge der Verbindung seiner Wesenheitsstufe mit den Ausströmungen oder Gedanken anderer Wesenheiten.

Natürlich ist der Geist, der Gedanken ausstrahlt, positiv. Jener, der die Gedanken annimmt, negativ. Doch ist in diesem Sinne jeder Geist zugleich positiv und negativ, denn jeder strahlt die Gedanken seiner Wesenheit aus und nimmt fortwährend die Gedanken anderer Wesenheiten an, teils um sie in die eigene Erkenntnis aufzunehmen und sie sich zu eigen zu machen (welche Gedanken er dann, mit den Elementen seiner Individualität vermischt, wieder ausstrahlt), teils um sie in der Erkenntnis ihres Unwertes auszustoßen. Doch lassen sich nur Gedankensubstanzen von elementarer Ähnlichkeit so vermischen. Der schmutzige Gedanke des niederen Geistes kann sich gesetzlich nicht mehr mit dem Element des Hochstehenden vermischen.

Schleudert der niedere Geist solche Gedankensubstanz dem Hochstehenden entgegen, wenn sich dieser ihm zur Hilfeleistung oder in der Verbindung mit dem Erdenkleid nähert, so wird das niedere Gedankenelement nur die Intelligenz des Hochstehenden streifen, doch kann keine Vermischung, kein Anhaften stattfinden. Ebenso wenig kann der hohe Gedanke des vollkommenen Geistes das Eigentum des Tiefstehenden werden, da die Vermischung solcher Elemente ungesetzlich ist. Deshalb ist die Hilfeleistung eines Geistes an gewisse Sphären gebunden. Graduell verschieden dürfen die Geister sein, prinzipielle oder elementare Verschiedenheit schließt aber eine direkte Hilfeleistung aus. Die Parabel des Turmbaus von Babel weist darauf hin.

In den Zeiten, da die Geister noch unentwickelt, aber nicht gefallen waren, verband sie eine Sprache, das heißt eine Gedankensubstanz. Der Fall einerseits und die Vervollkommnung andererseits verwandelt das Gedankenelement – und es entstehen verschiedene Sprachen. Das Wort, wie der Mensch es bedarf, um dem Nebenmenschen seine Gedanken klar zu machen, ist eine Materialisation des Gedankens. Es bedarf solcher Hülle, um vom inkarnierten Geist geschaut zu werden; doch ist eine Hülle immerhin ein Ding, das die Klarheit der verhüllten Form verwischt.

Der Fortschritt des Geistes hat als alleinige Ursache dessen guten, starken Willen. In der Betätigung dieses Willens, der sich zur Sehnsucht steigert, wachsen die wahren Kräfte des Geistes, wie Erkenntnis, Selbstlosigkeit und Liebe.

In der wachsenden Erkenntnis wird der Geist von den ihn umgebenden Gedankensubstanzen anderer das nehmen, was zu seiner Nahrung, zu seinem Fortschritt dient. Nicht in der Verbindung liegt die wirkende Kraft, sondern die Erkenntnis des Geistes, was zu seinem wahren Wohl ist, leitet die Aufnahme jener Impulse, derer er bedarf.

Der frei geschaffene Geist, der seine Freiheit zur Vollkommenheit entwickelt, ist nicht wie eine unfreie Pflanze, auf die Regen und Sonnenschein fällt. Die Bedingungen zu seinem Fortschritt sind da, die Gelegenheiten sind ihm gegeben; doch sein Wille ist es, der sie annimmt und mehr oder weniger voll ausnützt. Jeder hochstehende Geist wird vor allem die Freiheit des Bruders wahren und ihm nichts aufzwingen, wonach er nicht verlangend die Hände ausstreckt.

Ein großer Fehler tiefstehender Geister ist es, dass sie sich gegenseitig den kleinen Rest der Freiheit, den ihr tiefer Fall ihnen noch gelassen hat, nehmen wollen. Christus rief: »Wer Ohren hat zu hören, der höre«, und nur wo er den Geist erkannte, der sich zu dem Zweck, sich ihm näher zu verbinden, inkarnierte, sprach er: »Folge mir.«

Was ist übrigens im irdischen Leben Erfolg, Gesundheit oder Glück? Dasselbe Wort enthält ja tausenderlei Begriffe, je nach der Entwicklungsstufe derer, die es aussprechen. Der Erfolg und das Glück nach dem Begriff des Durchschnitts-Erdenmenschen sind nicht Folge einer Gedankenvermischung, sondern das Ergebnis der Präexistenzen.

Hat ein Geist so wenig wahre Erkenntnis, dass er Nebensache und Hauptsache nicht klar unterscheidet, hat er noch so wenig wahre Kraft, dass er nicht fähig ist, zum Wohle anderer dem eigenen Glück zu entsagen, so wird er sich vielleicht in seiner begrenzten Freiheit eine Inkarnation wählen, in der er irdischen Erfolg und irdisches Glück genießt. Hat aber ein Geist sein wahres Ich und seinen wahren Zweck erkannt, so sind ihm irdische Freuden so nebensächlich, dass er gar nicht imstande wäre, die ganze Kraft seines Wollens und der Gedankenkonzentration auf solche Zwecke zu richten, da er ein besseres Ziel erkannt hat, welchem er mit dem ganzen sehnsüchtigen Verlangen seines Geistes entgegenstrebt. Er wird den Blumen auf dem Erdenpfad nicht aus dem Weg gehen, er wird die Strahlen irdischer Sonnen auch dankbar auffangen; doch wenn sein Weg steinig und dunkel wird, so wird er sagen: »Vater, lasse jenen irdische Blumen blühen, die ohne dieses Gleichnis die Schönheit des ewigen Geistlebens nicht schauen können. Lasse denen das Licht irdischer Sonnen leuchten, die eine Spiegelung solchen Lichtes brauchen, um an das Licht höchster Liebe glauben zu können; ich weiß, dass du die eine große Liebe bist und auch ich Liebe werde.«

So wandelt solcher Geist durchs Erdenleben, ewige Geistesblumen in der Hand und allen jenen gebend, die das Gleichnis erkannt, und die, noch im Leben der Materie stehend, Verlangen nach ewigem Leben empfinden.

Ich denke, was ich eben gesagt habe, muss euch das Irrtümliche folgender Sätze zeigen: »Jeder Geist bildet sich selbst zu der Beschaffenheit seiner Gedanken aus« und »Es gibt keine Teufel außer den schlecht angewandten Geisteskräften; diese aber haben große Kraft zu bedrängen und zu peinigen.«

Tiefstehende Geister wenden ihre Kraft schlecht an; doch ist nicht die Geisteskraft der Teufel, sondern der Geist selbst kann zu so tiefer Stufe herabsinken, dass die Ausstrahlung seiner Wesenheit in Wille, Gedanke und Tat gegensätzlich und folglich schädlich ist. Doch auch der Gegensatz ist eingeschlossen in die allumfassenden Gesetze Gottes, und dem Feld seines schädlichen Wirkens sind enge Grenzen gezogen.

Wenn es heißt, der vorherrschende Geisteszustand oder der Charakter der Gedanken gestaltet den Körper, die Gesichtszüge und so weiter, so muss man vorausschicken: »Der Geist schafft sich seinen Zustand oder seine geistige Stufe, und seine Gedankenwelt ist nur ein Ergebnis seines wahren Seins.«

Das Gedankenlesen der Menschen geschieht nach denselben Gesetzen wie das der entmaterialisierten Geister. Es ist die primäre Sprache der Geistschöpfung, eine Sprache, die zwischen Ähnlichem nie aufgehört hat zu bestehen. Das geistige Auge des Menschen sieht die Gedankensubstanz, das geistige Ohr des Menschen hört die Gedankensprache, und wenn das Verständnis dieser alten und neuen Sprache auch kein vollständiges ist, so wird es doch in der geistigen Entwicklung der Erde immer vollständiger werden. Auch da gelten dieselben Gesetze, dass nur Ähnliches sich ganz durchschaut, der Niedere aber die Sprache des Hochstehenden nicht fassen kann. Es gibt viele Menschen, deren Gedanken unklar und verschwommen sind. Solche unklare Sprache ist natürlich für den gedankenlesenden Menschen schwer zu verstehen. Es gibt auch Menschen, deren fluidische Hüllen so verschieden sind, dass sie sich nicht vermischen und folglich ein Gedankenlesen ausgeschlossen ist.

In dem Maß der Entwicklung des Geistes formen sich seine Kräfte, die darin liegen, dass er die Gesetze Gottes erkennt und in der Erkenntnis und Annahme ewiger Gesetze zum Herrscher in der Welt der niederen Gesetze wird. Dies ist ein Ergebnis. Doch wenn der Geist diese Stufe der Entwicklung erreicht hat, wird er kein Verlangen mehr fühlen, sein Herrschertum zu betätigen, sondern seine verlangende Sehnsucht wird ihn in immer höhere Gesetzeskreise tragen, bis er in den innersten Lichtkreis eingetreten ist und in der alle Gesetze überragenden Gottesliebe seine Befriedigung, seine Seligkeit gefunden hat.

Ursprung und Ziel der Sprache

Frage:

Was ist das Ziel der Sprachenentwicklung?

Antwort:

Der Begriff »Sprache« ist wie alles, was seinen Ursprung im Geistigen hat, durch den Geisterfall aber in die enge Grenze materiellen Lebens eingezwängt ist und durch den Fortschritt, die Entwicklung niederen Lebens zu höherem, seinem Ursprung wieder nähergebracht wird, ein unendlich großer und einheitlicher. Sprache ist der Ausdruck, dessen sich ein Wesen bedient, um sich dem Bruderwesen verständlich zu machen. Die Wesenheitsstufe der miteinander Verkehrenden bedingt also die Art der jeweiligen Sprache. Jede Tiergattung hat ihre Sprache: Bestimmte Laute und Zeichen, welche die wenigen Begriffe dieser Tiere ihrer Gattung verständlich machen.

Als Tiermenschen zuerst eure Erde bevölkerten, war ihre Sprache noch der Ausdruck ihrer Begriffe. Soweit diese den Begriffen der sie umgebenden Tierwelt gleichkamen, haben sie auch ähnliche Laute und Zeichen dem Bruderwesen begreiflich gemacht. Ist doch auf der heutigen Entwicklungsstufe der Erde das Gebrüll roher Menschen in sinnlichem Zorn dem Gebrüll wilder Tiere weit ähnlicher als dem Wohlklang der Stimme eines edlen Menschen.

Wo die Begriffe jene der Tierwelt überragten, formte die wachsende Intelligenz des Menschen Worte zur Äußerung neuer Begriffe. Die Worte wurden nicht durch die Bildung des Gaumens verursacht, sondern waren nur die gesetzliche Erscheinungsform jener Begriffe und Gedanken, die der Entwicklungsstufe der fortschreitenden Geister eigen waren. Dass die Art des Lautes von der materiellen Bildung des Geschöpfes abhängt, ist ja selbstverständlich; doch nicht die Bildung des Gaumens verursachte die Sprache und Sprachen des Erdenmenschen, sondern eine bestimmte geistige Entwicklung erforderte ein Werkzeug, das die Gedanken des belebenden Geistes zum Ausdruck zu bringen vermochte. Der Wille des Geistes, verbunden mit seiner Intelligenz, formte sich genau das Werkzeug, dessen er bedurfte.

Jede Erscheinungsform ist bedingt durch die Entwicklung des Lebens, das dieser Form zugrunde liegt. Was für eure groben Sinne Laut und Schall ist, ist ein Phänomen, welches durch die Dichtigkeit eurer Atmosphäre bedingt ist, im Laufe der fortschreitenden Zeiten aber aufhören muss. Doch wird euer geistiges Ohr einst Ätherschwingungen vernehmen, welche die Sprache des Alls genannt werden können. Euer geistiges Ohr und Auge wird in jedem Brudergeist *das* vernehmen und schauen, was dieser Brudergeist *ist*, was seine Wesenheit und Individualität ausmacht. Das ist eine noch geistigere, ursprünglichere Sprache als das Gedankenlesen; denn die Gedanken sind nur das Ergebnis eines gewissen Teils des Geistlebens, während jenes Schauen und Hören ein Durchdringen des Gesamtlebens des Geistes ist.

Wie die Spektralanalyse die Sprache ist, die euch die Beschaffenheit einer fernen Welt offenbart, ohne euch jedoch Aufschluss über das Leben zu geben, welches auf ihr eine gewisse Reife erlangen muss, so gibt euch das Gedankenlesen ein Verständnis für die Art und Wesenheit des Geistes, ohne euch diesen ganz zu offenbaren. *Diese* Sprache zu führen und zu verstehen, erfordert aber die höchste Entwicklung des Geistes und ist ein Ergebnis jener vollendeten Wahrheit, die nur im Lichtkreis der Vollkommenheit dem Geist eigen werden kann. Es ist dies die Sphäre, in welcher der Geist in keinerlei Grenzen mehr eingeengt zu werden braucht, da seine Wesenheitsvollendung die Sprache der Gottesliebe versteht. In diesem Wirkungskreis der mächtigsten Anziehungs- und Erhaltungskraft werden alle anderen Kräfte für den Geist die Wirkung verlieren. So wird er gesetzlich zum Beherrscher aller Kräfte und hat damit die vollendete Freiheit gefunden.

Die erste Verdichtung zu dieser Ewigkeitssprache ist das Gedankenlesen, welches die Sprache fortgeschrittener Geister ist und im

Laufe der fortschreitenden Zeit auch die Sprache eurer Erde sein wird. Jene Weltsprache, welche nach Regeln der Grammatik zu schaffen ihr euch vergeblich bemüht. Der Gedanke des unvollendeten, wenn auch hoch entwickelten Geistes wird teils durch die Offenbarung vollendeter oder auch nur höher entwickelter Geister angeregt und durch die Folgerung des Geistes selbst ausgebildet. Es sind daher Irrtümer in der Gedankenwelt solcher Geister nicht ausgeschlossen, und das Gedankenlesen zeigt dem Brudergeist den Kreis dessen, was er beherrscht und was er sich zusammenstellt, statt die ganze Wesenheit des Geistes zu offenbaren. Je nach der minderen Entwicklung der Geister durch alle Stufen halb- oder ganzmaterieller Welten hinab, erleidet die Sprache immer mehr Verdichtungen und Unzulänglichkeiten, bis sie im Schrei der Tiere die engste Grenze, die gröbste Erscheinungsform erreicht.

Das Mitleid

Frage:

Wo liegt nun bei unserer beschränkten Einsicht die Grenze für die anderen entgegengebrachte mitleidsvolle Hilfe, damit wir dieselben nicht in der Wirkung des Leids auf ihre geistige Entwicklung schädigen?

Antwort:

Die größte, alles Leben durchdringende und erhaltende Kraft ist die Liebe. Die Liebe, die der Geist seiner Entwicklungsstufe gemäß besitzen kann, zu erhöhen, zu vergeistigen und zu betätigen, ist seine Aufgabe. Je nach der Erkenntnis des Geistes wird er dieser Aufgabe mehr oder weniger gerecht werden. Der Geist, der dem Brudergeist im Menschenkleid zu helfen versucht, muss vor allem dessen wahre Bedürfnisse erkennen und muss dem *Geist* zu helfen trachten. Er bemüht sich, dessen getrübte Erkenntnis, was Lebenszweck und Endziel ist, zu klären, indem er ihm die Ursache des Leidens, eigene Schuld und die alle Menschen gleich überströmende Gnade Gottes in dem Gesetz der Tilgung der Schuld durch eigene Arbeit erläutert und durch das weitere Gesetz der Solidarität der Geister klar zu machen versucht.

Wenn nun aber ein Mensch, der alle seine irdischen Bedürfnisse befriedigen kann, zu dem Hungernden und Frierenden von den Gesetzen Gottes spricht, so wird der arme Bruder sich dabei der Gedanken an ein Stück Brot und warme Kleider nicht erwehren können. Ist ein Mensch durch schwere Leiden, die er in ihren Ursachen und Folgen nicht verstehen kann, in die dunkle Empfindungswelt der Bitterkeit und der Verzweiflung herabgedrückt, so müsst ihr ihn durch die Kraft der ihm verständlichen Liebe, in der Form materieller Hilfsbereitschaft, aus dieser dunklen Empfindungswelt herausheben, ehe er imstande sein wird, größere Güter von euch anzunehmen und festzuhalten. Je nach der Reife des Geistes ist die Grenze seiner Erkenntnis mehr oder weniger eng gezogen, ist die Art der Arbeit, die er zu leisten vermag, mehr oder weniger materiell.

Zu verstehen, wie weit der Bruder euch zu folgen vermag, zu erkennen, welche Art von Arbeit er zu leisten vermag, sind wichtige Faktoren in dem Maße *wahrer* Hilfe, die ihr ihm bieten könnt. Ist der arme Bruder auf sehr niedriger Stufe, so ist Enthaltsamkeit von grober Sünde, etwas Liebe für die ihm Nächststehenden und leidlich gute Ausführung einer materiellen Arbeit alles, was ihr von ihm verlangen könnt. Als »Religion« wird ein vager Begriff, dass das Böse bestraft und das Gute belohnt wird und es seine Pflicht ist, den Formen seiner Religion (die er mit dieser selbst identifiziert) nachzukommen, alles sein, wessen dieser Mensch zu seiner geistigen Nahrung bedarf. Wenn ihr ihm von Pflicht und Gott und Tugend redet, lasst eure Definition so einfach sein, dass er sie ganz zu fassen imstande ist, und verwirrt ihn nicht durch den Hinweis auf rein Geistiges, das er wirklich nicht aufzunehmen fähig ist. Gerät ein solcher Bruder in irdische Not, so wehrt, wenn es in eurer Macht steht, das Übermaß derselben ab, das bei ihm Verzweiflung und Bitterkeit hervorrufen würde; denn diese lähmen noch völlig das kleine Maß von Kraft und Erkenntnis, das ihm auf seiner Stufe geblieben ist.

Das Gesetz, das die ganze gefallene und unentwickelte Geisterwelt einschließt und dem sich die vollendeten Geister in ihrer Erkenntnis der Solidarität aller Geistbrüder unterstellen, ist *Arbeit*. Die Arbeit, die eigenen Fehler zu bekämpfen, die Tugenden, die schon im Geist erwacht sind, zu entwickeln und sich jene anzueignen, von denen ihm seine Erkenntnis sagt, dass sie ihm noch fremd sind; die Arbeit, die Bedürfnisse der Brüder zu erkennen und nach Kräften zu befriedigen; die Arbeit, diese Kräfte zu erkennen und ihnen nicht zu enge Grenzen zu stecken; die Arbeit, die Gesetzeswelt Gottes zu erkennen und Licht mit Licht zu verbinden, indem der Mensch den eigenen Willen den Wirkungen dieser Gesetze anschmiegt und vereint; die Arbeit, eigene Vollendung zu erreichen und dann den ganzen mächtigen Licht- und Kraftstrom seiner Wesenheit in den

erkannten Gottesdienst zu stellen. Das alles ist Aufgabe des gottgeschaffenen Geistes.

Auf niederen Welten, wie eure Erde es ist, wird der wahre Begriff
»Arbeit« wenigen Wesen klar. Sie muss mehr oder weniger grobmateriell sein, soll sie vor dem Kriterium der Menschheit bestehen.
Doch ihr, die ihr das Geistige anstrebt, erkennt, dass zu arbeiten
auch dem tiefstehenden Geist ein Bedürfnis, eine Notwendigkeit zu
seinem Fortschritt ist, und gebt dem Bruder Arbeit nach der Art, die
er zu leisten imstande ist. Das ist die materielle Hilfe, die ihr stets
und immer dem Bruder geben dürft. Könnt ihr ihn dabei auf die
Wahrheit hinweisen, dass der Fortschritt seines Geistes in der Entwicklung alles Guten in ihm seine vornehmste Arbeit, die materielle
Tätigkeit dagegen nur die Verdichtung eines geistigen Gesetzes ist, so
habt ihr dem Mann geholfen, die Verbindung zwischen Materiellem
und Geistigem zu erkennen. Die Morgenröte solcher Erkenntnis wird
ihm den neuen Tag geistiger Arbeit verkünden.

Du sagst, dass das Leiden die Folge eigener Schuld und durch die
Gnade Gottes deren Sühne ist, und du fragst, ob wir nicht durch
das Aufheben solcher Leiden hemmend in den geistigen Sühnepro-
zess eingreifen? Diese Frage lässt sich nicht mit Ja oder Nein beantworten. Die Erkenntnis der Individualität eures Bruders muss sie
euch in jedem individuellen Fall beantworten. Gott, die *eine* große
Liebe, will nicht das Leiden seiner Geistkinder; diese selbst sind
die Schöpfer ihrer Leiden. Das Leiden ist die Folge des Verlassens
gottbestimmter Gesetze. Schmiegt sich der Geist diesen Gesetzen
wieder an, so erlischt die Folge seiner Sünde.

Du darfst dem leidenden Geist so viel Liebe zeigen, wie du nur
vermagst; durch wahre Liebe wird dem Brudergeist nie geschadet.
Wenn der Brudergeist in der Leidensform physischer Schmerzen
und Entbehrungen liegt, so muss deine Liebe diese Form zu lindern
versuchen, um sich ihm auch ganz verständlich zu machen. Schaffst
du dem Bruder durch solches Zeigen deiner Liebe eine Erleichterung,
ein Lächeln der Freude, so hinderst du dadurch nicht die Wirkungen
des Gesetzes der Sühne. Vermagst du ihm aber zu helfen, dieses
Gesetz zu verstehen, die Liebe und Größe seines Gottes auch nur
ahnend zu erfassen, so hilfst du ihm, die Gesetzeswelt der Sühne

rascher zu durchschreiten und sich in höhere Gesetzeswelten zu erheben. Du musst nur darauf achten, dass er dich und du ihn verstehst.

Dem trägen hungernden Menschen durch Geschenke den Hunger zu stillen, wäre ein Fehler deinerseits; denn eben dieser Hunger soll ihn zwingen, auf die eigenen Schultern die große Last der Arbeit zu legen, die auf der ganzen sich emporringenden Geisterwelt liegt. Viele Menschen führen das, was ihr ein verfehltes, ruiniertes Leben nennt. Es ist dies Folge von Fehlern, die sie in einer Präexistenz hätten ablegen können, aber nicht abgelegt haben. Solche Menschen erkennen ihre Fehler erst, wenn sie schwer unter deren Folgen zu leiden haben. Deshalb lässt das läuternde, emporführende Gesetz Gottes die Folgen solcher Fehler schwer auf den Menschen ruhen; denn ohne Erkenntnis gibt es keinen Fortschritt, und ohne Fortschritt keine Befriedigung für den Geist.

Ihr aber bleibt stets eingedenk, dass solche Menschen sich nur durch die Art ihrer Fehler von euch unterscheiden und bleibt liebevoll und hilfsbereit in dem klaren Bewusstsein, was solche wahre Hilfe von euch fordert. Eure mitleidsvolle Liebe für den Bruder und die Erkenntnis, wie weit ihr unmittelbar in sein Leben eingreifen dürft, um materielle und geistige Hilfe zu ermöglichen. Bedenkt, ob nicht etwa unerkannte Fehler in euch ruhen, die ihr eurer Stufe gemäß wohl erkennen könntet und die für euch nach dem gleichen Gesetz gleichschwere Folgen haben werden.

Was aber die Enttäuschungen betrifft, die ihr hilfsbereiten Menschen stets und immer erfahren werdet, so lasst eure klare Erkenntnis der Stufe eurer Welt, des langsamen Fortschritts tief gefallener Geister, euch die Erklärung geben, dass Bewohner solcher Welten nicht anders können, als zu straucheln, zu fallen und sich wieder zu erheben.

Habt ihr daher einem Menschen nach bestem Wissen und Gewissen festen Boden unter die Füße gelegt und verlässt er ihn wieder, um im Sumpf zu waten, so lasst euch doch durch den Fehler eines solchen armen Bruders nicht in den Fehler der minder warmen Hilfsbereitschaft hineinziehen. Muss denn auf eurer Welt immer der Fehler des einen den Fehler des anderen zur Folge haben? Wenn ihr in denselben verfallt, so war eure Hilfsbereitschaft nicht vollkommen. Sie wollte den Erfolg ihrer Bemühung *sehen*, vielleicht gar, euch selbst halb unbewusst, die Anerkennung der Menschen haben: »Seht, wie gut dieser Mensch ist, und seht, wie klug er zu helfen vermag! Leute, denen er die Hand reicht, erreichen festen Boden und verlassen diesen nicht mehr.«

Vollkommene Hilfsbereitschaft bleibt sich stets gleich, weil sie nicht mehr den Wechselwirkungen eurer guten Regungen und eurer Schwäche unterworfen ist, sondern einzig dem Gesetz Gottes untersteht, dass der Bruder dem Bruder mit der ganzen Kraft und Macht seiner Liebe helfen muss. Solche Hilfsbereitschaft kennt keine Enttäuschung. Sieht sie Misserfolg, wo sie Erfolg erhofft und erwartet hat, so erkennt sie die Schwäche des Bruders, die aber dadurch nicht gehoben wird, dass sie ihm die Hilfe ganz entzieht. Sie muss dagegen eine andere Form annehmen, da diese Form wirkungslos geblieben ist.

Je reiner eure Liebe und folglich eure Hilfsbereitschaft ist, je ungetrübter durch andere Motive, desto größere Erfolge werdet ihr erzielen; denn wahre Liebe ist eine Macht, deren Wirkung ihr nicht bemessen könnt. Deshalb arbeitet am *eigenen* Fortschritt, an der eigenen Erkenntnis, und vergesst nicht, dass eure Hilfe, wenn wahre, reine, selbstlose Liebe sie bietet, ein Samenkorn ist, das wohl lange schlummern kann, doch endlich keimen muss, da Liebe ewig ist und durch keinen Einfluss oder Widerstand des Gegensatzes vernichtet werden kann. Erhebt euch also zu den höchsten Lichtkreisen, die zu erreichen ihr fähig seid, und ihr werdet nie mutlos werden können. Arbeitet ihr in der Ewigkeit und für die Ewigkeit, dann kann kein Atom geistiger Arbeit folgenlos bleiben.

Die Verbindung mit der Gotteskraft

Nie einen Augenblick die Trübung des wahren inneren Friedens zu empfinden, ist das Zeichen, dass der Mensch sich zur Erkenntnis dessen, was er ist, und zur Betätigung dieser Erkenntnis durchgerungen hat. Solche Menschen schöpfen nicht allein aus eigener Kraft, sondern dieselbe ist infolge deren Reinheit mit der Gotteskraft verbunden, die das All durchströmt und erhält. Diese Verbindung ist unversiegbar. Wachsend und sich ausbreitend, wird sie dem schwächeren Nebenmenschen fühlbar. Nicht müde sollt ihr Menschen in eurer gemischten geistig-materiellen Arbeit werden. Dem vollkommenen Menschen ist Müdigkeit unmöglich. Der vollkommene Erdenmensch ist noch nicht vollkommener Geist; aber das Höchste, was eure Erde jetzt in Menschenform trägt, ist der Müdigkeit entwachsen. Dies ist so, weil diese wenigen Menschen, die mit der Gotteskraft verbunden sind, in ihrem Frieden ungetrübt bleiben. Sie mögen Erdenstürme wohl empfinden, aber durch sie nie erschüttert werden.

Ihr seid Geist, und dem strebenden Geist ist die Verbindung mit der Gotteskraft gesetzlich. Ihr selbst brecht diese Verbindung zeitweilig ab, sei es, dass ihr augenblicklich der Materie die Herrschaft über den Geist einräumt, sei es, dass ihr durch den Fluch schwacher Geister, dem Zittern und Zagen vor der Zukunft, dem alles Bessere momentan verdrängenden Grauen vor dem kommenden Tag verfallt – dass ihr durch diese Empfindungen wieder in den Staub hinuntergedrückt werdet, in dem eine *wahre* Verbindung mit der Gotteskraft unmöglich ist.

Versteht mich recht, wenn ich sage, dass ihr diese Verbindung abbrecht. Sich ganz frei von derselben machen, kann der Geist nie. Sie bleibt, dem Geist unbewusst und ungefühlt, bestehen, um ihm bei der Regung des Wunsches nach Besserung die gesetzliche Möglichkeit dazu zu geben. Darin liegt die Äußerung der Gnade Gottes. Gnade, weil unverdient, gerecht und frei von Willkür, weil für jedes erschaffene Wesen in gleichem Maße vorhanden ist. Doch wenn ihr diese Verbindung mit der Gotteskraft einmal empfunden habt (aufleuchtende Funken des Lichtes dieser Verbindung sind die seligen Augenblicke wahren Gebetes), und ihr lasst euch durch Sünde, Selbstsucht, Selbstüberhebung oder vertrauenslose Furcht von den Stufen herunterzerren, auf welchen euch das Vollgefühl dieser Verbindung gesetzlich zukommt, so habt ihr dem Heer dieser schwarzen Gestalten die Macht verliehen, die Verbindung in ihren beseligenden Folgen für euch abzubrechen.

Nichts, was ihr für euren Nebenmenschen tun könnt, darf euch geringer als eure *Pflicht* erscheinen. Zu großen Handlungen befähigt eure Entwicklung euch noch nicht. Den Feind zu lieben, zu seinem Wohl das eigene zu opfern, ist wohl die schönste Handlung, deren ein Erdenmensch fähig ist, und doch ist es Pflicht des Geistes, die Liebe zum Nächsten nach jeder Richtung zu betätigen und die Selbstlosigkeit zu ihrer Vollkommenheit zu entwickeln. Jeder strebende Geist erkennt, dass seine Seligkeit nur Folge seiner Vollkommenheit sein kann. Die Vollkommenheit ist ein intensiveres Licht, als sich euer jetziges Begriffsvermögen nur vorstellen kann.

Wenn ihr einzelne schwache Strahlen auffangt und in ihnen einzelne kleine Pflänzchen zur Blüte und Reife bringt, wenn ihr euch also auf eine relativ niedere Stufen der Entwicklung emporgerungen habt und von dieser aus einige kleine Handlungen zum Wohle des Nächsten ausführt – habt ihr damit etwas getan, was groß genannt zu werden verdiente? Dünkt euch nicht groß, liebe Menschen – ihr seid ja so winzig klein. Doch strebt wahre Größe an, indem ihr euch ein reines Ideal erschafft und dasselbe in Verbindung mit der Gotteskraft zu erreichen sucht. Das Ideal wird sich infolge eurer Entwicklung zu stets lichterer Gestalt verklären und euch dadurch stets unerreichbar erscheinen. Doch seid nicht Kindern gleich, die den Regenbogen zu erhaschen suchen, sondern den Weisen des Morgenlandes, die dem leuchtenden Stern folgten und von diesem an ihr Ziel geleitet wurden. Die strahlendste Form eures Ideals wird erreicht und Licht im Lichte untergehen, indem ihr das Licht eurer Vollkommenheit erreicht.

IV.
Das Geistchristentum

Erkannte Wahrheit

Ich beobachte stets eure theologischen und geschichtlichen Konversationen und möchte mich nur mit einem Wort in diese Gespräche einmischen. Du musst stets im Auge behalten, dass ihr zwei verschiedene Geisteskinder seid und als solche *nie* ein vollkommener Einklang erzielt werden kann. Wo aber Harmonie nicht möglich, weil gesetzlich unmöglich ist, da ist es zwecklos, zusammen zu musizieren und für solche, die ein feines Gehör haben, auch nicht erquicklich. Also schweige! Jeder streiche sein Instrument für sich und versuche, einen möglichst reinen Ton herauszubringen – einen Ton, der nur im Geisterreich gehört und in den Archiven des ewigen Vergeltungsgesetzes festgehalten wird, um wieder an das Ohr des Geistes, der das Menschenkleid abgestreift hat, zu seiner Freude oder zu seinem Schmerz zu schlagen.

Das Begriffsvermögen des Menschen schafft den Gott, den er anbetet. Versteht mich recht. Gott ist natürlich der ewige Gleiche, der von dem Verstand des Erdenmenschen absolut nicht ganz erfasst werden kann. Daher schafft der, welcher an Gott glaubt, sich die Gestalt dieses Glaubens. Er schmückt sie nicht bloß mit den Eigenschaften und Tugenden aus, die ihm die herrlichsten dünken, sondern rechnet ihr zuweilen auch Fehler, wie Zorn, Rache, Willkür oder Kleinlichkeit zu. Jedem aber ist diese selbst geschaffene Gottheit heilig.

Je nachdem sich der Geist ändert, indem er den Berg der Erkenntnis emporklimmt und im Weiterklimmen immer mehr von der Bürde seiner Fehler und Irrtümer abwirft, je nach dieser Änderung oder Verwandlung des Geistes verwandelt sich auch der Gottesglaube und der sich um diesen bildende Hof – die Religion. Wie sich dieser Prozess im Einzelnen abspielt, so vollzieht er sich auch an den Völkern. Ihr seht dies in dem Übergang der mosaischen Religion in die christliche.

Moses lehrte Gott als Rächer, als Gott der Heerscharen. Der Kultus der Israeliten legte sich als Hof um diesen Glauben. Sie brachten dem Gott Opfer, um ihn zu versöhnen. Sie glaubten an seine Rachsucht, an seine Eifersucht, an seine Willkür. Sie glaubten zum Beispiel, dass er das Herz Pharaos verhärtet habe, um ihn zu verderben. Einen solchen Gott konnte man fürchten, doch kaum lieben.

Dann brachte Christus eine höhere Lehre: »Gott ist die Liebe, Gott ist ein Vater. Er selbst, der Vater, hat euch lieb.« Der Jude erwartete den Lohn des Rechthandelns auf Erden im Irdischen, weil er von dem Fortleben nur sehr verschwommene Begriffe hatte. Christus sprach von den vielen Wohnungen in seines Vaters Haus, er gab euch die Gewissheit des Fortlebens, die sich im Erdenleben zu erringende Seligkeit als Trost für die Erdentrübsal, als Versöhnung mit dem Erdenleiden. Und er wies noch auf ein Weiteres hin, auf die Lehre des heiligen Geistes, um seine Lehre zu vervollständigen, *wenn die Zeit dazu gekommen sein wird*; denn nur mit jeder erreichten höheren Stufe des Menschen kann ihm weitere Lehre gegeben werden. Dies ist ein so einfaches Gesetz, das ihr Menschen bei eurer Kindererziehung so wohl anzuwenden versteht, indem ihr nicht den Versuch macht, Mathematik zu lehren, bevor das Kindergehirn das Einmaleins begriffen hat. Bei der Lehre der gesamten Menschheit sowie eines einzelnen Volkes wisst ihr es nicht anzuwenden.

Der eine wähnt, weil Christus der Sohn Gottes war, müsse er die Menschen alles gelehrt haben, was zu wissen für sie gut sei, obwohl er selbst sagte: »Ich habe euch noch vieles zu sagen; aber ihr könnt es jetzt noch nicht ertragen.« Der andere wähnt, weil die Christenlehre nach seiner Auffassung vieles im Dunkel lässt, das heißt, weil sie nicht vollkommen, nicht erschöpfend ist, könne sie auch nicht gut sein; und der Dritte glaubt, weil die verschiedenen sogenannten Offenbarungen sich widersprechen, können sie keine göttlichen sein. Sie alle vergessen einen wichtigen Teil in ihrer Rechnung, und so kann dieselbe nicht stimmen.

Die Menschheit selbst ist das Bestimmende der Lehre, die ihr gegeben wird. Der Vater, Gott, lässt die Kinder nicht ohne Nahrung; aber der *Zustand des Kindes*, das heißt seine Gesundheit und sein Alter, bestimmen dieselbe. Ihr seht die verschiedenen Arten der

Nahrung, und statt daraus zu entnehmen, dass das Kind (ich fasse unter diesem Begriff das Einzelwesen sowie das Einzelvolk zusammen) von einem weisen Vater *individuell* behandelt wird, entnehmt ihr nur daraus, dass die Behandlung, das heißt die Führung, ganz fehlt. Da die Arten der Nahrung verschieden sind, können sie nicht von *einem* Nährquell ausgehen. Doch braucht ihr nur in dem großen Anschauungsbuch der Natur nachzuschlagen, um eine materielle Widerspiegelung dieses Gottesprinzips zu finden. *Erde, Wasser und Sonnenschein* sind die gleichen, und die Pflanzen, die sie hervorbringen, die in ihnen wurzeln, durch sie ihr Leben zur Vollkommenheit entfalten, sind so ganz verschieden, den unterschiedlichen Bedürfnissen der Tier- und Menschenwelt angepasst. Doch leugnet niemand, dass *diese Drei* in ihrer Zusammenwirkung die Träger und Hervorbringer der verschiedenen materiellen Nahrungsmittel der Menschen sind. Da erkennen sie, dass die Verschiedenheit der Nahrung gut und notwendig ist.

In der einen Lehre, Religion oder Anschauung, das heißt in der Erkenntnis eines Menschen oder Volkes, ist *diese* Note der Wahrheit enthalten, in der anderen *jene,* und erst die Vollkommenheit wird diese Noten alle gesammelt haben – und die Folge wird Harmonie oder Einklang sein. Ihr habt nun erst zu lernen, diese Noten zu sammeln. Ihr müsst euer Gehör durch dessen Bildung verfeinern. Ihr müsst mit der Anstrengung aller Kraft und allen Willens an eurer Veredelung arbeiten, denn nur dadurch ermöglicht ihr es, dass ihr in der noch unharmonischen Erdenmusik die einzelnen Töne der Wahrheit heraushört und erkennt. Ist das Gehör so ausgebildet, ist der Mensch glücklich zu nennen. Er wird die Musik nicht gut finden, weil der *Komponist* von den Menschen als in seinem Fach groß angesehen wird, sondern die Töne, die Melodien der Wahrheit werden ihm *um ihrer selbst willen* lieb sein. Er wird sie erkennen, so verschieden auch das Instrument, das sie wiedergibt, so verschieden auch die Begleitung sein mag, die sie umgibt.

Die Erkenntnislehre

E s scheint, ich habe in all meinen Worten an euch nicht zur Genüge den großen, ich möchte sagen prinzipiellen Unterschied zwischen der Erkenntnis und dem Anerkennen einer Wahrheit klargemacht. Die volle Erkenntnis einer Wahrheit ist gleichbedeutend mit deren Annahme. Dann kann *ein* Geist, der im wahren Sinne des Wortes eine Wahrheit erkannt hat, nicht anders, als ihr gemäß zu leben. Es entspringen aus jeder erkannten Wahrheit jener Gedankenkreis, jene Erhebung, jene Handlungsweise und jenes Handlungsmotiv, welche die Folge der Annahme dieser Wahrheit sind, so wie Blüte und Frucht einer Pflanze bestimmte Folgen einer gewissen Reife dieser Pflanze sind.

Fast jeder Erdenmensch hat eine kleine Summe guter Eigenschaften, die ihm keinerlei Anstrengung kosten, die, wie ihr sagt, in seiner Natur liegen. Das sind die sichtbaren Ergebnisse des Guten, das ihm zur wahren Erkenntnis geworden ist. Außer dieser kleinen Summe des schon Erworbenen oder Erkannten hat jeder aufwärtsstrebende Mensch eine größere Summe Wahrheiten, die er anerkennt, die sein Intellekt als gut und wahr akzeptiert und die sein Geist mit mehr oder weniger starkem Willen aufnehmen möchte. Diese Eigenschaften kann der Geist für kurze Zeit unter Aufbietung aller seiner Kräfte festhalten oder sich mit Anstrengung in eine Atmosphäre erheben, welche die Schwere seines Geistes noch nicht trägt und aus der er folglich, dem Gesetz der Ähnlichkeit gemäß, wieder heruntersinken muss.

Jeder Erdenmensch hat dieses Heruntersinken schon empfunden. Auch Geister wie ich und meine Brüder empfinden es noch. Auch an der Grenze unserer Atmosphäre sehen wir das intensivere Licht höherer Sphäre, langsam nehmen wir die uns von dort zuströmende Nahrung auf, und erst, wenn unser »Körper« von diesem Licht durchglüht ist, erheben wir uns ganz in diese Atmosphäre, die nun die unsere geworden ist.

Der Prozess *unseres* Fortschrittes kann euch natürlich nicht klar werden. Ich berührte ihn hier nur, um auf die Ähnlichkeit des großen Gesetzes der Entwicklung und der Erhebung der Geister in seiner Wirkung auf den höheren und niederen Geist hinzuweisen. Geister auf eurer Entwicklungsstufe und Geister, die noch um ein gutes Stück niederer stehen, sind niemals der Degeneration bis zur Rückbildung zur Stufe vollkommener Unfreiheit verfallen. Jeder Geist, der einen noch so schwachen Willen zum Guten hat, hat jenes Maß von Freiheit, das ihm Fortschritt oder Rückschritt ermöglicht.

Der Geist auf der Entwicklungsstufe der Durchschnittsmenschen, mit einer kleinen Summe des Erworbenen und einer verhältnismäßig großen Summe des anerkannten Guten, wird noch lange Zeiten zwischen Rückschritt und Fortschritt hin- und herschwanken. Dies sieht dein Geist als das dir Nächstliegende voraus, und aus dieser, sagen wir subjektiven Erkenntnis (in Ermangelung eines richtig bezeichnenden Wortes) entspringt dein Glaube an eine Wellenbewegung im Fortschritt. Doch liegt dieser Wellenbewegung kein Gesetz zugrunde. Ihr seid frei, dem kleinen Fortschritt einen weiteren kleinen Fortschritt hinzuzufügen, so gut als ihr nach einem Rückschritt weitere Rückschritte machen könnt. *Allein* euer Wille und die Summe von Kraft, die ihr in der Betätigung dieses Willens entwickelt, wird die Entscheidung treffen.

Das Anerkennen einer Wahrheit ist die notwendige Voraussetzung für die wahre Erkenntnis und Annahme derselben. Daher sollt ihr nicht traurig sein, wenn ihr nur viele Bruchteile der Wahrheit anerkennt und dabei das Bewusstsein habt, sie noch nicht zu beherrschen, noch nicht verarbeitet zu haben. Dies alles ist euer zukünftiger, vielleicht schon nahe gerückter Besitz, von dem euch niemals ein Gesetz der Rückbildung auf lange Zeit hinaus trennen kann.

Indem ihr euch oft bemüht, in die Sphäre des Guten und Wahren einzutreten, auch wenn sie noch nicht eure Heimat ist, nehmt ihr doch Wahrheitsatome auf, die mit der Zeit eure Wesenheit umgestalten und euch höhere Sphären gesetzlich zugänglich machen werden. Versteht mich recht. Wer heftig und leicht erregbar ist, soll immer wieder versuchen, in die Sphäre der Selbstbeherrschung einzudringen. Der Lügner muss die Sphäre der Aufrichtigkeit suchen; denn diese ist der Vorhof aller Wahrheit. Wem wahres Gebet und geistige Einstimmung unmöglich erscheinen, der soll immer wieder den Versuch unternehmen, die wunderbare Größe und Liebe des *einen* Lebensquelles und die Gesetze, welche diese Größe und Liebe zur Folge hatte, anzuerkennen und zu empfinden, bis mit einem Mal aus der Morgenröte des Anerkennens und Tastens nach wahrem Empfinden die starke Lichtglut wahrer Erkenntnis über ihn hereinbricht, die seine beglückende und dauernde Erhebung zur Folge haben muss.

Die Evangelien

Frage:

Wenn auch der gläubige Christ bestrebt sein wird, immer nur den Geist der Lehre Christi, wie er aus den Evangelien zu uns spricht, in sich aufzunehmen und sich nicht durch den in nebensächlichen Dingen öfters widersprechenden Buchstaben der Heiligen Schrift in seinem Glauben beirren lassen wird, so muss er doch immer den Wunsch haben, zu wissen, wie weit uns durch den biblischen Wortlaut der Evangelien das Leben Christi tatsächlich und ungefälscht oder durch unbekannte Einflüsse getrübt und entstellt überliefert worden ist?

Antwort:

Es ist sehr schwer für euch Menschen, eine Wahrheit als solche, *rein um ihrer selbst willen,* in euch aufzunehmen. Es liegt in der Natur eurer Entwicklungsstufe, dass ihr immer nach der Autorität fragt, von der sie gekommen ist. *Diese* macht euch dann die ausgesprochene Wahrheit akzeptabel, statt dass ihr sie als solche *empfindet.* Alle Wahrheit, die euch durch die göttliche Führung, welcher jede sich entwickelnde Welt untersteht, gegeben wird, muss der Entwicklungsstufe dieser Welt angepasst werden. Diese Stufe einer Welt lässt aber große Entwicklungsunterschiede der sie bewohnenden Geister zu. In der Zeit der Offenbarung einer Wahrheit werden also viele Geister (innerhalb und außerhalb des Menschenkleides) sie noch gar nicht verstehen, noch nicht nachempfinden können.

Viele verstehen sie falsch oder nur in ihrer halben Tragweite, und verhältnismäßig wenige erfassen sie mit ihrem ganzen Geist, streben ihr glücklich entgegen und lassen ihr ganzes Leben von dieser erkannten Wahrheit zeugen. Rein geistige Wahrheit wird einer Welt immer von einem hohen Geist offenbart. Die relativen Wahrheiten der Wirkungen endlicher Gesetze und durch diese Wirkungen die endlichen Gesetze selbst werden von der Intelligenz der Menschen, die eine gewisse Entwicklungsstufe erreicht haben, gefunden.

Christus brachte der Menschheit die höchste Offenbarung, die ihr gegeben werden konnte: Gott ist Liebe und die Liebe des Gesetzes ist ihre Erfüllung. Dies war eine Offenbarung, das heißt eine Wahrheit, die der Mensch mit seiner Intelligenz nicht finden konnte – eine Wahrheit, die er anerkennen, erkennen und der er *leben* muss, bevor er ihre Wirkungen mit seinem geistigen Auge schauen kann. Dann reift aus dem Schauen der Glaube zur Erkenntnis.

Nur wenige Menschen erkannten dies als die Quintessenz seiner Lehre. Sie konnten ihren alten Glauben an einen Gott der Rache nicht plötzlich abstreifen und verbanden nun die alte und die neue Lehre, indem sie den rachedürstigen Gott versöhnt sein ließen durch das blutige Opfer seines Sohnes.

Eine Handlung der Liebe Christi erfassten sie und hielten sie fest, statt die Unermesslichkeit und Unerschöpflichkeit dieser Liebe zu erfassen und weiterzufolgern: »Wenn der Sohn also liebt, wie unendlich muss die Liebe des Vaters sein«, von dem der Sohn selbst sagt: »Mein Vater ist größer als ich.«

Dass die Evangelien erst lange nach Christi Tod aus den Überlieferungen niedergeschrieben wurden, sollte für euch eher eine Ursache des Trostes als der Trauer sein; denn so erklären sich die Widersprüche, die in ihnen enthalten sind. Wie herrlich und göttlich muss der Geist der Christus-Lehre sein, wenn er, trotzdem er nur halbverstanden, trotzdem er durch Überlieferung abgeschwächt wurde, jetzt noch als ein Licht, das eine Welt zu durchleuchten vermag, aus den Evangelien hervorstrahlt.

Die verschiedenen Individualitäten, welche die Evangelien niedergeschrieben haben, lassen das Licht in verschiedenen Farben leuchten, je nach der Atmosphäre der eigenen Individualität, durch welche dieses Licht sich Bahn brechen muss. Nur dann werdet ihr in den Evangelien Ursache zu Streit, Hass und Krieg finden, wenn ihr *allein* an der teilweise sogar fehlerhaften Form hängen bleibt und es gar nicht versteht, in den Geist der Lehre einzudringen. Doch auch dann könnt ihr nicht den Evangelien die Schuld an euren traurigen Zerwürfnissen geben. Eure eigene erbärmliche Blindheit, Leidenschaft und Selbstüberschätzung hätte immer Ursachen gefunden, um deretwillen Kampf und Hass entbrannt wären.

Ihr wenigen Menschen, die ihr versucht, eine Wahrheit zu ergründen, lernt erkennen, dass handgreifliche Ursachen oft nichts anderes sind als die Schlacken, die von einer im Inneren tobenden, unausgeglichenen Kraft ausgeworfen werden. Ihr geistigen Menschen einer anbrechenden geistigen Ära lest die Evangelien im Licht eurer Erkenntnis der Gottesliebe. Freut euch über das Licht, das euch aus jeder Seite entgegenstrahlt, und lasst den Buchstaben aufzehren von diesem Licht. Denn der Buchstabe tötet und der Geist gibt Leben.

Das Erlösungswerk Christi

Du möchtest ein erläuterndes Wort über das Erlösungswerk Christi haben. Es war eine Erlösung aus den Irrtümern, in welchen die Welt befangen war. Die Wahrheit, die er brachte, sollte die Menschheit erlösen – nicht das Blut, das er vergoss, die Menschheit mit dem Vater versöhnen. Einer solchen Versöhnung bedurfte es nicht! Was wäre das für ein Gott, der die ganze Menschheit um des Vergehens *eines* Menschen willen strafte und der sie wieder in Gnaden aufnähme, weil sein schuldloser Sohn Qualen erduldet?

Wahrlich, da wäre der Sohn größer gewesen als der Vater. Der Opferbegriff war im Judentum ein so festverwurzelter, der Gottesbegriff ein so irrtümlicher, menschlicher, dass diese Auffassung des Geistopfers sowie die Annahme, dass Gott so handeln *konnte*, nur folgerichtig waren.

Christus kam, um der Menschheit den richtigen Gottesbegriff zu geben: »Gott ist ein Geist, Gott ist die Liebe«. – »Ich sage nicht, dass ich den Vater für euch bitten werde; denn *er selbst, der Vater, hat euch lieb.*« Ferner lehrte er die höchste Moral: Den Nächsten zu lieben wie sich selbst und denen Gutes zu tun, die dich hassen. Denn die Liebe ist die Erfüllung des Gesetzes. So ward er der Erlöser aus der Nacht des Irrtums und der Sünde, welche Folgen des Geisterfalles waren. Er brachte die vollkommenste Lehre oder Offenbarung Gottes, die bis dahin den Menschen zuteil geworden war.

Der Buddha hatte der Menschheit viel des Wahren gebracht, der Christus brachte ihr Vollendeteres. Der Lehre Buddhas fehlte vor allem der richtige Gottesbegriff: Gott als *Person*, als *Vater*. Ferner verlor sie sich zu viel in Äußerlichkeiten, wie zum Beispiel strenge Askese.

Ein Fehler ist es auch, wenn der Mensch glaubt, er tue recht, in strenger Abgeschlossenheit nur *seiner* Veredelung oder Vergeistigung zu leben. Jeder Mensch, wie auch jedes Geistwesen, ist das Glied einer Kette und hat die Verpflichtung, möglichst tatkräftig zu sein, um mit ganzer Kraft und ganzem Willen den Brüdern zu helfen und zu dienen. Dies lehrte nicht nur, dies *bewies* Christus, indem er seine Lichtheimat verließ, die Qualen des Erdenlebens erduldete, nur um den Nächsten zu helfen.

So hat keiner, sei er nun Christ oder Buddhist, das Recht, in strenger Abgeschlossenheit nur an sich zu denken. Es ist dies auch ein Egoismus. Solange es Arbeit gibt, sind wir berufen, mit derselben Kraft, demselben Willen an unserer eigenen Veredelung wie an jener des Nächsten zu arbeiten. Ob wir dabei Fleisch oder Früchte essen, ist gleichgültig, wenn wir nur mäßig leben.

Wunderst du dich, dass ich als Geist gesagt habe »wir«? Es gibt auch bei uns Wesen, die noch an Äußerlichkeiten hängen, die der Frage, ›ob Früchtenahrung den Menschen nicht geistiger mache?‹, ganz gleichkommen. Diese Wesen, seien es nun Menschen oder Geister, sind mit solchen zu vergleichen, die ein Bild malen wollen und gar nicht fertig werden können, in ein einziges Bruchteilchen des Bildes möglichst technische Vollendung hineinzubringen. Sind sie denn endlich fertig, so sehen sie, dass dieses Bruchteilchen gar verzeichnet und nicht mit dem ganzen Bild in Einklang zu bringen ist. Sie müssen dann das sorgfältig ausgeführte Teilchen wieder auslöschen, das Bild zuerst in großen Zügen anlegen und erst später, wenn alles richtig entworfen und fehlerfrei vor ihnen liegt, können sie anfangen, durch feine Ausführung etwas Vollendetes zu schaffen.

Buddha führte zu sehr aus, und seine Nachfolger führten die Teilchen, die er angelegt hatte, noch mehr aus. So entstand dadurch ein Mischwerk von Großem und wieder peinlich Kleinlichem. Viele Menschen sind nun von dem Großen in diesem Bild so gefesselt, dass sie das Unfertige wie das kleinlich Fertige außer acht lassen, und doch ist dies ein Fehler. Christus legte das Bild, das heißt seine Lehre, in großen Zügen an und versprach, dass es mit der Zeit vollendet werden würde.

Unberufene, die zu diesem Werk nicht fähig waren, glaubten sich berufen, es zu vollenden, und sie trugen immer mehr der Farben auf und verdarben so manches an dem Bild. Doch wenn ihr dessen

Grundzüge verfolgt und euch durch schlechte Färbung nicht irremachen lasst, so müsst ihr anerkennen, dass der Entwurf ein größerer als der des Buddha war. Freilich sind wenige dazu fähig. Den meisten hat das farbenschlechte Gemälde im Laufe der Jahrhunderte den Geschmack verdorben, und sie finden es schön, gerade so wie es ist.

Buddhismus und Christentum

Frage:

Der spirituelle Weg wird durch von außen herbeigetragenes Material gebahnt, die seelische und geistige Entwicklung und Veredelung der Menschheit wird durch die Geisterwelt mittels äußerlich wahrnehmbarer Phänomene und geistiger Kundgebungen, welche ins Bewusstsein der Menschen treten, angeregt und gefördert. Er beruht vor allem auf der festen Grundlage, welche Christus geschaffen hat. Er ist klar, breit und für viele gangbar angelegt, auch nicht notwendig mit Weltflucht, Entbehrungen und Kasteiungen aller Art verbunden und ebenso wenig den großen Gefahren ausgesetzt, welche den Weg bedrohen, auf den der Buddhismus teilweise führt und der nur für wenige, besonders dazu Veranlagte gangbar ist, dabei schmal und vielfach gewunden.

Das, was der Geistchrist zu seiner Entwicklung von außen empfängt, zwingt ihn zur Dankbarkeit und zur Demut, während das, was der Mensch aus sich selbst erringt, allzu leicht zum Hochmut und Missbrauch des Erworbenen verleitet. In Entgegenhaltung der beiden Wege fragt es sich nun, ob die Individualität durch die aus eigener Kraft errungene größere Selbstständigkeit und geistige Freiheit wirksamer und sicherer zur höchsten geistigen Vollendung, soweit sie dem Menschen erreichbar ist, gelangt, und ob dem Geistchristen, welcher sich äußeren Einflüssen zu unterwerfen hat und der mächtigen Konzentrationswirkung auf die Einzelindividualität entbehrt, nicht ein gleich hohes Ziel erreichbar ist?

Antwort:

Ihr müsst beachten, dass alle Lehre, die eurer Erde gegeben werden kann, alle Lehre, die aus dem Entwicklungsgrad der Menschheit in ihr entsteht, durch die tiefe Stufe dieser Welt bedingt, nichts *Fertiges* enthalten kann – euch keine absolute Wahrheit, sondern nur Anklänge an diese geben kann. Die verschiedenen Lehren und Religionen, die sich von jeher auf der Erde verbreiteten, enthielten alle mehr oder weniger solche Anklänge, und der Mensch, der seiner geistigen Entwicklung gemäß ganz vorurteilslos ist und sich eine klare Intuition oder Wahrheitsempfindung errungen hat, wird diese Anklänge alle vernehmen und sie zu einer Melodie zusammenfassen, die mit seiner fortschreitenden Entwicklung immer reicher und voller werden wird.

In den kommenden Zeiten, wenn viele solche Menschen auf eurer Erde wandeln, werden die starken Grenzmauern, die heute noch Religion von Religion, Wahrheitsanschauung von Wahrheitsanschauung trennen, von selbst, das heißt als Ergebnis eurer Entwicklung, fallen. Die Wahrheitsteile werden vereint und das sie als Ballast Umgebende sowie das Unwesentliche wird als solches erkannt werden. Heute noch denkt jeder an einer Konfession hängende Mensch, dass die ganze Menschheit einmal seine Konfession als die *eine* Wahrheit anerkennen werde. Nur wenige Menschen leben heute, welche die zukünftige geistige Entwicklung der Erdbewohner verstehen.

Der Buddhist und Theosoph, der Christ oder Geistchrist soll, wenn er die Wahrheit und mit ganzer Kraft seine Veredelung anstrebt, keine Lehre, die der seinen entgegensteht, a priori verwerfen, sondern er soll lauschen, ob sein vorurteilsloses Ohr nicht die Wahrheitsanklänge anderer Lehren ebenso deutlich zu vernehmen vermag, wie die der ihm sympathischen Weltanschauung. Ein durchgeistigter Mensch soll sich immer bewusst sein, dass er der Teil eines Ganzen ist und daher dieses Ganze, so viel in seiner Kraft liegt, zu erheben und zu veredeln hat.

Die Inkarnation eines Geistes auf eurer Erde hat zwei Ursachen: Entweder er bedarf des Menschenkleides mit allem, was durch dasselbe an ihn herantreten kann, zu seinem Fortschritt, oder er bedarf dieses Kleides zur materiellen Hilfeleistung unter seinen Brüdern. Versteht mich recht. Ich meine mit dieser materiellen Hilfeleistung nicht, dass die Hilfe in erster Linie eine materielle sein soll, sondern dass er der materiellen Hülle bedarf, um den Brüdern geistige Hilfe bieten zu können.

Wenn sich ein Mensch als Teil eines Ganzen erkannt hat, so wird er folgern, dass er alle geistigen Errungenschaften, die ihm seiner Stufe gemäß möglich sind, nicht zu einer kleinen Leiter aufbauen darf, die er ängstlich hütet, damit nicht Unberufene sie betreten. Er wird vielmehr in der großen, lebendigen Nächstenliebe und Selbstlosigkeit, welche die Triebfedern aller seiner Handlungen sind, seine Errungenschaften all seinen Brüdern weitergeben, seine Schätze unter sie verteilen und mit der ganzen Beredtheit der Liebe ihnen erklären, wie kostbar sie sind.

Tritt ein Geist zur Bruderhilfe durch das Menschenkleid in eine Welt, ist dann die Weltflucht für einen solchen Menschen denkbar? Wenn ein Mensch, der schwimmen gelernt hat, sich von Ertrinkenden umgeben sieht, wird er die Nässe und Kühle des Wassers scheuen oder wird er sich hineinstürzen, um den Brüdern zu helfen? Lernt die Welt erkennen und beherrschen, dann bedarf es keiner Weltflucht. Ihr werdet dann, unbefleckt von dieser Welt, euren Wirkungskreis durchschreiten und eure Mission erfüllen.

Urteilt selbst, ob es einer exoterischen und einer esoterischen Lehre bedarf. Hat Gott nicht *eine* Gesetzeswelt für alles Leben, auf welcher Stufe es auch sei? Bist du imstande zu erkennen, welcher deiner Brüder wahrhaft unfähig ist, von einer geistigen Lehre Gewinn zu ziehen, da du dir anzumaßen glaubst, dem Volk die toten Steine exoterischer Lehre hinzuwerfen? Trennte Christus seine Lehre auf solche Art? Er rief: »Wer Ohren hat, zu hören, der höre.« Du weißt es nicht, wer die Fähigkeit hat zu hören; deshalb werde auch nicht müde zu lehren. Schließe dich nicht ab vom Ganzen, sondern versuche so viel von diesem Ganzen mit dir emporzuziehen, als du nur Kraft hast zu erfassen.

Auch der Buddhismus enthält Anklänge an die ewige Wahrheit; doch die reine Christus-Lehre ergibt eine reichere, vollere Melodie. Prüfet beide und urteilt selbst. Es gibt einen geistigen Egoismus, dessen sich der schuldig macht, der erkannt hat, dass er ein Geist ist und folglich in seinem geistigen Fortschritt seligster Gewinn für ihn liegt, der aber noch nicht wahre Entsagung von falschem Schein zu trennen versteht. Wer ein asketisches Leben führt und sich um seines geistigen Fortschritts willen ängstlich von der Welt abschließt, der hat die wahren Wege zu diesem Ziel noch nicht gefunden.

Ihr müsst Christusse werden, ihr alle – jeder die Seligkeit, die er seiner geistigen Entwicklung zufolge in der Geisterheimat besitzt, freudig niederlegend, wenn es gilt, den Brüdern zu helfen. Nicht das Niederlegen des Menschenlebens war das Opfer und der Beweis der Liebe Christi, sondern das Niederlegen seiner Geist-Seligkeit zur Hilfe seiner Brüder.

Wenn ihr Menschen doch erst einmal verstehen wolltet, was der Zweck des Menschenkleides ist! Der eine lebt ganz den Freuden, die dieses Kleid ihm erschließt, gewissermaßen materialisiert ihm darreicht; der andere erkennt die Nichtigkeit dieser Freuden, sieht in dem armen Menschenkleid eine Quelle von Gefahren und legt demselben seine Sünden und Gebrechen zur Last. Anstatt in der Materie die Folge seines Falls zu erblicken, welche durch die Gnade Gottes in die Brücke zu seiner Heimkehr verwandelt ist, überschüttet er die Materie, als Urheberin seiner Sünden, mit seinem Hass.

Jener Geist aber, der sich zur klaren Erkenntnis der verschiedenen Lehrmittel und Fortschrittswerkzeuge, von denen er umgeben ist, durchgerungen hat – jener Geist wird, von der Materie unberührt, sie durchschreiten und keine Erscheinungsform als solche verachten. Er wird das Kleid als solches erkennen und willig tragen, entweder weil, seinem geistigen Ich angepasst, es dessen gesetzliche Hülle ist, mit der er am raschesten zur Reife gelangt, oder wenn er es nicht mehr zu seiner Reife bedarf, wird er es wieder willig als Uniform um sich nehmen, die ihm die äußere Ähnlichkeit mit den Brüdern gibt, welche heute noch notwendig ist, um sich ihnen verständlich zu machen. Anderen Wert, als dem Kleid zukommt, wird er ihm nicht zulegen; er wird daher weder um des Kleides willen leben wollen noch wird er es durch mühevolle Arbeit zu durchlöchern suchen, damit sein wahres Ich zum Vorschein kommt.

Auch das wahre Ich, der Geist, hat eine Erscheinungsform, den Astralleib. Doch wird der erkenntnisreiche Mensch nicht versuchen, den Astralleib durch das Menschenkleid zu drängen, sondern er wird seinen geistigen Fortschritt, seine Gottannäherung, allein im Auge haben. Diese, liebe Menschen, wird allein erreicht in *tatkräftiger* Nächstenliebe. Wahre Selbstlosigkeit wird solchen Menschen ein reiches Feld eröffnen, ein Feld freudiger Entsagung, ein Feld, auf dem er seine Liebeskraft auf den ringenden Nächsten übertragen kann. Ein solcher Mensch hat keine Zeit, um sich Kräfte zu erwerben oder sie auszuüben. Ihm ersetzt die reine Kraft, deren Quell die Gottheit selbst ist, alle verdichteten Kraftsplitter.

Jedes Ding hat seine Zeiten der Reife. Der Mensch, als solcher, ist in seinem Fortschritt, in seiner Entwicklung an die Entwicklung seiner Heimat gebunden. In den kommenden Zeiten einer geistigen Ära eurer Erde wird der Mensch durch seine Erkenntnis ewiger Gesetze sich bis zu einem gewissen Grad von dem Bann endlicher Gesetze frei machen, der ihn jetzt noch seiner Stufe gemäß umgibt. Doch nicht im Freimachen von diesem Bann liegt der Fortschritt, sondern das Freiwerden ist nur eine Folge seiner Entwicklung. Dann wird euch von selbst, als Folge eurer Stufe, das gegeben sein, was der Buddhist als Folge mühevoller Übungen erreicht. Wenn er aber in der Zeit, die er auf diese Übungen verwendet, *einem* ringenden Brudergeist durch die Kraft seiner Liebe geholfen und eine Träne stummen Schmerzes durch den Hinweis auf ewige Gerechtigkeit und ewige Liebe getrocknet hätte – er wäre der Gottheit nähergekommen.

Lasst euch nicht irre machen in eurem Urteil durch die glänzenden Feuerwerke magischer Kräfte, die sich der Mensch auf verschiedenen Wegen erringen kann und sich tatsächlich durch buddhistische Übungen erringt. Ihr sagt: Wenn die Herrschaft über gewisse Naturgesetze die Folge einer erreichten Entwicklungsstufe ist, so müsste der beste, durchgeistigste Mensch auch die größte Macht besitzen. Tatsächlich aber ist ihm der Fakir, der auf niederer geistiger Entwicklungsstufe steht, in der Ausübung solcher Kräfte überlegen.

Der Geist, der sich selbst erkennt, der sich seiner wahren Wesenheit, seines Zweckes und Zieles bewusst ist, strebt mit Anstrengung aller seiner Kräfte diesem Ziel zu. Dasselbe ist Vollendung seiner Wesenheit. Der Weg dazu ist der breite, leuchtende, der von der Gottheit direkt ausgehende Strahl, der das All durchdringt – die Liebe. Hat ein Geist diesen Grad der Erkenntnis und die geistige Kraft erreicht, sich diese Erkenntnis in jeder äußeren Erscheinungsform zu bewahren, so taucht er da und dort in eine dunkle Welt, den Mantel der Materie als notwendiges Verbindungsglied um sich nehmend, um den Brüdern Lichtträger und Liebesverkünder zu sein.

Er bedarf der Materie nicht zu seinem Fortschritt, und nicht einen Augenblick vermag sie den Blick dessen zu trüben, der ihr entwachsen ist. Er bedarf keiner Übungen, seien sie buddhistischer oder sonst asketischer Natur. Er bedarf keiner spirituellen Lehre; denn er *ist* bewusster Geist. Seine Erkenntnis lässt ihn in der Wahrheit leben, und seine Liebe ist so übermächtig, dass sie alles zu tragen vermag. Sie erschließt ihm ein so reiches Arbeitsfeld, dass die Zeit, deren Gesetzen er sich wieder unterstellt, im Dienste des Nächsten voll ausgenutzt werden muss. Sein Geist hat die vollendete Herrschaft über Seele und Körper, und er braucht letzteren nicht zu verlassen, das seelische Band nicht auszudehnen, um wahre Erhebung zu kosten und in vollen Zügen zu genießen. Ein solcher Geist erreicht, was er will. Er vermag aber nichts anderes zu wollen, als dem tieferstehenden Bruder eine Offenbarung von Liebe, von wahrem Leben zu sein.

Wenn es zu solcher Offenbarung notwendig ist, dass er seine Macht über die materielle Welt und deren Gesetze sichtbar zeigt, so wird er es vermögen, wie Christus es vermochte und auch aussprach: »Und größere Werke als diese werdet ihr tun, da ich zum Vater gehe.« Die Apostel und viele Menschen nach ihm bewiesen diese Worte: Das größte Werk, das der Geist tun kann, ist sein ununterbrochener Fortschritt von Kraft zu Kraft, ist seine Offenbarung wahren Lebens an niedere Welten.

Du fragst, ob Christen wohl daran tun, den schwer zu bahnenden Weg, wie der Buddhismus ihn vorzeichnet, zu wandeln? Wenn ein Mensch *wahrer* Christ geworden ist, das heißt fähig, den Geist der Christus-Lehre aufzufassen und ihm gemäß zu leben, so hat er Nahrung und geistige Arbeit genug. Wie wenige Menschen aber sind wahre Christen, wie wenige halten sich frei von geistlähmender Unduldsamkeit und Kleinlichkeit – wie wenige *verstehen* auch nur, was christus-ähnliche Liebe ist und wie weit geringer noch ist die Zahl derer, die solche Liebe nicht nur verstehen, sondern sie leben.

Der Geist als Gottesschöpfung ist Individualität, und obwohl dieser Geist seine wahre Wesenheit durch wiederholten Fall fast bis zur Unkenntlichkeit verbildet hat, so bricht sich die Individualität doch auch durch die Materie Bahn. Je nach der verschiedenen Art, dem verschiedenen Charakter, der die augenblickliche Prägung dieser verbildeten Individualität ausmacht, ist das Bedürfnis der Menschen verschieden. Sie streben nach dieser oder jener Art und Form der Wahrheit, wie sie sich eben niederen Welten, wie es die Erde ist, offenbaren kann. Es lässt sich daher einem Menschen nie eine Wahrheit aufzwingen, viel weniger noch ihm die Art und Form derselben sympathisch machen. Lasst jeden auf solchem Wege sich seinem Ziel nähern, der ihm sympathisch ist. Mit der Zeit reift seine Erkenntnis, und er wird vielfach gewundene Wege verlassen, um direktere zu betreten.

Der hochentwickelte Geist, der das unruhige, Kräfte zersplitternde Leben eurer Erde beobachtet, legt keinerlei Wert darauf, ob der Mensch sich Christ, Spiritualist, Buddhist oder Theosoph nennt. Der, welcher am besten seine wahre Wesenheit erkennt und den leuchtenden Weg der Liebe am unentwegtesten wandelt, wird sein Ziel am raschesten erreichen, einerlei welche Anklänge an Wahrheit, wie sie die verschiedenen Erdenreligionen, Theorien und Philosophien durchziehen, ihm am sympathischsten sind.

Die Wahrheit, dass Gott Geist und Liebe, dass der Menschen Wesenheit Geist und relative Liebe, dass die Vollendung dieser wahren Wesenheit auch deren Seligkeit enthält, wird doch mit dem allgemeinen Fortschritt der Welten immer mächtiger zum Durchbruch kommen – in ihren Religionen und in jedem Menschen selbst. Versucht die Zeit des allgemeinen Fortschritts zu beschleunigen, indem jeder mit ganzer Kraft die eigene Entwicklung anstrebt und jeder, soweit seine Erkenntnis des Mangelhaften aller Wahrheitsoffenbarungen auf eurer Erde es ihm erlaubt, die Klüfte zwischen den verschiedenen Wahrheitsanklängen zu überbrücken sucht.

Weil der unvollkommenen Individualität der eine Anklang sympathischer ist als der andere, braucht er doch nicht notwendig höher zu stehen oder gar die *eine* große Wahrheit zu enthalten Versteht doch, wie unmöglich es ist, dass die ganze, volle Wahrheit, wie sie aus dem Urleben, Gott, hervorbricht, sich einer Welt wie eurer Erde offenbaren kann. Habt Geduld, einer mit dem anderen, alle mit der langsamen Entwicklung eurer Welt und eures eigenen Geistes.

Weil du es willst, will ich noch auf die Unterschiede in unserer Erkenntnis und in der buddhistischen Lehre, *was Geist und Seele ist*, eingehen, obwohl dieser kleine Unterschied in der Lehre kein Hindernis im Aufwärtsstreben des Geistes ist und folglich zu einer Nebensächlichkeit herabsinkt.

Der Buddhist nimmt zweierlei Bewusstsein im Menschen an, die sich feindlich gegenüberstehen und von denen das Höhere, der Geist, sich das Niedere, die Seele, unterwerfen muss. Er nennt den Geist den Gott in ihm und wird durch diesen Glauben leicht in den Fehler geführt, den Willen und selbst die Neigungen seines noch sehr unentwickelten Geistes für unfehlbar, für das für ihn allein Richtige zu halten. Dieser Fehler hat die traurigsten Folgen für den Geist und entwickelt sich leicht aus der irrigen Annahme, dass der Mensch einen göttlichen oder unbefleckt gebliebenen Geist habe.

Der Mensch, in seiner Verbindung von Geist, Seele und Körper, ist eine Folgeerscheinung. Die Schöpfung Gottes ist der Geist – gottähnlich, weil aus dem Willen Gottes hervorgegangen, und folglich eine Wesenheit, in welcher Gotteseigenschaften zur Entwicklung gelangen konnten. *Aber er ist nicht Gott gleich*, da das Erreichen der Vollkommenheit das in weiter Ferne liegende Ziel für ihn war, Gott aber ewige Vollkommenheit *ist*.

Wir können daher nicht mit vollem Recht von unserer absoluten Ewigkeit sprechen, denn unser Geistleben hat einen Anfang, als Gott durch seinen Willen Individualitäten schuf, deren freier Wille sie auf direktem Weg ihrer Vollendung zuführen konnte, aber auch das zeitweilige Verlassen dieses Weges ermöglichte.

Ganz ohne Erscheinungsform, ohne äußere Prägung (in Menschenworten lässt sich nur in Gleichnissen von rein geistigen Dingen reden) ist kein Geist. Gottes Hülle oder Erscheinungsform oder das Stoffliche Gottes (wieder fehlt eurer Sprache das Wort) ist Urlicht, da Licht, Bewegung und Gott der Mittelpunkt sind, von welchem Vibration, Schöpfungskraft, ausgestrahlt ist.

Als der Geist sich durch den Willen Gottes seines Lebens als Individualität bewusst wurde (welches Leben allerdings in seinem Ursprung, dem Urleben, ewig enthalten gewesen ist), war er mit der Seele bekleidet, die für ihn das Stoffliche war, wie das Urlicht für Gott. Diese Seele ist untrennbar vom Geist, und wenn dieser die Vollendung erreicht hat, wird die Seele den Glanz der Vollendung zeigen.

Der Geist ist der Gedanke, die Seele mit dem Wort vergleichbar. Der Geist ist der Beweger, die Seele der Äther, welcher der Bewegung die Erscheinungsform des Lichtes gibt.

Durch wiederholten Fall verbildete sich dieser noch unentwickelte Geist, verdichtete sich dieses seelische Gewand und machte die Verbindung mit grober Materie möglich und notwendig. Indem der Mensch seine wahre Wesenheit erkennt, ihrer Entwicklung allein lebt, indem er als erste erhebende Kraft selbstlose, opferfreudige Nächstenliebe erkennt, entwickelt sich wieder die Schönheit des Geistes, die in seiner Reinheit, Kraft und Liebe liegt. Die mit dem Geist ewig verbundene Seele strahlt nun wieder die Schönheit des Geistes aus.

Inkarniert sich ein tief gesunkener Geist auf der Erde, so identifiziert er sich vollkommen mit der Materie, und sein grobmaterielles Gewand ist nur der Ausdruck seiner tiefen geistigen Stufe. Er ist sich seiner wahren Wesenheit überhaupt nicht bewusst, seine rein geistigen Kräfte sind latent. Doch braucht der Geist seine Seele nicht zu überwinden und zu unterwerfen. Er muss sich nur seiner geistigen Kraft, seines wahren Zieles sowie seiner Wesenheit bewusst werden. Indem er von Kraft zu Kraft steigt, wird seine Seele immer größere Schönheit sichtbar machen, bis sie zu reinem Licht geworden ist, dem äußeren Zeichen, dass der Beweger, der Geist, seine Vollendung erreicht hat.

Du fragst im Hinweis auf die beiden Entwicklungswege, Buddhismus und Geistchristentum, ob die Individualität durch die aus eigener Kraft errungene größere Selbstständigkeit und geistige Freiheit wirksamer und sicherer zur höchsten geistigen Vollendung geführt wird und ob dem Geistchristen, welcher sich äußeren Einflüssen zu unterwerfen hat und der mächtigen Konzentrationswirkung auf die Einzel-Individualität entbehrt, nicht ein gleich hohes Ziel erreichbar ist?

In dem, was ich gesagt habe, ist die Antwort enthalten. Doch möchte ich noch auf die »eigene Kraft« zurückkommen, aus der der Buddhist seine Vervollkommnung anstrebt, während du den Geistchristen im Gegensatz dazu als einen Menschen bezeichnest, der im Verwerten von Gegebenem seinen Fortschritt findet. Was ist dieses

Verwerten von Gegebenem anderes als die Betätigung der eigenen Kraft? Dem Buddhisten werden Wege vorgezeichnet wie dem Geistchristen, dem einen durch Überlieferung, dem anderen durch geistige Kundgebungen; denn aus sich selbst heraus, das heißt als Folge der hohen Entwicklung seines Geistes, bahnt sich selten ein Mensch den Weg zur höchsten Vervollkommnung.

Jeder Mensch schreitet durch das richtige Verwerten von Gegebenem voran, denn die Menschheit im Allgemeinen, wie jeder Mensch im Besonderen, ist mit der Atmosphäre, die seine gesetzliche Nahrung enthält, umgeben. Betätigung der eigenen Kraft bedarf es für jeden Menschen, um gegebene Hilfsmittel zu erkennen und geistige Nahrung aufzunehmen. Euer geistiger Fortschritt ist euer eigenes Werk, ob dieser Fortschritt nun von Geistern innerhalb oder außerhalb des Menschenkleides angestrebt wird. Das macht keinen prinzipiellen Unterschied.

Jedem wird die ihm notwendige Nahrung dargereicht. Für jeden bedarf es der Betätigung höchster, reinster Kraft, um gegebene Gelegenheiten zum Fortschritt voll und ganz auszunutzen. Ist der Unterschied, was das Mittel zur Entwicklung betrifft, zwischen Geist und Mensch nicht mehr prinzipiell zu nennen, um wie viel weniger noch zwischen zwei Menschen, die sich Buddhist und Geistchrist nennen? Erkennt der Mensch seine wahre Wesenheit und den Weg, sie zur Vollendung zu bringen, nämlich »tatkräftige Liebe«, so verbindet ihn diese Erkenntnis inniger als kleine Verschiedenheiten der unentwickelten Individualitäten, die ihm im Augenblick diese oder jene Anklänge an die Wahrheit sympathischer machen, zu trennen vermögen.

Die Wiedergeburt

Frage:

Was ist unter der Wiedergeburt des Menschen zu verstehen, von welcher in den Evangelien mehrfach gesprochen wird und welche Buddhisten, Theosophen und christliche Mystiker als einen geistigen Vorgang im Menschen bezeichnen, der von gewissen körperlichen Erscheinungen, wie die eines verzehrenden Feuers in Knochen und Gliedern, begleitet sei.

Antwort:

Ich sagte euch schon oft, dass das wahre geistige Wachstum nicht sprunghaft stattfinden kann. Der Geist wächst und reift allmählich, alle geistigen Kräfte in ihm müssen sich langsam entfalten. Sein ganzes Wollen auf die Aufnahme des Guten einerseits und auf dessen Ausübung andererseits richtend, kann er an dem Maß seiner Erkenntnis, an der Kraft seiner Liebe und an der Art seiner ihm übertragenen Arbeit seinen Fortschritt bemessen.

Geister, welche auf solcher Stufe stehen, wissen nichts von dem, was ihr geistige Wiedergeburt nennt. Sie stehen in der klaren, ruhigen Entwicklungsstufe, die keine Stürme und Erschütterungen, kein verzehrendes Feuer in Knochen und Gliedern mehr kennt, die keine Trübung der Erkenntnis mehr zulässt – auf einer Stufe, die es ihnen ermöglicht, von innen heraus, aus der Fülle des Erworbenen, zum Eigentum gewordenen, zu wirken und nicht mehr den Einwirkungen von außen unterworfen zu sein. Versteht mich recht. Des Geistes Wille muss es sein, der Einwirkungen von außen zulässt, weil seine Erkenntnis diese Einwirkung gut findet. Er darf sich nichts aufdrängen, sich durch nichts erschüttern lassen. Er muss das Gleichgewicht gefunden haben und es nie verlieren, weder in der Erkenntnis seiner selbst noch in der Erforschung der Gesetzeswelt Gottes. Hat er diese Stufe erreicht, so kann sein Fortschritt ohne jedes vorübergehende Hemmnis, ohne jeden Rückschritt stattfinden.

Wenn in den Evangelien von einer geistigen Wiedergeburt gesprochen wird, so ist damit die Erkenntnis der Menschen, was Liebe ist, gemeint. Christus war die Offenbarung der Liebe, die in dem Geist, wie er sie lehrte und betätigte, den Menschen noch fremd war. Indem er der Menschheit die höchste Gesetzeswelt der Liebe erschloss, wurde er ihr Erlöser. Er war der Weg, der zum Ziel führte. Indem sie in seinem Geist seine Taten nachahmte, fand sie das Ziel – vollendete Liebe, die jede andere Vollendung einschloss. Doch die Menschheit im Allgemeinen hat seine Sprache nicht verstanden, sie nennt ihn den Weg und wandelt ihn nicht. Sie spricht von Liebe und lebt sie nicht.

Die Erkenntnis, die sich einem Geist (einerlei ob innerhalb oder außerhalb des Menschenkleides) erschließt, weil sein ganzes Wollen auf seinen geistigen Fortschritt gerichtet ist, kann ihn *anscheinend* plötzlich verwandeln; denn euch ist die lange Kette von Entwicklungsstufen, die hinter ihm liegen, ist die langsame Aufnahme von Atomen der Wahrheit, Güte und Kraft nicht sichtbar. Seine Entwicklungsstufe bedingt seine Erkenntnis, und erweiterte Erkenntnis bedingt einen neuen Kraftstrom des Wollens und Handelns.

Die Menschen, welche die Lehre Christi verstanden, die seinen Geist erfassen konnten und denen sich also das höchste Gesetz der Liebe offenbarte, fühlten einen neuen Kraftstrom ihren Geist durchfluten. Sie fühlten sich, von *solcher* Taufe neu gestärkt, allerdings verwandelt und predigten eine geistige Wiedergeburt. Sie standen eben in dem äußersten Lichtkreis einer ihnen neuen Erkenntnis, sie hatten diese noch nicht ganz verarbeitet und noch nicht das Gleichgewicht gefunden, das in dem Überblick der Gesetzeswelt Gottes liegt. Ihre Empfindungswelt, meinten sie, müsse zu der ihrer Brüder werden, wenn auch diese die Christus-Lehre erfassten, und sie verstanden nicht, dass jeder Geist eine Individualität, eine Welt im Kleinen ist. Obwohl *eine* Gesetzeswelt das ganze Universum einschließt und *ein* ewiger Lebensstrom die ganze Schöpfung durchflutet, hat doch jeder Stern seine eigenen Gesetze und jeder Geist seine Individualität, seine eigene Empfindungswelt.

Ihr müsst erst verstehen lernen, was Leben ist, um die Größe und Vielseitigkeit jedes Lebensatomes zu verstehen, um die Gesetze der Solidarität, des Altruismus, des Verbundenseins alles Lebens mit der unbegrenzten Freiheit und ewiger Individualität jedes vollendeten Lebensatoms in Einklang bringen zu können. Betrachtet ihr den vollkommenen Geist allein, so seht ihr ihn als eine Welt von Gesetzeswirkung, Kraft, Macht und ureigenem Leben (Individualität). Betrachtet ihr ihn als Teil des Ganzen, so ist er ein Atom, in der Hand Gottes ruhend, und aus dessen Größe hervorgegangen, dann ist er zu gleicher Zeit eine Welt zu nennen.

Auch heute noch reden die Menschen von einer geistigen Wiedergeburt, und wie unklar, wie unbewusst unwahr, wie widersprechend sind die Begriffe, die sie von diesem Wort haben. Bei den wenigsten Menschen ist der Geist der absolute Herrscher, der seine Ruhe bewahrt und sein Ziel klar vor sich liegen sieht. Die meisten Menschen sind noch den Erschütterungen des äußeren Seelenlebens, der Nervenspiele, den äußeren Einwirkungen, dem ganzen Heer unklarer, unwahrer Empfindungen schwärmerischer, skeptischer, tieftrauriger oder grundlos heiterer Natur unterworfen. Sie lassen alle Einwirkungen an sich heran und ziehen sie nicht vor das Kriterium ihrer Erkenntnis, um das, was gut ist, mit Wissen und Willen aufzunehmen und das, was schlecht ist, mit Wissen und Willen hintanzustellen.

Sie suchen in ihrem unklaren, noch nicht gesund gewordenen Drang nach Fortschritt und Entwicklung Arbeit und Tätigkeit im Äußeren und vernachlässigen die so wichtige Arbeit an sich selbst, die sie erst fähig machen kann zur Arbeit von wahrem Nutzen. Sie gehen durch das Erdenleben, ein Spielball aller Einwirkungen und Einflüsse, und kommen in die Geistheimat zurück, ohne nur das geringste Maß der ihrer Stufe möglichen Freiheit und Erkenntnis erreicht zu haben. Das sind Unterlassungssünden, die schwere Folgen für den Geist haben können – wie manche Sünde, die zur Tat geworden ist.

Erkenntnis, wenn ich sie euch doch geben *könnte*! Erkenntnis eurer Arbeit, eurer Gelegenheit, Erkenntnis der Gefahren, die ihr in eurer schlaffen Gleichgültigkeit kaum ahnt. Ich würde jubelnd ein Erdenleben der Qual annehmen. Doch Erkenntnis lässt sich nicht schenken.

Die Bedingungen müssen vom Geist errungen werden. Ringt euch doch endlich durch zur Klarheit, zur Größe, damit ihr die Größe der Gesetzeswelt Gottes erfassen könnt und nicht mehr, in der Unklarheit befangen, von Dingen redet, für die euch die Begriffe fehlen.

Ich möchte euch so gerne einen klaren Begriff von der langsamen, gesetzlichen Entwicklung des Geistlebens geben, damit ihr mit diesem Schlüssel scheinbare Widersprüche lösen könnt.

Der Prozess, den ihr mit geistiger Wiedergeburt bezeichnet, findet unzählige Male in der Entwicklung eines Geistes statt. Er ist das jeweilige Überschreiten der Grenze in eine höhere Sphäre der Erkenntnis und der Tatkraft. Es ist schwer, euch in eurer Sprache den richtigen Begriff von dem allmählichen Wachstum des Geistes und seiner oft scheinbar plötzlichen Entfaltung zu mächtigerem Leben zu geben. Wenn ich von dem Überschreiten einer Grenze rede, kann es auch einen falschen Begriff bei euch hervorrufen. Der Schritt, der den Geist über eine Grenze bringt, ist nicht größer als jeder andere, der ihn der Grenze näherbrachte. Wie Lichtwelle von Lichtwelle getrennt ist und doch zu einem Lichtmeer zusammenflutet, so sind es auch die Grenzen in eurer geistigen Entwicklung. Indem ihr dem Lichtursprung zuschreitet und das Licht in und um euch intensiver wird, werden euch Wahrheit und Größe klarer, Fehler und Irrtümer unmöglicher. Dies Gesetz gilt für das ganze Geistleben. Falsche und unklare Begriffe von geistigem Fortschritt sind Attribute jeder niederen Welt.

Absolute Wahrheit, aus der Gottheit strömend und in den ewigen Gesetzen das Universum durchflutend, offenbart sich dem ganzen Geistleben. Es führt, erfüllt und sättigt es, wenn es den endlichen Gesetzen entwachsen ist. Ihr Erdenmenschen, ringt euch zu klaren Begriffen durch und lasst euch nicht zu unbewusster Unwahrheit verleiten, indem ihr das anstrebt, was euch von mancher Art Christen unter geistiger Wiedergeburt gelehrt wird. Solche Lehre hat oft eine schwärmerische Übertreibung und krankhafte Empfindungen zur Folge, die den wahren Fortschritt hemmen. Strebt, lernt, arbeitet in aller Demut und Selbsterkenntnis, und wenn ihr Kinder des Lichtes geworden seid, werdet ihr euer Auge auch in intensiverem Licht offen halten können zu eurer Wonne und zu unmerklichem Wachstum.

Der vollkommene Überblick der ganzen Gesetzeswelt Gottes ist selbstverständlich nur ein Attribut des vollkommenen Geistes; doch ebenso selbstverständlich ist, dass dieser das Gleichgewicht, von dem ich sprach, nicht mehr verlieren kann. Wenn ich von den Menschen sprach, die noch nicht das Gleichgewicht, das in dem Überblick der Gesetzeswelt liegt, gefunden haben, so konnte ich doch nur das Gleichgewicht meinen, das ein Ergebnis ihres klaren, ruhigen Überschauens jenes Teils der Gesetze ist, welcher ihnen, ihrer Entwicklungsstufe gemäß, offenbart werden konnte. Das Herrliche der Gesetzeswelt Gottes ist ihre Einheit. Gesetz schließt sich ergänzend an Gesetz, eines bedingt das andere und vollendet es zu gleicher Zeit.

Ihr Menschen müsst im Kleinen arbeiten, bis sich euch vollendete Größe offenbaren kann; doch im Kleinen, das heißt im Bruchteil, die Grundzüge des Großen, des vollendeten Ganzen zu erkennen, jedes Atom dieses Bruchteils in seinem wahren Wert zu sehen und so das Gleichgewicht zu finden, das in der richtigen Erkenntnis des Feldes der Wahrheit oder des Teiles der Gesetzeswelt liegt, die sich eurer Entwicklungsstufe erschließen können – das ist euch Menschen möglich.

Wenn ich sage: »Ihr müsst erst verstehen lernen, was Leben ist, um die Gesetze der Solidarität, des Altruismus und des Verbundenseins alles Lebens mit der unbegrenzten Freiheit und ewigen Individualität jedes vollendeten Lebens in Einklang bringen zu können« – so meine ich nicht, dass nur das Abstreifen eures Körpers euch diese Erkenntnis erschließen kann. Das Abstreifen des Körpers verursacht keine gewaltige Veränderung in der Erkenntnismöglichkeit des Geistes. Ich sagte euch schon viele Male, dass die Entwicklungsstufe *allein* dem Geist die Grenze seiner Erkenntnis zieht. Der Körper *muss* nicht dem Geist ein Hindernis sein; aber er kann es werden. Die Erkenntnis *braucht* nicht durch ihn getrübt zu werden; aber sie wird es tatsächlich oft, weil der Geist diesem Körper eine gewisse Herrschaft einräumt.

Wenn ihr etwas nicht versteht, eine euch offenbarte Wahrheit nicht erfassen und verarbeiten könnt, so sagt nicht: »Unser Erdenkleid hindert uns daran«, sondern sagt: »Es ist unserer heutigen Entwicklungsstufe noch nicht möglich.« Eure Entwicklung vollzieht sich nach dem Maß eures Wollens, eurer Kraft, eures reinen und wahrhaft selbstlosen Strebens. Eine lichte Schar reiner Geister schwebt über eurer Erde, um nach einer gewissen vollzogenen Entwicklungsstufe dieser Welt sich auf ihr zu inkarnieren, um Lichtträger zu werden und Mittler zwischen Menschenbrüdern und höherem Geistleben. Diese Geister werden beweisen, dass der Körper nichts ist als Erscheinungsform, ein Schatten ohne wahre Substanz. Die Erkenntnis dieser Geister wird nicht getrübt sein, ihr Geistleben durch die Materie in nichts gehemmt werden.

Die unbegrenzte Freiheit des vollendeten Geistes könnt ihr so wenig verstehen wie diesen selbst. Hat ein Geist durch sein Eintauchen in das Lichtmeer vollendeter Liebe seine höchste Vollendung erreicht, so tritt er auch den Besitz seiner vollendeten Freiheiten an, die ich unbegrenzt nenne, weil sie nur mehr umgeben, getragen und durchglüht wird von vollendeter Liebe. Vollkommene Liebe und vollkommene Erkenntnis sind ein Lichtmeer, das der Geist nie mehr verlassen kann, weil das Licht aus ihm selbst hervorbricht als Ergebnis seiner Vollendung.

Über Individualität sagte ich dir schon so viel, dass du deine Frage selbst beantworten könntest. Die Individualität ist ewig, jene Gabe Gottes, die im rein geschaffenen, noch unvollkommenen Geist liegt und mit all seinen anderen Eigenschaften, der begrenzten Freiheit seines Willens zufolge, ausgebildet oder verbildet werden kann. *Vollendete* Individualität ist selbstverständlich nur dem vollendeten Geist zueigen.

Trachtet danach, rein Geistiges ahnend zu verstehen, indem ihr durch wahre Güte eure Erkenntnis erweitert.

Die Wiedergeburt des Menschen

Es ist immer eine gewisse Analogie in dem Fortschritt des Geistes von der niedersten bis zur höchsten Entwicklungsstufe. Kein Geist ist körperlos oder formlos. Die Seele, die Hülle des Geistes, ist das getreue Spiegelbild seiner Entwicklungsstufe, seiner inneren Schönheit. Je höher der Geist, desto verfeinerter die Materie, die ihn umgibt, und desto rascher durchdringt oder durchglüht jeder von ihm erreichte Fortschritt, jede von ihm verarbeitete höhere Erkenntnis seine Seele oder seinen Astralleib. Hat sich dieser in unmerklichen Verwandlungen durch Fortschritt des Geistes so potenziert, dass das Licht, das ihn von innen durchglüht, zu seiner Entfaltung der Atmosphäre des Lichtes höherer Geistsphären bedarf, so erhebt sich der Geist in diese Sphären. Das meinte ich, als ich von dem Durchglühen unseres Körpers sprach.

Je niederer der Geist ist, desto länger dauert der Prozess des Durchdringens der Seele mit dem Fortschritt, den der Geist sich errungen hat. Die Seele ist auch in den niedersten Entwicklungsstufen das ungefähre Bild des Geistes; doch besteht ein gradueller, wenn auch nicht prinzipieller Unterschied zwischen dem raschen und vollkommenen Durchdringen der Erkenntnis eines hoch entwickelten Geistes durch seine Seelenhülle und dem des Fortschritts, den ein niederer Geist durch seine grobe Hülle zu machen befähigt ist. Hat diese den Fortschritt zum Ausdruck gebracht, so ist dieser Fortschritt, diese errungene gute Eigenschaft, wie ihr sagt, zur Natur des Menschen geworden.

Dem Geist, der eine gute Eigenschaft, eine Erkenntnis, zum Ausdruck in seinem Seelenkleid gebracht hat, wird bei der Inkarnation der Materie seines Gehirns und seiner anderen Organe jene Form und Art verliehen, die ihm gewisse gute Eigenschaften natürlich, gewisse schlechte Eigenschaften widernatürlich und unmöglich machen. Der Mensch ist also der Ausdruck dessen, was sein Geist bei der Inkarnation verwirklicht hatte. Seinem Fortschritt ist dadurch eine gewisse Grenze gesetzt.

Wenn ihr also behauptet, ein Geist könne durch Anspannen aller seiner Kräfte in *einer* Inkarnation die Entwicklung eines Durchschnittsmenschen bis zur Stufe Christi durchmachen, so beweist ihr durch diese Behauptung, dass euch jede Kenntnis der allgemeinen Entwicklungsgesetze fehlt. Ihr müsst euch aber durch die Erkenntnis (um das Wort in dem Sinne, der euch geläufig ist, zu gebrauchen), dass eurem Fortschritt während *einer* Inkarnation gewisse Grenzen gezogen sind, nicht hindern lassen, mit aller Kraft an eurer Veredelung zu arbeiten. Wenn ihr auch viel Gutes und Wahres, was ihr anerkennt, noch nicht zur Erkenntnis zu bringen vermögt, so wird doch dadurch ein Feld vorbereitet, welches ihr dann in der nächsten Inkarnation zu beherrschen vermögt. Nur keine Lauheit, keine Trägheit, jeder Moment eures Erdenlebens ist so wichtig und so unendlich kostbar für euch.

Bei den meisten Menschen tritt entweder eine gewisse Stagnation ein, die darin liegt, dass sie die ihnen natürlichen guten Eigenschaften zur Auswirkung gelangen lassen und sich damit zufriedengeben, dass sie eben heftig oder schwach, sinnlich oder egoistisch sind. Dabei sind sie doch recht gute Leute, oder ihr geistiger Fortschritt ist ein langsamer, fast unmerklicher, ein Fortschritt, den sie nicht von einem bestimmten Tage an datieren können. Eine kleine Zahl von Menschen ist durch irgendein besonderes Ereignis, vielleicht nur durch ein gesprochenes Wort, das gerade von ihrem Geist aufgefasst und durch die erhaltene Lehre verarbeitet wurde, erschüttert worden und spricht dann von einer geistigen Wiedergeburt. Tatsächlich ist aber das, was sich in ihnen vollzog, das Erwachen oder auch nur die Bekräftigung des Willens zum Guten. Bei den meisten Erdenmenschen ist auch das Seelen- und Nervenleben krank, weil es nicht genügend mit dem Beherrscher Geist verbunden ist. Bei solchen Menschen kommen alle möglichen subjektiven Empfindungen zum Ausdruck. Doch seht in solchen Empfindungen nur eine notwendige Wirkung ewiger Gesetze.

Christliche Mystik

Frage:

*Wo liegt für den Menschen, welcher nicht das Einsiedler-, Kloster-
oder streng asketische Leben zu seiner Aufgabe auf Erden macht, die
vernünftige Grenze der Entsagung, wie sie manche Mystiker – auch
christliche – praktizieren?*

Antwort:

Wahres Christentum ist Selbstlosigkeit. Vollkommene Selbstlosigkeit
ist aber für den Erdenmenschen das am schwersten zu erlangende.
Sie ist der Schlussstein im Gebäude des Christentums. Wenn ich
sage, »wahres Christentum«, so meine ich damit jenen Geist Christi,
von dem der Apostel sagt: »Wer den Geist Christi nicht hat, der ist
nicht sein.«

Was aber verlangt wahre Selbstlosigkeit von euch?

Vor allem die Erkenntnis, dass ihr Teile eines Ganzen seid und
eure Individualität dadurch zu ihrer Vollkommenheit ausbildet, dass
ihr euch mit reinem Sehnen und starkem Willen in den Dienst dieses
Ganzen stellt. Haltet die Augen offen, damit euch keine Gelegenheit
entgehe, dem Bruder zu dienen und zu helfen, so wie Gott es von
der werdenden Vollkommenheit verlangt, dass sie in der Kraft der
Selbstlosigkeit der noch unentwickelteren Vollkommenheit helfe,
wo sie vermag.

Versucht nicht, christlicher zu sein als Christus, liebe Menschen!

Er aß und trank. Er wohnte den Festlichkeiten einer Hochzeit
bei; denn solche Äußerlichkeiten haben gar keinen Einfluss auf die
Entwicklung, auf den Fortschritt des Geistes. Nur müsst ihr sie als
reine Äußerlichkeiten erkennen und auch empfinden, und niemals
dem, was eine nichtige Nebensache ist, irgendeine Macht über euch

gewähren. Wenn fröhliche Gesellschaft, Theater oder sonst ein irdisches Vergnügen anfängt, euch mit Beschlag zu belegen, dann entsagt ihm; denn ihr habt dann angefangen, dem Cäsar zu geben, was Gottes ist. Die Schuld liegt nicht in diesen irdischen Freuden, sondern in eurer Befangenheit in der Materie, welche eine Folge eurer niederen Stufe ist und verursacht, dass ihr, wenn sich euch Materielles im rosigen Licht zeigt, diese Materie gar nicht mehr aus den Augen lasst und euch, mit materiell farbigem Licht zufrieden, des reinen, farblosen Lichtes entwöhnt. Bunte Lichter sind hübscher Kindertand, an sich völlig harmlos. Sie tun dem Lebensherd des Sonnenlichtes keinen Abbruch.

Du sagst, christliche Mystik lehre, dass der Mensch, um zur wahren Gottes- und Nächstenliebe zu gelangen, alle irdische Liebe, alle Anhänglichkeit an etwas, was nicht Gott ist, in seinem Herzen ertötet haben muss.

Der Apostel sagt: »Wenn ihr euren Bruder nicht liebt, den ihr seht, wie könnt ihr Gott lieben, den ihr nicht gesehen habt?« In anderen Worten: Wenn ihr euren Bruder nicht liebt, der euch ähnlich ist, wie könnt ihr Gott lieben, den euer Begriff jetzt nicht fassen kann?

Die Entwicklung, der Ausbau der Schöpfung zur Vollkommenheit, duldet keine Sprünge. Ein langsames Wachstum ist schon bedingt durch das Wort: *Entwicklung.*

Die Liebe ist die göttlichste Eigenschaft im Menschen. Die Selbstlosigkeit ist eine Errungenschaft der werdenden Vollkommenheit; doch die Liebe ist ein Beweis und Bürge für die Sohnschaft des Geistes. Nächstenliebe ist in der Selbstlosigkeit, diese in der Nächstenliebe enthalten und die eine ohne die andere ist undenkbar. Christus sagte: »Wer ist meine Mutter und wer meine Brüder? Wer den Willen Gottes sucht, um ihn zu tun, der ist mir Mutter und Bruder und Schwester.«

Und von demselben Meister heißt es: »Johannes war der Jünger, den er liebte.« Durfte und konnte Christus, der treu gebliebene Sohn, in seiner vollendeten Vollkommenheit noch einen Menschen mehr lieben als den anderen. Wie könnte es eine Pflicht des armen Erdenmenschen sein, die Liebe zu einzelnen Menschen zu ertöten oder in Wohlwollen abzuflachen?

Es gibt zweierlei Liebe im Menschen; denn sinnliche Leidenschaft ist keine Liebe, so wenig wie Schwäche Güte oder Eigensinn Willenskraft ist. Die erste dieser zweierlei Liebe ist die Nächstenliebe – das Verlangen, jedem Geistwesen, sei es Mensch oder Geist, zu helfen, zu dienen, ihm nützlich und trostreich zu sein, soweit es nur immer möglich ist. Die Grenzen dieser Möglichkeit sind nach jener Erkenntnis zu ziehen, welche eine Folge angestrebter Selbstlosigkeit ist. Die andere Liebe verbindet uns mit jenen Geistern und Menschen, die uns geistig nahe stehen. Wir freuen uns, ähnliche Sehnsucht, ähnliche Erkenntnis im Bruder gefunden zu haben, und diese Freude schlägt die Brücke der Liebe von Bruder zu Bruder. Wie kann es ein verdienstliches oder irgendwie förderliches Werk sein, diese Brücke zu zertrümmern?

Ferner lehrt die Mystik, dass der Mensch die Welt und alles Äußerliche verachten solle, das Vergängliche als nichtig zu betrachten habe und lieber wünschen solle, ungekannt und verachtet zu sein, als nach Ansehen, Ehre und Lob zu streben.

Das Christentum verlangt *wahres* Empfinden im Menschen. Ein wahrhaft fortgeschrittener Geist wird auch im Menschenkleid intuitiv das Wahre als solches erkennen, in unbewusster Wahrheit – jener Eigenschaft, welche Folge einer gewissen geistigen Stufe ist – jedem Ding, das an ihn herantritt, die richtige Stelle anweisen. Ein solcher Mensch kann nicht anders, als alles Vergängliche gering zu achten, denn es *ist* gering. Er wird aber das Vergängliche nicht fliehen, denn was so gering ist, ist der Flucht nicht wert. Er wird auch die Welt und alles Äußerliche nicht verachten, sondern wird sie, in der intuitiven Wahrheit seiner geistigen Stufe, als jenes Vergängliche erkennen, das er gering achten muss, weil er es auf seine richtige Stelle bringt.

Ein Mensch, der die Vollkommenheit anstrebt, soll nichts wünschen, als dass er Gottes Wille, soweit dies seiner Stufe nur möglich ist, erkenne, damit sich Gottes Wille voll und ganz an ihm erfülle. Seine Unvollkommenheit sollte nicht hinderlich sein, damit ihn dieser Wille so weit als möglich als Werkzeug zur Lehre und Hilfe seiner Brüder benützen kann. Nebenbei zu wünschen, dass dieser Wille für ihn die Verachtung oder die Verehrung seiner Nebenmenschen enthalte, ist nicht notwendig. Ein Wunsch, *wie* dieser Wille sich äußern möge, ist schon keine volle Hingabe an denselben mehr. Das ist das Leben in Christus, wie Paulus es meinte. Doch dazu bringt dich keine Askese, sondern nur die reine Selbstlosigkeit, der unentwegte Glaube, der in der erwachenden Erkenntnis Gottes wurzelt, und die auflodernde Sehnsucht, einzig in Gott für Gott zu leben, welche Sehnsucht die Folge der Errungenschaft der genannten Eigenschaften ist, wie das Licht Folge der Flamme.

Doch diese Stufe haben nur wenige Menschen inne; denn wenige, sehr wenige Geister, die auf einer solchen Stufe stehen, inkarnieren sich auf eurer Erde.

Kannst du die vernünftige Grenze der Entsagung nun nicht selbst erkennen? Du siehst, sie ist für jeden Menschen eine andere, je nach dessen Eigenschaften. Wo die Grenze deiner Entsagung liegt – von deiner Individualität und geistigen Stufe bestimmt – das beurteile selbst. Ringe dich durch zur Klarheit, die in der Erkenntnis deines Gottes liegt. »Ich glaube an Gott, den allmächtigen Vater.« Diese zwei letzten Worte halte fest; sie enthalten alles, dessen du bedarfst.

Gottes Wege sind gut, nicht nur das Ziel, an das sie führen. Eine Wiedergutmachung für überstandene Erdenleiden, wie für durchwateten Erdenschmutz, wie du es meinst, kann es nicht geben. Gott handelt nicht willkürlich. Der Glaube an den »allmächtigen Vater«, das heißt an die Größe und die Liebe in ihrer Vollendung, schließt jede Möglichkeit einer Annahme von Willkür aus. Im Erdenmenschen erwachen jene Eigenschaften, die er sich früher errungen hat und die während seiner Menschwerdung schlummerten. Kein Mensch vermag dem anderen eine Eigenschaft zu geben, und auch Gott vermag es nicht, infolge der Unmöglichkeit einer willkürlichen Handlung. Er gab dem erwachenden Geist freien Willen und die Gelegenheiten, sich durch denselben zur Vollkommenheit emporzuarbeiten.

Wie kann ein Gott der Gerechtigkeit – und diese ist im Begriff Vollkommenheit eingeschlossen – dem einen Menschen gute Eigenschaften geben, und es ihm dadurch ermöglichen zu verstehen, was geistige Freude ist, so dass er als Mensch dem Geistigen zustrebt wie die Sonnenblume der Sonne – während derselbe Gott ein anderes irdisches Leben im Laster beginnen und beschließen lässt, um es diesem Wesen durch raschen Fortschritt im geistigen Leben wieder-gutzumachen? Wie könnte Gott einer solchen Willkür fähig sein? Nein, ein Wiedergutmachen ist für Gott ausgeschlossen. Nicht das Ziel allein ist gut, sondern jeder Schritt des Weges, und das Gutsein verlangt Gerechtigkeit und Unwandelbarkeit während jeder Sekunde eurer Erdenzeit. Was nicht einmal euren Gerechtigkeitssinn befrie-digt, wie ist es als Handlung Gottes denkbar?

Das richtige Verhältnis zwischen Gott und Geist ist eines wie zwischen Vater und Kind. Seiner Sohnschaft muss sich der Geist bewusst sein; denn in dieser Erkenntnis erwachen in ihm Dankbar-keit, Liebe und Hingabe. Die Äußerung dieser Empfindungen ist das Gebet. Je wahrer, je reiner und je freier von aller Unvollkommenheit sie sind, desto mehr wird auch das Gebet das sein, was es sein soll. Ein hochstehender Geist wird die Freude und Süßigkeit des Betens nicht erst suchen, nicht erst erwarten wollen, um sie in geistiger Lust zu genießen – er kann nicht anders, als sie empfinden. Das Wort »Vater«, welches sich über seine Lippen drängt, das *Empfinden*, welches dieser Äußerung zugrunde liegt, übergießt ihn mit Wonne. Er *sucht* die Wonne nicht, aber er kann nicht anders, als sie infolge seiner Erhebung zu Gott zu empfinden. Seid wahr und klar und seid einfach in allem. Was du eine falsche Andacht nennst, eine eigen-willige Lust des Geistes, das gibt es allerdings, und zwar nicht nur unter den Menschen, sondern auch unter den Geistern. Das aber ist doch nicht Gebet zu nennen.

Ein Ding in seiner Entartung wird oft zum wahren Gegenteil des ursprünglichen Dinges. Ein Mensch zum Beispiel, der die Eigen-schaft der Sanftmut mit in die Inkarnation gebracht hat, arbeitet zu wenig oder gar nicht daran, dass sich diese Eigenschaft ver-vollkomme; und ihrer Unvollkommenheit zufolge verbinden sich schlechte Eigenschaften mit dieser Sanftmut und verwandeln sich hierdurch zur Schwäche. Sanftmut in ihrer Vollkommenheit ist aber das Gegenteil von Schwäche; denn es liegt Kraft, Wirkungskraft in ihr, die den so beeigenschafteten Menschen jener Stufe näherbringt, die so wohltuend und belebend auf den Nebenmenschen wirkt wie der Tau auf die Pflanzenwelt.

Seid euch daher vor allem klar, was eine Sache selbst und was deren Entartung ist; es sind ja Gegensätze, und sie haben nichts miteinander gemein. Seid einfach und natürlich und vermeidet alles Krampfhafte und Krankhafte. Wenn ich sage:»Seid natürlich«, so meine ich damit, geht zurück zu eurer wahren Natur. Ihr wart Geist, bevor ihr Menschen geworden seid. Lasst also als Menschen den Geist vorherrschen, so werdet ihr eurer Natur gerecht. Ihr habt den Geist der Sohnschaft empfangen, wobei ihr ruft:»Abba« – »Vater«.

Ein Geist, dessen Gedanken stets Gebete sind, fühlt die Verbindung zwischen sich und Gott, und diese Empfindung äußert sich als Gebet. Ein solcher Mensch braucht sich nicht anzustrengen, damit sein materielles Kleid ersterbe. Er ist sich seiner wahren Natur bewusst; denn diese herrscht vor. Solchen Geistern wachsen die Flügel des Gebetes von selbst, und er kann nicht anders, als sie zu seiner Wonne benutzen. Hat aber der Mensch diese geistige Stufe noch nicht erreicht, so kann er logischerweise auch deren Folgen nicht empfinden. Diese Folgen lassen sich nicht durch starke Mittel erreichen, wie es ein widersinniger Kampf gegen die Materie ist, mit der der Mensch nun einmal verbunden ist. Er soll seine Kräfte nicht in einem krankhaften Hass gegen die Materie aufzehren.

Die Baalspriester glaubten, ihrem Gott wohlgefällig zu sein, wenn sie ihre Körper zerfleischten; und Menschen, die sich Christen nannten, nahmen diesen Irrglauben an. Der Mensch soll versuchen, dem Nächsten in möglichster Selbstlosigkeit zu dienen. Er soll seine Fehler erkennen und vertilgen, er soll in Wahrheit und Klarheit den Körper als das erkennen, was er ist, ein gottgegebenes Hilfsmittel, das ihm auf seiner geistigen Stufe *notwendig* ist, sonst könnte es nicht gottgegeben sein. Diesen Körper soll er rein und gesund erhalten, ihm in klarer Erkenntnis die Stelle gebend, die ihm gebührt.

Was das Vernichten seines Selbst, Gott gegenüber, betrifft, wie es die christliche Mystik lehrt, so weiß das Christentum, wie es in den Evangelien dargestellt ist, nichts davon. Dass die Tötung von Eigenliebe, Eigenwillen und gar des Eigennutzes erste Bedingungen für einen Menschen sind, der wahres Christentum anstrebt, ist ja klar. Wie kann man aber seine Fehler mit seinem wahren Ich verwechseln?

Das wahre Ich eines Menschen ist das Empfinden seiner Individualität – und diese ist gottgegeben. Was Gott gibt, das darf der Mensch empfinden, dessen darf er sich bewusst bleiben. Gott gab es in Reinheit. Eigene Arbeit verwandelt diese Reinheit in Vollkommenheit. Eigene Sünde hat diese Individualität zu einem Zerrbild ihrer selbst verwandelt. Doch nicht indem der Mensch in krankhafter Unklarheit dieses Zerrbild zu vernichten versucht, wird er seiner Bestimmung gerecht, sondern indem er es in ruhiger Klarheit betrachtet, die Zutaten seiner Unvollkommenheit mit Mut und Geduld entfernt und so wieder die reine Natur herausbildet, die Gottes Schöpfung ist. Dann aber arbeitet er mit wachsendem Verständnis und kunstgeübter Hand die reinen Linien zur fertigen Vollendung aus. Eine andere Kraft als die Gottes kann keine Individualität ins Leben rufen. Was er aber ruft, das darf sich ihm nahen, Schritt für Schritt, bis es den Lichtkreis des Urbildes erreicht hat. Was eine Individualität ist und was sie empfindet, wenn sie ihre Vollendung und damit ihre Bestimmung erreicht hat, dafür fehlen Menschenworte und reichen Menschenbegriffe nicht aus.

So seid klar und *gesund* in euren Begriffen und in eurem Glauben. Nehmt die Hilfsmaschine »Körper« zu dem Zweck, zu welchem Gott sie euch gab. Führt weder einen widersinnigen Kampf gegen sie noch stellt den Geist in den Dienst der Materie, das Leben in den Dienst der Vergänglichkeit.

Es gibt einen geistigen Egoismus, und an diesem krankt die christliche Mystik. Begnügt euch daher damit, Christen zu sein und in klarer, wahrer Nächstenliebe die empfundene Gottesliebe ausklingen zu lassen. Kein Mensch lebt für sich allein, keiner soll seine geistigen Kräfte für sich allein aufzehren, sich ängstlich fernhaltend von geistigen Gefahren. So versucht, den Geist der Christus-Lehre zu verstehen, damit er sich mit eurem Geist verbinde und ein tatkräftiges, selbstloses, liebevolles Leben diese Verbindung bestätige.

Werdet Christen gemäß der Worte, in denen ich zu definieren versuchte, was *wir* unter diesem Namen verstehen, und ihr lebt »zur Ehre Gottes«, wie die Menschen sagen.

Was ist darunter zu verstehen? Die Sonnenstrahlen erwecken das Veilchen zum Leben, und die kleine Pflanze treibt Blüte auf Blüte, die Vollkommenheit ihrer kleinen Wesenheit entfaltend. Blüht sie zur Ehre des Sonnenscheines oder kann sie das Lob und die Ehre ihres Lebensquelles dadurch mehren? Sie blüht in ihrer Unfreiheit, weil die Bedingungen zur Erreichung ihrer Wesensvollkommenheit erfüllt sind.

Ihr Menschen habt eine gewisse Stufe von Freiheit erreicht. Die Sonne *muss* nicht eure Blüte in einer genau begrenzten Zeit erwecken. Eure Freiheit kann der Sonne entgegeneilen oder kann Wolken auftürmen, die euch vor der reifenden Sonne eine Zeit lang schützen. Mit der Zeit verzehrt die Sonne alle Wolken und *fordert* Blüten von jedem Lebenskeim; denn seiner Bestimmung zu entgehen, vermag kein erschaffenes Wesen.

Gott, der von euch unverstandene Quell allen Lebens, die reine, absolute, ewige Vollkommenheit, kann nichts anderes, als der Mittelpunkt einer werdenden Vollkommenheit sein. Welten entstehen und vergehen; die ganze Schöpfung, deren materieller wie geistiger Teil, verwandelt sich und wechselt Form und Gewand. Kraft und Größe, Erkenntnis und Liebe sind der Verwandlung unterworfen, um sich zur Vollkommenheit herauszukristallisieren. Die ewigen Gesetze Gottes umfassen die ganze Verwandlung, sie bildend und leitend und sich zu endlichen Gesetzen verdichtend, je nach den Bedürfnissen jedes einzelnen Teiles dieser unendlichen Schöpfung. Wohl gibt es eine Sphärenmusik, eine Melodie, von Gott empfunden, von der absoluten Vollkommenheit ausklingend. Die Begleitung, die *scheinbar* endlosen Verwandlungen, das Brausen der Räder dieser großen Maschine – diese Melodie könnt ihr noch nicht verstehen, sie ist werdende Vollkommenheit. Einzelne Noten der Begleitung schlagen an euer Ohr, und eine Ahnung der Größe, die nur in den *Verwandlungen* liegt, ist schon genug, um euch den Atem zu nehmen.

Diesem Gott allein zu leben, vermögt ihr Erdenmenschen nicht. Eure tiefe Stufe bedingt noch Straucheln und Fallen, verworrene Begriffe und halbe Kraft. Das Veilchen könnte nicht leben ohne Licht, doch das Licht allein genügt ihm nicht, es bedarf noch festen Erdreiches und tränkenden Regens. So stecken auch eure Wurzeln noch in der Materie, und euer Wachstum bedarf noch der derben Kost des Leidens und der Sühne. Doch wenn auch ein Teil von euch noch der Materie bedarf, so bedarf dagegen euer Geist, jener Teil von euch, der, von Gott ausgegangen, eine Spiegelung seiner Eigenschaften ist, noch des Geistigen. So erhebt euer Haupt empor in das Licht, und wenn auch eure Wurzeln euch noch eine kurze Zeit in der Materie festhalten, so treibt wenigstens Blüte auf Blüte, nicht weil ihr das Leben erweckende Licht ehren wollt, sondern weil ihr als Zwischending zwischen reiner Materie und reinem Geist nicht anders *könnt*, als, eurer wahren Sehnsucht nach, der Materie zu entziehen, was sich ihr entziehen lässt, um es, durch eure Adern kreisend, zur Blüte zu verwandeln und sie emporzuheben zum reinen Sonnenlicht.

Die Sünde wider den Hl. Geist

Wirklich unglücklich ist nur der Mensch, der sündigt, das heißt dessen Handlungen und Gedanken den Einklang zwischen ihm und seinen geistigen Führern stören. Das ist die Sünde wider den Hl. Geist, die nicht vergeben wird. Was heißt ›nicht vergeben‹, da doch alles einmal gesühnt sein wird?

Kein Erdenmensch kann fehlerlos sein. Jedem ist nur eine gewisse geistige Stufe erreichbar. Jeder kann also nur von der Stufe aus weiterbauen, die er sich vor dem Erdenleben vorgebaut hat. Es können nicht alle Menschen die gleiche Stufe erreichen, weil sie den Wettlauf auch nicht von der gleichen Stelle aus begonnen haben. Freilich kann der eine langsamer, der andere schneller laufen, und der eine kann den anderen so überflügeln. Der aber, der sich also überflügeln lässt, der hat gesündigt, er hat seine gottgegebenen Gelegenheiten nicht erkannt und nicht genützt. Er hat nicht in der Sehnsucht nach Erkenntnis gelauscht – hat somit wider den Hl. Geist gesündigt. Wenn ein solcher Mensch oder Geist dann später zur Erkenntnis dessen kommt, was er getan hat, so wird er nicht hoffen, dass ihm vergeben werde, sondern nur um neue Gelegenheiten, um Erkenntnis bitten, damit er sie besser nütze. Dann wird ein Ringen, Kämpfen und Arbeiten beginnen. Den Menschen wird er keinen großen Fortschritt zu machen scheinen, und doch wird er sich in dem geistigen Wettlauf vor dem Allerkenner, Gott, dem Ziel nähern und vielleicht nur solche Sünden in die Geisterheimat zurückbringen, die vergeben werden können, das heißt keiner solchen Kraftanstrengung seinerseits zu ihrer Tilgung bedürfen.

Versteht mich recht. Es ist ein großer Unterschied, ob ein Mensch oder Geist eine Sünde begeht, die ihm auf seiner Stufe noch natürlich ist, oder ob er derselben eigentlich schon entwachsen ist. Ebenso ist es ein großer Unterschied, ob sich einer eine Tugend errang, die ihm natürlich war, oder ob er durch riesige Kraftanstrengung, durch solche Sehnsucht nach geistigem Fortschritt, dass er alle Leiden gering schätzt, wenn er sich durch sie seinem Ziel nähern kann, den Weg schneller zurücklegt als seine geistig gleichen Brüder. Ein solcher Geist ist glücklich. Er horcht, versteht, erkennt und handelt. Die Menschen aber sehen nur die Prüfungen, die Entbehrungen seines Lebens und wissen nicht, dass er am Morgen den Stein, auf dem sein Haupt gelegen hat, zu einem Dankaltar herrichten wird.

Abstieg zur Hölle, Auferstehung und Himmelfahrt

Frage:

Kannst du uns ein Verständnis für die geistigen Vorgänge nach dem Tode Christi geben, welche die evangelischen Bekenntnisse mit »Abstieg zur Hölle«, »Auferstehung von den Toten« und »Himmelfahrt« bezeichnen?

Antwort:

Ich sagte euch schon, dass es nicht möglich ist, euch einen klaren Begriff von dem Leben, den Handlungen und der Wirkung eines vollkommenen Geistes zu geben. Christus hatte das Menschenkleid als Mittel seiner Verbindung mit euch angenommen, ohne welche die Wahrheit seiner Lehre euch nicht hätte klar gezeigt werden können. Als er mit den Worten: »Vater, in deine Hände befehle ich meinen Geist«, seine euch gebrachte Lehre in Wort und Beispiel beschlossen hatte, löste sein vollkommener Wille den vollkommenen Geist von der angenommenen Materie. Nach dem ewigen Gesetz der Annäherung und Verbindung von Ähnlichem mit Ähnlichem hinderte nichts das sofortige Eingehen gewordener Vollkommenheit in den Lichtkreis absoluter Vollkommenheit. Doch die Erdenmenschen, denen er die Lehre brachte, mussten noch sichtbare Beweise der Wahrheit seiner Worte erhalten.

Er hatte seinen Körper selbst geformt, und er löste ihn wieder in seine Urbestandteile auf, ihn zu wiederholten Malen wieder um sich nehmend, um seinen Jüngern seine Identität zu beweisen. Seine Worte: »Fürchtet euch nicht, ein Geist hat nicht Fleisch und Blut, wie ich es habe«, und die Nahrung, die er vor ihren Augen zu sich nahm, beweisen euch, dass er einen Körper ganz ähnlich dem gebildet hatte, in dem er den armen Menschen dreiunddreißig Jahre göttliche Wahrheit lehrte.

Die Bildung dieses Körpers aus den Urbestandteilen der Materie, die ja auch ewig sind, geschah nach denselben Gesetzen der Materialisation, die der Menschheit der Jetztzeit geoffenbart werden. Die *Auflösung* dieses Körpers geschah nach Gesetzen, die in kommenden Zeiten der Vergeistigung auch für die Erde wieder gesetzlich werden. Nur die tiefe geistige Stufe eurer Erde bedingt den Verwesungsprozess eurer Materie; doch ist er »Der Erstling von denen, die schliefen«. Daher wird das Erwachen aus diesem Schlaf im Laufe der bildenden und umbildenden Zeiten seinem Erwachen ähnlicher werden.

Vor den Augen seiner Jünger schwebte er empor, und eine Wolke verhüllte ihn ihren Blicken. Doch bleibt sein Wort bestehen: »Ich bin mit euch immerdar bis an das Ende der Welt.«

Die Worte »Abstieg zur Hölle« geben euch einen unklaren Begriff seiner Tätigkeit in der Geisterwelt. Geistern auf so tiefer Stufe, wie dieser Begriff sie bezeichnet, fehlt jedes Verständnis für Christi Lehre. Damit fehlte auch Zweck und Möglichkeit, dass er in direkten Verkehr oder Verbindung mit ihnen trete. Lasst euch diese Worte nur darüber Sicherheit geben, dass es für die Hölle eine Erlösung, eine Auflösung gibt; denn das Erlösungswerk Christi war eine Bestätigung der Gesetze Gottes, die aus seiner Liebe und Weisheit entsprungen sind und die Erlösung und Heimführung der *ganzen* Schöpfung *bedingen*.

Die Taufe

Frage:

Liegt dem Akt der Taufe eine tiefere symbolische Bedeutung und geistige Wirkung auf die materiell-geistige Individualität zugrunde?

Antwort:

Alle geistige Wahrheit, die einer Welt auf der Stufe eurer Erde geoffenbart wird, bedarf eines äußeren, sichtbaren Zeichens einer Materialisation. Die Solidarität der Geister ist eine ewige Wahrheit. Die Verbindung von Geist mit Geist von höchster bis zur tiefsten Stufe ist das Mittel der Übertragung und Weiterführung geistiger Kräfte. Wie Christus das Abendmahl einsetzte, als Hilfsmittel oder Leiter zur wahren geistigen Kommunion mit ihm, so unterwarf er sich selbst der Taufe, um euch zu lehren, dass dieser Akt nicht allein symbolisch, sondern ein gesetzliches Hilfsmittel für euch sei. In der Taufe Christi verband sich der Geist Gottes mit ihm, und die Stimme dokumentierte die höchste geistige Vollendung, die sich je auf eurer Erde geoffenbart hat.

Für Christus wäre der Akt der Taufe nicht notwendig gewesen, weil er über allen Hilfsmitteln der Erde stand, das heißt solcher nicht bedurfte, um in Verbindung mit dem Vater, den er nie verlassen hatte, zu treten. Denn obwohl er sich den Gesetzen der Erde unterwarf, soweit dies zu einer Verbindung mit euch notwendig war, so verließ er dadurch doch nicht die Welt der ewigen Gesetze, jenen Lichtkreis, den ihr noch nicht betreten habt, der aber auch im Menschenkleid seine Heimat, seine Atmosphäre blieb, in welche er sich immer, Licht, Nahrung oder reine Kraft suchend, erheben konnte. Sein Wille allein genügte, da er die Vollkommenheit erreicht hatte, sich das Menschenkleid zu formen. Sein Wille allein konnte das

Band, das ihn an dieses Menschenkleid knüpfte, wieder lösen; und sein Wille konnte es lockern, so dass sein Geist sich erheben und mit dem Geist Gottes verbinden konnte. Die Gesetze einer materiellen Welt können die höchsten Gesetze der geistigen Welt für einen Geist nicht aufheben, der schon seine Vollkommenheit erreicht hat.

Durch den Akt der Taufe wird zwar dem Menschenkind nicht seine Sünde vergeben; aber es wird durch denselben mit höherem Geist in Verbindung gesetzt, in die Mitte des Stromes gestellt, der von der Urquelle, Gott, ausgehend die ganze Geistschöpfung durchflutet. Ihr müsst nur nicht den Akt der Taufe als einzige Möglichkeit für den Erdenmenschen betrachten, in diesen Strom zu gelangen, und auch nicht als Mittel, gegen seinen eigenen Willen in diesem Strom zu bleiben. Ein Hilfsmittel wirkt nur als solches, wenn des Geistes eigener Wille und eigene Tat, es ausnützend, sich die darin enthaltenen geistigen Kräfte zu Nutze macht. Wie es ohne den Leiter des Stromes in Gestalt von Brot und Wein eine geistige Kommunion mit Christus gibt, so kann der Geist auch im Menschenkleid, wenn er außerhalb der Lehre eines Hilfsmittels in der äußeren Gestalt des reinigenden Wassers geboren wird, sich dennoch in diesen geistigen Strom begeben und die Kraft, die in ihm enthalten ist, aufnehmen, falls er, die Gottheit ahnend, sich in ihren Dienst stellt und ihr in selbstloser Nächstenliebe dient.

Wenn ich von einem geistigen Strom rede, der von Gott, dem Urquell, ausgehend die Geisterwelt durchflutet, so meine ich damit jene Lichtstraße, auf der nur solche wandeln, die den Geist der Christus-Lehre erkannt haben und ihrer Erkenntnis zufolge von Kraft zu Kraft, von Herrlichkeit zu Herrlichkeit voranschreiten.

Zieht nur keine engen Grenzen. Menschen auf dieser Erde, die nie von Christus gehört haben, können zu dieser Schar gehören; Menschen, die ihr Leben in einer christlichen Kirche verbringen, können auch außerhalb dieser Schar stehen. Christus ist die Verkörperung der göttlichen Wahrheit. Wenn ihr, solche erkennend, *nicht ihr gemäß lebt*, so habt ihr jenen Lichtweg, der euch in die euch mögliche enge Verbindung mit Gott bringt, noch nicht betreten. Es ist dieser Strom nur eine Strömung im Strom, denn außerhalb der Einwirkung göttlicher Kraft und göttlichen Lebens, in Verwandlungen und Vermischungen bis zur Verbindung mit niederstem Geist, steht kein Geistatom im ganzen unermesslichen Weltenall. Gott *ist* – und die Bewegungswelle dieses Lebens berührt, überflutet und vervollkommnet alles werdende und gewordene Leben.

Die Erbsünde

Frage:

Tritt der Geist mit einer Schuld, mit einer Erbsünde beladen in die menschliche Form?

Antwort:

Zwei Dinge machen die *Vererbung* einer Schuld unmöglich: Die Gerechtigkeit Gottes und die Unabhängigkeit der Geister voneinander. Wie können Stammeltern eine Schuld auf ihre Kinder vererben, wenn diese in nichts die Schöpfungen der Eltern sind, sondern gottgeschaffen, wie diese selbst. Es *muss* der Geist nicht mit einer Schuld beladen in die menschliche Form eintreten. Schuldloser Geist steht über den Gesetzen eurer Erde und kann euer Kleid annehmen, um eine Liebesmission zu erfüllen. Doch ist die menschliche Form und die Materie überhaupt in jeder Form nur eine Folge des Geistfalles und muss, weil Folge eigener Schuld, von dem gefallenen Geist getragen und überwunden werden.

Die Schuld des Geistes, die ihn zur Verbindung mit der groben Materie ganz materieller Welten zwingt, entsteht nicht durch einen einmaligen Geistfall. Unzählige Male ist der Geist gefallen, bis er eine so niedere Stufe erreicht hat. Präexistenzen sind an sich schon eine Folge von Geistfall.

Verlässt der rein geschaffene, noch unentwickelte Geist den ihm vorgezeichneten Weg geistiger Entwicklung nicht, welches Verlassen des Weges mit einem Fall gleichbedeutend ist, so kann man nicht von Präexistenzen dieses Geistes reden. Die gottähnliche Einfachheit und Einheit seiner Wesenheit geht ihm nie verloren. Es gibt keine Wellenbewegung, keine Widersprüche für ihn. Sein Fortschritt ist nicht ein Kampf, sondern eine von geistigen Gesetzen geleitete Entwicklung. Eure Präexistenzen sind also nicht Ursachen der Schuld, die euer jetziges Erdenleben formt, sondern die Folge eures Verlassens gottbestimmter Wege, die euch eine rein geistige Entwicklung ermöglicht hätten.

Den Akt der Taufe habe ich euch schon erläutert. Es gibt keine Vergebung der Schuld in der Art, wie alle christlichen Konfessionen sie lehren. Gott schuf reine Geister und eine Gesetzeswelt zu deren Führung. Freier Wille und noch nicht erreichte Vollkommenheit ermöglichte ihren Fall; der Fall bedingte Leiden. Da verwandelte Gott, in seiner Gnade und Barmherzigkeit für die ganze gefallene Geisterwelt, diese Leiden zur Möglichkeit und Ursache ihrer Umkehr. Dies war die Folge der Vergebung Gottes, die jedem gefallenen Geist galt, dass er die todbringenden Folgen ungesetzlicher Handlung der Geister zu neuer Lebensfähigkeit umwandelte.

Die Gesetze der Sühne, des Emporringens der Geister aus Nacht zum Licht, durch *eigenes* Wollen und *eigene* Kraft, führen nun den gefallenen Geist in die Lichtkreise ewiger Gesetze zurück, denen er wiederum entwächst, indem er den Lichtkreis verstandener Gottesliebe erreicht. Hilfsmittel in Menge sind dem sich emporringenden Geist gegeben, und zwar in voller Gerechtigkeit; denn nur der Wille und die ausdauernde Kraft des Geistes verbinden ihn mit diesen Hilfsmitteln. Ein Hilfsmittel für eine etwaige Geisterschar auf dem Sandkorn Erde ist die Taufe. Das Wasser versinnbildlicht die reinigende Flut der Gesetze Gottes, wie sie zum Emporführen der gefallenen Geisterwelt geschaffen wurden. Doch wie es des Geistes Erkennen und Anschmiegen an diese Gesetze bedarf, damit sie ihre segensvolle Wirkung ganz an ihm ausüben können, so bedarf es für den Menschen einer *Betätigung* des Christus-Glaubens, in den er durch den Akt der Taufe eingetreten ist. Wer den Geist Christi nicht hat, der ist nicht sein, obwohl das Wasser der Taufe über seine Kinderstirn geflossen ist.

Natürlich bedurfte Christus nicht des Aktes der Taufe. Indem er sich ihm aber unterzog, gab er diesem Akt die Weihe, und seine Nachfolger setzten diese Handlung fort. Welten auf der Entwicklungsstufe eurer Erde brauchen gewisse äußere Zeichen für alles Geistige, das ihnen gegeben ist. Doch lernt, das Äußere, Sichtbare von dem unsichtbaren Kern zu trennen, und werdet oder bleibt euch stets bewusst, dass die Erde zu den niedersten Welten gehört und nichts, was ihr gegeben wurde, vollkommen sein kann.

Das Abendmahl

Frage:

*Wir bitten dich, uns kundzugeben, welche Bedeutung dem Abend-
mahl zukommt?*

Antwort:

Die Menschen haben ihre Erde als eine isolierte Schöpfung betrachtet. In der Kindheit der Menschheit wähnte diese, die Sonne drehe
sich um ihre Welt, und nun, da sie, die anderen Gesetze erkennend,
die einfache Wahrheit der entgegengesetzten Annahme fand, glaubt
sie doch immer noch, dass ihre hoch wichtige Welt ganz besondere
Lichtstrahlen der Gottesgnade auf sich herabgelenkt habe, indem
Gott selbst, der Urgeist, zu ihrer Erlösung und Heimführung das
Menschenkleid und den Menschentod auf sich nehmen musste.

Ich möchte keinem Menschen eine Überzeugung nehmen, die ihm
den Frieden relativer Wahrheit gibt, denn die Grenzen der Wahrheit erweitern sich von selbst durch den geistigen Fortschritt eines
Wesens; aber befragt, vermag ich nur die Wahrheit nach dem Lichtkreis meiner Erkenntnis zu geben. Ich kann zur Schonung einzelner
Menschen auch nicht schweigen, da ich die Mission übernommen
habe, den Anfang zu machen, eure Begriffe über die Isolierung oder
Sonderstellung eurer Erde zu klären.

Eure Erde ist ein Staubatom mit Geistleben, von verhältnismäßig
geringem Wert, wie es unzählige Millionen solcher Weltkörper im
Weltenall gibt, und konnte als solche unmöglich erkoren werden,
der Träger des ewig unteilbaren Gottes zu sein. So wie gewordene
Vollkommenheit sich niemals mit ewiger Vollkommenheit vermischen kann, so wenig, das heißt nach demselben ewigen Gesetz,
kann Gott sich auf einer grobmateriellen Welt inkarnieren. Es ist
dies eine gesetzliche Unmöglichkeit. Der Urgeist kann sich nicht in

Materie kleiden; eher lassen sich Feuerflammen in Strohgewänder kleiden. Die Gesetze, durch welche Stroh vom Feuer verzehrt und aufgelöst wird, sind nur endliche Gesetze und können daher von höheren Kräften aufgehoben werden; doch das Gesetz der unteilbaren Einheit Gottes ist ein ewiges. Es gibt daher keine Welterlösung durch die göttliche Inkarnation nach dem Begriff der heutigen christlichen Kirche. Christus selbst lehrte dies nie, und die Bewegung der Arianer in der Kindheit des Christentums war eine von reinen Geistern hervorgerufene, die das Christentum im Geist Christi ausbauen wollten.

In eurem Glauben liegt ein Widerspruch, den ihr wohl selbst mit der Zeit als einen solchen erkennen würdet: Ihr glaubt, dass die Vereinigung mit Gott, das Untergehen in ihm, selbst dem vollkommen gewordenen Geist nie möglich sein wird, und habt damit ein ewiges Gesetz ahnend erkannt. Doch glaubt ihr an die Möglichkeit der Vereinigung mit Gott für einen menschlichen Geist im Zustand der Ekstase. Die gesetzlich mögliche Verbindung mit Gott kann nur aus der erreichten Vollkommenheit des Geistes hervorgehen. Deshalb sagte Christus: »Keiner kommt zum Vater denn durch mich.« Die Bedingung, in den Lichtkreis ewiger Vollkommenheit einzutreten, ist gewordene Vollkommenheit.

Der Zustand der Ekstase ändert nichts an der Wesensstufe des Menschengeistes. Folglich kann dieser Zustand denselben nur in jene geistige Sphäre erheben, welche die seines lautersten Strebens ist. Die Grenzen dieser Sphären sind etwas dehnbar. Wie der Mensch durch fortgesetztes Trainieren seiner Körperkräfte die Grenzen des einer Menschenkraft Möglichen erweitert, so kann der Geist im Menschen durch fortgesetztes Streben in der Kraft der Selbstlosigkeit, der Reinheit und der Nächstenliebe die Grenzen seiner geistigen Erhebung erweitern – doch sich mit Gott verbinden, kann er nie. Es wäre auch die Verbindung mit einer geistigen Potenz, die zu hoch ist, als dass sie sich mit ihm vereinigen könnte. Er wäre zwecklos, und Zweckloses ist in Gottes Gesetzesführung ausgeschlossen. Versucht daher nicht, den Himmel zu erstürmen, liebe Menschen, ihr seid keine Giganten. Die geistige Nahrung, die euch geboten wird, muss mit euch ähnlicher Substanz vermischt werden, nur so könnt ihr sie verdauen.

Christus war ein reingebliebener Erstlingsgeist, deren es eine Heerschar gibt, welcher die Leitung und Heimführung gefallener Brüder übertragen ist. Gottes Gesetze enthalten die Erlösung, und eines dieser Gesetze ist die Solidarität der Geister. Im Guten liegt erlösende Kraft, im Vollkommenen die Vollkommenheit der Kraft. In diesem ewigen Gesetz liegt die Bürgschaft, dass die ganze Schöpfung ihr Ziel erreicht, welches die Verbindung gewordener Vollkommenheit mit absoluter Vollkommenheit ist.

Die Solidarität der Geister bedingt das, was ihr mit dem Wort »Opfer« bezeichnet – ein Wort, welches so viele irrtümliche Begriffe enthält. Es gibt Menschen, die alles, was sie für den Nächsten tun, mit dem Heiligenschein des Opfers verklären möchten. Es sind dies unwahre, unlautere Naturen, die sich noch nicht durch die Kraft der Selbstlosigkeit klare Begriffe errungen haben. Alle Geistwesen sind Teile des Ganzen nach dem Gesetz der Solidarität. Es erwirbt sich kein Wesen Verdienste, wenn es in Entsagung dem Nächsten dient, sondern es wird nur die Folgen gesetzlicher Tat an sich und in sich empfinden.

Gott ist Urgeist, Urliebe und Urweisheit. Dies schließt jede Möglichkeit aus, dass er ein Opfer von Qual, Blut und Dornenkrone von einem seiner treuen Söhne verlangen könnte. Diese Auffassung des Christentums hat die weitere Verirrung der Geißelung und der Selbstzerfleischung späterer Christen möglich gemacht.

Die in verschiedenen Irrlehren befangene Erde bedurfte zu ihrem geistigen Fortschritt einer reinen Lehre. Die tiefe Stufe dieser Erde machte es gesetzlich unmöglich, dass diese Lehre durch geistige Offenbarung gegeben wurde. Die Macht, die der unvollkommene Geist stets, wenn auch nur in geringem Grad, der Materie einräumt, erforderte, dass ein vollkommener Geist diese Lehrmission übernahm. Die Liebe, die in einem solchen Geist so stark ist, dass sie alles freudig trägt, ließ Christus, als Folge seines Herabsteigens in eure Tiefen, Hohn und Verachtung, Kreuz und Dornenkrone annehmen. Er lehrte euch, dass Gott ein Geist und die eine große Liebe und somit die Liebe der Gesetze Erfüllung sei. »Brandopfer und Opfer wolltest du nicht, da sagte ich: Ich komme, deinen Willen zu erfüllen. Ich bin *zufrieden*, deinen Willen zu erfüllen – dein Gesetz ist in meinem Herzen.« Seine Tat war die Erfüllung des erkannten Gotteswillens; in der Kraft vollkommener Liebe entsagte er seiner Seligkeit, die er beim »Vater« hatte, um der Menschheit zu lehren, was Liebe ist und *was sie von euch fordert.*

Als Verbindung, als Kommunion mit der höchsten geistigen Potenz, deren Verständnis euch gesetzlich möglich ist, setzte er das Abendmahl ein. Es sollte euch sein Versprechen dokumentieren: »Ich bin bei euch immerdar.« Es sollte das Medium sein, durch welches geistige Kräfte auf euren Geist übertragen werden. Es ist Beweis und Bürge der Solidarität der Geister. Es ist der höchste geistige Akt, dessen ihr fähig seid. Doch ist es eine geistige Erhebung und Verbindung mit dem Christus-Geist, die ihr anstrebt und erreicht, und nicht ein Opfer, das ihr darbringt. Das Opfer wurde dargebracht für alle, als Folge der Erkenntnis des Gesetzes der Solidarität durch einen vollkommenen Geist aus seiner Liebe.

Die Reifestufen der Erkenntnis und der Liebe eines Geistes bestimmen den Wert des Opfers, das dieser zu bringen vermag. Nicht ihr bringt ein Opfer, indem ihr das Abendmahl darreicht oder empfangt, sondern ein Gedenken eurer soll es sein an das wertvollste Opfer, welches je eurer Erde und ihrem geistigen Fortschritt gebracht wurde. Eure Sehnsucht, den Geist Christi auf euch herabzuziehen, euer Wille, dem Gott zu dienen, den Christus euch in seiner Wesenheit von Geist und Liebe offenbarte, diese von euch ausgehenden Kräfte sind es, die es möglich machen, dass der Geist Christi sich mit eurem Geist verbindet, ähnlich wie die dargereichten äußeren Zeichen von Brot und Wein sich mit eurem Körper verbinden. Nicht der Wert oder Unwert des Priesters verleiht diesen äußeren Zeichen die Kraft, dass der Geist Christi tatsächlich in diesem Augenblick auf euch ruhte, sondern allein die Kraft eures Strebens, Wollens und Sehnens, die euch mögliche Form der Vergeistigung. Deshalb ist auch die Wirkung dieses geistigen Aktes so verschieden an verschiedenen Menschen; denn nicht in der äußeren Gestalt von Brot und Wein liegt die erhebende vergeistigende Kraft, sondern in eurem eigenen geistigen Aufschwung. Ich sage: In eurem *geistigen* Aufschwung liegt die Möglichkeit der Aufnahme höchster geistiger Kräfte – nicht in eurem verschiedenartigen Glauben, ob nun der sich euch nahende Geist Gott, das heißt absolute Vollkommenheit oder gewordene Vollkommenheit sei. Auch nicht in der Meinungsverschiedenheit, ob die dargereichten äußeren Zeichen durch wunderbare Wandlung wirklich Fleisch und Blut geworden sind oder ob sie ihren Wert nur dadurch erhalten, dass sie, sich gleichbleibend in der Substanz, nur die Träger und Leiter eines geistigen Stromes für euch werden. Nicht in eurem Glauben liegt der geistige Akt, sondern in eurem Sein und Wesen, in der Wahrhaftigkeit eures geistigen Strebens.

Der Menschenglaube ist eine schwankende Angelegenheit. Wahrer geistiger Fortschritt allein erweitert den Erkenntniskreis des Geistes, und dieser bestimmt die Art des Glaubens. Ein hochstehender Geist wird daher nie auf eine Glaubensfrage den Schwerpunkt seiner Lehre legen, sondern einzig darauf, dass die Menschheit »gut« werde, so wie Christus dieses Wort verstand. In jeder Einzelheit eures Lebens strebt höchste Güte an, und was der Begriff höchster Güte von euch verlangt, das gebt und glaubt nie, es sei zu viel gegeben. Nützt euer Leben aus in jedem Augenblick in reiner Selbstlosigkeit und in freudiger Nächstenliebe. Seid ihr Christen, so empfangt das Abendmahl öfter zu eurer Hilfe, denn dazu wurde es euch gegeben. Seid ihr keine Christen, so strebt dennoch höchste Güte an, und der Geist Christi wird sich mit euch verbinden, obgleich ihr nie an einem christlichen Altar gekniet habt. Lernt alle, ihr Christen und Nichtchristen, in der Kraft der Selbstlosigkeit auf eine Zeit zu warten, wo die Vergeistigung der Materie auf eurer Erde so weit fortgeschritten sein wird, dass sie eine neue Erkenntnis-Epoche möglich macht.

V.
Die spirituelle Bewegung

Zweck und Ziel derselben

Frage:

Welche Zwecke und Ziele hat die spirituelle Bewegung?
Geistige Bewegungen treten in der Geschichte der Menschheit zyklisch, und zwar stets in Zeiten sittlichen und ethischen Verfalls auf. So ist Christus mit seiner Lehre erschienen, als die Sadduzäer und Pharisäer die Richtung ihrer Zeit beherrschten.
Dem heute überwiegenden Materialismus gegenüber ist vor vierzig Jahren der Spiritualismus wieder aufgetaucht, welcher die Menschheit auf Grundlage der von menschlichen Zusätzen und Schlacken gereinigten Lehre Christi zur Vergeistigung führen soll.
Bist du mit dieser Auffassung einverstanden?

Antwort:

Es besteht in allen Dingen eine Wechselwirkung. Was lebt, was also schon das höhere Leben erreicht, die Schwelle des Geistlebens überschritten hat, wirkt in gegenseitigem Ausgleich, zu gegenseitiger Hilfe. So auch die entkörperte auf die verkörperte Geisterwelt oder Menschheit. Das Gesetz der Solidarität der Geister ist ein ewiges und das Entstehen grober Materie hat es, als solches, nicht aufheben können, sondern hat nur einer neuen Kette von Bedingungen bedurft, diesem Gesetz neue Erscheinungsformen zu geben. Eine solche Erscheinungsform des geistigen Gesetzes ist der Spiritualismus. Vergängliche Materie – ein Etwas, was höheres Leben noch nicht erreicht hat – kann sich unmöglich diesem als unüberwindliche Schranke entgegenstellen. Wie zwei Flammen, in der Wurzel getrennt, zu einer emporschlagen, so sind die entkörperte und die verkörperte Geisterwelt. Die Einheit ihrer Wesenheit und ihres Ziels überbrückt die zeitweilige Trennung, und einem ewigen Gesetz zufolge schlagen sie zu einer Flamme zusammen.

Die spirituelle Bewegung ist demnach Folge eines geistigen Gesetzes und wirkt (in der Wechselwirkung wahren Lebens) zur Veredelung sowohl der entkörperten als auch der verkörperten Geisterwelt. Letztere wird damit auf die Unhaltbarkeit des traurigen, den Fortschritt hemmenden Materialismus hingewiesen und erhält durch die Lehre höherer Geister eine Erläuterung und Erweiterung der Lehre Christi, wie sie die fortgeschrittene Entwicklung dieser Welt ermöglicht. Aber auch die Geisterwelt, indem sie diese Aufgabe erfüllt, schreitet auf gesetzlichen Bahnen ihrer Vollendung entgegen, an Erkenntnis und Wirkungskraft zunehmend und so immer fähiger werdend, der fortschreitenden Menschheit eine höhere Lehre zu geben.

Der Kontakt
zwischen Geistern und Menschen

Frage:

Es ist für den Geist ein schweres Opfer, ins Leben des materiell eingehüllten Geistes zurückzukehren, erneut in das durch den Tod Überwundene, in die Fesseln von Zeit und Raum einzutauchen. Viele tun es aus Liebe und selbstlos. Viele, um auf diesem Weg, durch die ihnen verlorengegangenen, vom Medium zur Verfügung gestellten Kräfte auf Erden Versäumtes nachzuholen, Gutes zu wirken, an der eigenen Vervollkommnung zu arbeiten und dabei die Menschen, die sie lieben, mit sich emporzuziehen. Viele, weil sie auf so niederer Stufe stehen, dass sie bei edleren Menschen Besserung ihres Zustands suchen. Viele endlich im Drang zur Erde und weil die Lust am Bösen in ihnen nicht erstorben ist, sie ohne dieselbe aber nicht existieren wollen.

Dem höheren Grad von Willenskraft, welcher den Geistern eigen ist, entspringt ihre Fähigkeit, mit den Menschen in einen für diese bewussten Kontakt zu treten und sie – sei es im guten oder im schlechten Sinne – mit sich zu ziehen. Ist die geistige Individualität des Menschen im guten Sinne entwickelt, bietet sie die Voraussetzung, dass höhere Geister auf sie trotz der sie umhüllenden Leiblichkeit einwirken können. Beherrscht aber die geistige Individualität des Menschen die Materie nicht, in die sie eingebettet ist, so wird ihr die Leiblichkeit keinerlei Schutz gegen das Eindringen schlechter Geister gewähren. Sind diese Anschauungen richtig?

Antwort:

Die Anschauungen, die du in der Frage darlegst, sind richtig, und ich brauche nur auf Einzelnes darin zurückzukommen.

Du sagst: »Es ist für den Geist ein schweres Opfer, ins Leben des materiell eingehüllten Geistes zurückzukehren.« Dies ist aber nicht immer der Fall. Ein wirklich hoch entwickelter Geist bringt jeder Aufgabe, die ihm nach dem Gesetz der Solidarität der Geister auferlegt wird, wahre Liebe entgegen. Ein Opfer nach euren Begriffen ist auch eine schwere Aufgabe für ihn nicht, weil seine Liebe und Erkenntnis schon stark geworden sind. Ich sagte: »Jeder Aufgabe, die ihm auferlegt wird.« – Wer oder was legt dem Geist eine Aufgabe auf?

Bei fortgeschrittenen Geistern, die den zwingenden Gesetzen der Materie (und diesen ist kein enger Kreis gezogen) entwachsen sind, ist es einzig seine eigene Erkenntnis. Er erkennt, als Folge einer gewissen Reife, die Hilfsbedürftigkeit einer kleinen Gruppe Brudergeister sowie die Möglichkeit, dass er diesem Bedürfnis entsprechen kann. Diese Erkenntnis erfüllt ihn nicht mit Wehmut darüber, dass er einem Teil seiner Geistfreude und -freiheit entsagen muss, um der erkannten Aufgabe gerecht zu werden, sondern einzig mit jubelnder Dankbarkeit, dass er sein Bestes geben darf, um das Beste zu erringen – dem geistigen Fortschritt seiner Brüder Hilfe zu bringen. Dadurch ist ein Opfer in eurem Sinne ausgeschlossen.

Die Erkenntnis und die Liebe in ihrer Vollendung bilden die höchste Seligkeit vollkommener Geister, wie sie auch deren vollkommene Freiheit bewirken. Mit ihnen entwickelt sich auch die Freiheit. Solche Geister schreiten von Kraft zu Kraft, endliche Gesetze als Überwundenes abstreifend, in ewigen Gesetzen als in Erkanntem lebend. Ihnen ist das Gefühl von Schmerz und Leid unmöglich. In der Offenbarung des Johannes wird euch von den seligen Geistern gesagt, dass Gott die Tränen in ihren Augen trockne und Schmerz und Seufzer entfliehen werden.

Dir, mein Schützling, kam dies nur wie eine negative Freude vor. Keinen Schmerz zu erleiden, meintest du, sei noch nicht Seligkeit. Du hattest aber das Gesetzliche dieses Ausspruchs nicht verstanden. Eine bestimmte errungene geistige Stufe von Liebe und Erkenntnis macht Schmerz und Leid für den Geist unmöglich. Sie entfliehen in das Reich, in das sie gehören. Er kann ihnen aber mit seiner geistigen Hilfe in ihr Reich nachgehen, ohne sie zu empfinden. Freilich muss er diese bestimmte Stufe schon erreicht haben, sonst wird er das Niederlegen seiner geistigen Freiheit noch als Opfer empfinden. Ein solches Empfinden trübt aber seine Aufgabe, wie ein leichter Hauch den reinen Kristall zu trüben vermag.

Nun verkehren aber auch viele Geister mit euch, euch teils bewusst, teils unbewusst, die das Opfer noch vollkommen als solches empfinden. Darunter allerdings viele, die einen einzelnen Menschen so lieben, dass sie das, was sie für ihn tun, nicht als Opfer empfinden. Dazu viele, die bei den Menschen Besserung suchen und viele, weil die Lust am Bösen in ihnen nicht erstorben ist.

Im Fortschritt einer geistigen Individualität (einerlei ob innerhalb oder außerhalb des Menschenkleides) liegt auch ein Fortschreiten seiner Freiheit nach jeder Richtung hin. Der gut entwickelte Geist im Menschenkleid ermöglicht den Verkehr mit höheren Geistern und schließt, seiner schon errungenen Freiheit zufolge, auch den Verkehr mit niederen Geistern nicht aus – während ein Mensch, der selbst noch ein unentwickelter Geist ist, mit hohen Geistern nicht verkehren kann. Ein solcher Mensch tut gut, seine Mediumschaft möglichst unentwickelt zu lassen, denn er kann die Welt, die sich an ihn herandrängt, nicht beherrschen. Der gut entwickelte Mensch aber darf sich der Pflicht der Nächstenliebe diesen armen Geistern gegenüber nicht entziehen. Er vermag es, schadlos durch ihre Welt zu schreiten, wenn er mit der ganzen Kraft der Selbstlosigkeit, Liebe und klarer Erkenntnis übernommene Pflichten erfüllt. Er fühlt sich als Teil des Ganzen und hat damit ein ewiges Gesetz erkannt und empfunden.

Die Menschheit: Bindeglied zwischen hohen und niederen Geistern

Frage:

Du sprichst am Schluss deiner vorstehenden Kundgebung von der Pflicht der Nächstenliebe, welcher sich der entwickelte Mensch armen Geistern gegenüber nicht entziehen darf. Wie vermag er dieser Pflicht im Dienst der Geisterwelt gerecht zu werden?

Antwort:

Der Zweck der Menschheit ist es, Bindeglied zu sein zwischen Hohem und Niederem in der Geisterwelt; das Gute, Wahre vom Hohen nehmend und es dem Niederen weitergebend. Hoch und nieder ist in der Geisterwelt gesetzlich getrennt; es muss sich aber berühren, um zum Ausgleich zu kommen. Die Materie ist die Folge des Sündenfalles. Die Gnade Gottes erweiterte aber auch diese Folge, und nun liegt in der Materie die Verbindungsmöglichkeit zwischen hoch und nieder. Sie ist zur gottgegebenen Sprache geworden, die das Verständnis zwischen jenen ermöglichen soll, die ihre eigenen verschiedenen Sprachen nicht verstehen könnten. Das Menschenkleid verbindet Geisterstufen, die in ihrer Heimat getrennt sind. Die Spiritualisten sollen nun diese Aufgabe der Menschheit erkennen und in der Kraft der Erkenntnis zu erfüllen suchen. Heute sind es noch Vorposten, der Armee vorausgesandt. Ihr sollt erkennen, dass *eine* Aufgabe die ganze Schöpfung verbindet, wie nur *ein* Ziel der ganzen Schöpfung gegeben und von jedem Lebensatom erreicht werden wird. Die Aufgabe ist die Erlösung und Befreiung, das Herausführen der Verirrten auf gesetzliche Wege.

Wenn die Einheit des Zieles und des Weges euch verbindet, wird auch die Einheit der gegebenen Lehre daraus als Folge erwachsen; denn ihr werdet einen mächtigen Strom von Geisthilfe auf euch herablenken. Die Einheit des Strebens, die Einheit der selbstlosen Sehnsucht nach Hilfeleistung wird den erkenntnisreifen Geist auf euch herabziehen, und in dem geistigen Fortschritt wird die Verschiedenheit der Lehre, die heute noch so störend wirkt, untergehen. Doch solltet ihr nicht zur Zeit des Keimens schon Blüten und Früchte sehen wollen.

Die Tragweite der spirituellen Bewegung ist eine so große, dass ihr kleinen Menschen sie auch nicht annähernd überblicken könnt. Auf eurer Erde ist ja erst der Anfang gemacht. Menschen bevölkern sie wohl; aber fast ausschließlich solche, die noch zweck- und zielunbewusst sind. Die Erkenntnisschwäche der Menschen zieht auch eine erkenntnisschwache Geisterschar auf sie herab; denn das Gesetz bleibt bestehen, dass Gleiches sich mit Gleichem verbindet. Einzelne Lehrgeister sind euch gesandt, und einzelne Menschen sind Stimmen dieser Geister; doch nur einzelne Flammen erleuchten eure Erde, während sie einmal lichtüberflutet werden muss.

Der eine sieht die Flamme in gelblichem, der andere in bläulichem Licht brennen, und sie betrüben sich über den Unterschied der Farbe, statt zu erkennen, dass alle Farbe nur Folge der Lichtbrechung ist und alles gebrochene Licht, in der einstmals errungenen Vollkommenheit wieder vereint, farblos erstrahlen wird. So lasst gleiches Streben und möglichst reine Erkenntnis euch verbinden. Selbstlosigkeit und Sehnsucht nach Hilfeleistung sei euer Streben, die Gleichheit der Lehre wird als Folge daraus erwachsen. Die Hilfeleistung ist verschieden. Mediale Hilfe, dem tiefstehenden Geist gegeben, ist nur eine Form derselben. Behaltet stets die Einheit, das Große, im Auge und lasst euch nicht bewegen, weil ihr ein Glied der großen Kette erkannt habt, diesem Glied mehr Wichtigkeit beizulegen als den nächsten Gliedern.

Der Zweck der Geisterkundgebungen

Euer Interesse für wertlose Dinge zieht minderwertige Geister an; diese unterhalten sich, um euch wunderbare Dinge zu erzählen, reizen eure zwecklose Neugierde und verlieren dadurch die Zeit, die sie auf ihren eigenen Fortschritt verwenden könnten. Den Menschen die höchste Wahrheit, die sie aufzunehmen imstande sind, so darzustellen, dass sie die Sehnsucht erfasst, dieser Wahrheit gemäß zu *leben*, das ist der Zweck der Geisterkundgebungen. Sanfte Winde müssen sie sein, die die schlaffen Segel füllen und das Schiff dem Hafen näherbringen. Ihr Kapitäne habt zu prüfen und zu verstehen, von welcher Richtung der Wind kommt und in welcher Richtung euer Ziel liegt. Das Leben – in der wahren Bedeutung des Wortes – ist, wie alle Ausflüsse oder Schöpfungen Gottes, klar, einfach und widerspruchslos in seiner Entwicklung und Vollendung. Klarheit ist Bedingung der Größe, und diese zu verstehen, uns zu eigen zu machen, ist unser Zweck und Ziel. Streift daher Nebensächliches ab, liebe Menschen, lernt, die Hauptsache zu erfassen und mit ganzer Kraft zu meistern. Die Klarheit eurer Erkenntnis verbindet euch dann mit höherentwickeltem Leben – jubelnd, Gott preisend, erhebt sich dieses mit euch in höhere Sphären. Seid euch in jedem Augenblick eures Lebens klar, dass ihr aufwärtsstrebender Geist seid und schon jetzt, im Menschenkleid, eure Erkenntnis euch befriedigen und beglücken kann. Geistbrüder sind wir alle; Vergängliches kann keine wahre Schranke gegen Ewiges bilden.

Wissenschaft und Religion

Frage:

Wird die sogenannte exakte Wissenschaft auf dem Weg des Experiments imstande sein, die spirituellen Phänomene zu erklären, die in ihnen wirkenden Kräfte zu erforschen?

Antwort:

Alles Leben ist aus einer Einheit hervorgegangen und strebt folglich in seiner Vervollkommnung dieser Einheit zu. Unter Einheit müsst ihr nicht Gleichförmigkeit verstehen, sondern Harmonie, Ausgleich und Zusammenarbeit der verschiedenen Kräfte und Eigenschaften eines Lebewesens. Es ist schwer, in eurer armen Sprache euch den Begriff der Einheit, wie er in der Gottheit seine Vollendung findet und wie er bewusst oder unbewusst von allem relativen Leben angestrebt wird, klarzumachen. Nicht nur der einzelne Geist, auch der allgemeine Lebensstrom, der sich über eine Welt ergießt – oder besser gesagt, eine Welt durchflutet als Äußerung einer gewissen Entwicklungsstufe, welche die diese Welt belebende Geistgruppe erreicht hat –, auch dieses allgemeine Leben, welches in den Gesetzeswirkungen, den Religionen und Wissenschaften einer Welt zum Ausdruck kommt, strebt einer Einheit zu. Auf grobmateriellen Welten, wie der euren, ist die Wirkung endlicher Gesetze die vorherrschende, eurer Entwicklungsstufe gemäß von euch rascher anerkannt als die Wirkung ewiger Gesetze, die in der Materie sich euch selten offenbaren. Wenn sie sich euch offenbaren, so fehlt euch das Verständnis, und entweder leugnet ihr, was euer Auge nicht gesehen hat, oder ihr sprecht von Wundern, wenn es sich um die Taten Christi handelt, die sich durch euch bekannte Gesetze nicht erklären lassen. Doch waren die Taten Christi nichts anderes als Wirkung der durch die

Vollendung seiner Wesenheit beherrschten ewigen Gesetze, die ihn zum unbedingten Herrscher endlicher Gesetze machten. In dem Maß des allgemeinen Fortschritts, der allgemeinen Entwicklung eurer Welt werden diese ewigen Gesetze von euch entdeckt und bewiesen werden. Ihr werdet Wirkungen entdecken, die bekannte endliche Gesetze aufheben, und diese Wirkungen werden euch mit der Zeit auf deren Ursachen führen. Die sogenannte exakte Wissenschaft wird immer mehr Dinge finden, die sich in den Rahmen der von ihr anerkannten Gesetze nicht einzwängen lassen. Glied für Glied wird sich fügen in der Kette ihrer Beweisführung.

Ihr steht schon jetzt an der Grenze, wo ewige und endliche Gesetze ineinandergreifen und ähnliche Wirkungen verursachen – ist es da verwunderlich, wenn eure exakte Wissenschaft heute noch all diese ähnlichen Wirkungen von einer Quelle abzuleiten bemüht ist? Bedenkt doch, wie sie vor wenigen Jahren sogar diese *Wirkungen* zu leugnen sich bemühte. Nun hat sie diese anerkannt und sucht die Ursachen zu ergründen. Lasst nur noch einige Jahrzehnte vergehen und sie wird weitere Wirkungen entdecken, die wieder den eben geschlossenen Rahmen anerkannter Gesetze sprengen und erneutes Suchen nach dem zugrunde liegenden Gesetz zur Folge haben müssen.

Du fragst, ob die den spirituellen Phänomene zugrunde liegenden Kräfte jemals von der Wissenschaft erforscht werden können und glaubst, diese Frage verneinen zu müssen. Was aber der Entwicklungsstufe einer Welt zufolge heute seine Verbindung und Ergänzung nicht finden kann, wird eben, dieser fortschreitenden Entwicklung zufolge, in kommenden Zeiten die Verbindung finden *müssen*; denn die Wissenschaft einer Welt ist nichts anderes als der Ausdruck des Intellektes im Geistesleben der Welt, und daher sind die Grenzen, die den Forschungen der Wissenschaft gesteckt sind, von der Entwicklung dieses Intellektes gezogen. Der allgemeine Fortschritt des Geistes bedingt aber seine Erkenntnis ewiger Gesetze, und in seinem Menschenleben wird sein Intellekt diese Erkenntnis zum Ausdruck bringen. Ihr müsst nicht außer Acht lassen, dass die Vergeistigung der Materie ein Gesetz ist. Die Materie des Gehirns, durch welche der Geist Anerkanntes und Erkanntes dem Wesen ›Mensch‹ zum Bewusstsein bringen muss, kann dem vorangeschrittenen Geist nicht zum Hindernis werden; ist sie doch nichts anderes als das Instrument der Materialisierung einer erkannten Wahrheit zur Sprache dieser Welt. Unter Sprache verstehe ich hier nicht nur das Wort, sondern die klaren, sich ergänzenden Begriffe, die, in Worte gefasst, eine vom Geist geschaute Wahrheit dem Brudergeist darstellen wollen.

Das, was eure Religionen und eure Wissenschaft heute noch trennt, sind die Unzulänglichkeiten und Unvollkommenheiten, welche ihnen beiden anhaften. Die Geistgruppe, die eure Welt belebt, hat, als Gesamtsumme genommen, die Erkenntnis einer ewigen Lebensquelle, aus der jede Lebensform entstanden ist, sowie die Erkenntnis einer Moral, die den Begriffen *gut* und *schlecht* zugrunde liegt. Die Äußerungen dieser Erkenntnisse sind die Religionen eurer Welt. Die Äußerung der Vernunft und der Denkkraft dieser Geistgruppe ist eure Wissenschaft. Es stehen sich also Religionen und Wissenschaft nicht nur nicht diametral entgegen, sondern sie sind nur die Äußerungen verschiedener Eigenschaften – die auf verschiedenen Feldern reifende Erkenntnis einer Geistgruppe. Indem sich Erkenntnis an Erkenntnis reiht, lernt der Geist mit der Zeit die Felder alle zu beherrschen und findet die Verbindung von Gesetz mit Gesetz, die Harmonie, die jede Dissonanz unmöglich macht, die Einheit, die in der Vollendung liegt. Lange bevor diese vollendete Einheit erreicht ist, werden aber die Äußerungen jener Geist-Eigenschaften, welche Religion und Wissenschaft auf eurer Welt verursachen, ihre Verbindung gefunden haben und mit der Kraft zunehmender Gesetzeserkenntnis die Vergeistigung der Materie anstreben. Die spirituellen Phänomene sind bestimmt, das Glied zu bilden, welches Wissenschaft und Religion verbindet.

Hypnose, Suggestion und Telepathie

Frage:

*Lassen sich die psychischen Kräfte eines Mediums auf dem Wege
der Hypnose und Suggestion oder der Autosuggestion so wecken
und auslösen, dass sie allein und ohne Mitwirkung von Geistern die
physikalischen und spirituellen Erscheinungen hervorbringen, wie
Thomas Jay Hudson in seinem Werk »The Law of Psychic Phaeno-
mena« zu beweisen versucht?*

*Können Phänomene eines übersinnlichen Verkehrs, in welchen
sich eine Intelligenz manifestiert, auch der außergewöhnlichen, bewussten oder unbewussten Willenskraft lebender Menschen, die sich
außerhalb des spirituellen Zirkels befinden, mittels Telepathie, ohne
Intervention von Geistern, entstammen?*

Antwort:

Die Theorien Hudsons sind zum großen Teil schon durch Aksakow[*]
widerlegt, und es bedarf nur eines Studiums beider Bücher, um zu
sehen, wie weit diese Theorien stichhaltig, wie weit sie hinfällig
sind. Es geht Hudson wie so manchem Menschen. Er steht vor einem
Gebiet, das ihm fremd ist, und findet, indem er es mit Interesse zu
durchforschen sucht, Theorien, durch welche sich einige Erscheinungen auf denselben erklären lassen. Statt damit zufrieden zu sein,
müht er sich ab, alle Erscheinungen durch das gleiche Gesetz erklären zu wollen, und das Argument, welches innerhalb einer gewissen
Grenze gut gewesen wäre, wird nun schwach. Die Menschen, die
solche Werke lesen, zerfallen dann, je nach ihrer Entwicklungsstufe,

---

[*]   A. N. Aksakow, Animismus und Spiritismus. Versuch einer kritischen Prüfung der mediumistischen Phänomene, Leipzig 1894.

in drei Gruppen: Solche, die alles akzeptieren, weil ein Teil gut ist; solche, die alles verwerfen, weil ein Teil schwach ist; und solche, die das Gute und das Unzulängliche zu trennen wissen. Dies gilt auch von jeder Religion, die auf Erden Anhänger gefunden hat. Die ersten zwei Gruppen, zu denen die Mehrzahl der Menschen gehört, sind es, die den allgemeinen Fortschritt so erschweren und verlangsamen. Die Grenzen physischer, psychischer und rein geistiger Kräfte und die Wirkungen dieser Kräfte sind schwer durch bestimmte Striche zu ziehen; ein Gesetz ist mit dem anderen verbunden, es ergänzend und erweiternd, die Bedürfnisse geistiger und atmosphärischer Art einer fortschreitenden Geisterwelt befriedigend.

Ein Hauptirrtum Hudsons ist der, dass er der Seele, die er mit seinem »subjective mind« identifiziert, die höchsten Eigenschaften beilegt, beim Tode die höchste Vollkommenheit erreichen lässt und es doch als notwendig bezeichnet, dass sie dem »objective mind« (mit welchem Ausdruck er die Funktionen des Gehirns identifiziert) unterstehe, damit der Mensch nicht in Wahnsinn verfalle. Das sich dem Leser notwendig aufdrängende ›Warum?‹, weist er mit der Sentenz zurück: Wenn Gott etwas für gut findet, haben wir kein Recht zu fragen, warum er es so und nicht anders gemacht hat. Das ist ein unendlich gefährlicher Satz, der in dem Werk eines Forschers keinen Platz finden sollte. Dieser Schild kann die Theorien Hudsons nicht vor Anfechtungen schützen, denn nicht alle Menschen werden diese Theorien mit der Offenbarung des göttlichen Willens identifizieren können. Unverstand ist es von ihm, die Versuchung Christi durch ein Zwiegespräch seines »objektiven und subjektiven Mind« erklären zu wollen. Unhaltbar ist auch die Theorie, dass die Versuchung von der Seele, die beim Tode des Menschen sofort ihre Vollkommenheit und Vereinigung mit Gott erreicht, ausgehe, aber von den Funktionen des Gehirns zurückgewiesen werden soll.

Die vollkommene Seele, die nur durch die Verbindung mit der Materie zum versuchenden Dämon und zur Kraft wird, welche, wenn nicht genügend beherrscht, den Menschen in den Wahnsinn treibt, soll dennoch die Materie in der Funktion des Gehirns zu beherrschen, zu retten imstande sein? Hudson erklärt die Heilungen Christi einzig durch die Gesetze der Hypnose, durch Suggestion und Telepathie und knüpft daran die Vermutung, dass die weiteren Wunder Christi auch die Wirkungen uns unbekannter Gesetze sein könnten. Da aber Hudson nur die Gesetze der Hypnose kennt, muss er sich an eine Beweisführung wagen, dass Christus nur, um uns diese Gesetze zu lehren, auf Erden lebte. Doch genug davon.

Durch die psychischen Kräfte *allein* lassen sich gar keine Erscheinungen auf spirituellem Gebiet hervorbringen. Sie bieten gewisse Bedingungen, die der Geist zu seiner Kundgebung bedarf; doch in ihnen liegt nicht die Intelligenz, die sich in solcher Kundgebung zeigt. Allerdings vermag der durch Hypnose und Suggestion willenlos gewordene inkarnierte Geist die Rolle eines entkörperten Geistes zu spielen. Weder die Seele noch die Funktionen des Gehirns sind Intelligenzen an sich, sie sind nichts anderes als die mehr oder weniger dichte Atmosphäre, deren es bedarf, um die Bewegung des Geistes dem Menschen als Lichterscheinung ins Bewusstsein zu bringen. Damit ist nun auch deine Frage in Betreff der Wirkungskraft lebender Menschen auf das Zustandekommen geistiger Phänomene mittels Telepathie beantwortet.

Die Telepathie ist die Zukunftssprache der Menschheit. In dem Grade, als ihre Gesetze erforscht und erkannt werden, vermag jeder Mensch sie für sich anzuwenden; denn sie ist nicht eine Gabe Einzelner, sondern die Wirkung eines Gesetzes, welches der Menschheit ein bestimmtes Maß der Freiheit, das ihrer Entwicklungsstufe angemessen ist, verschafft.

Wenn die Materie von der Menschheit in ihrer Wesenheit erkannt sein wird, welches gleichbedeutend ist mit ihrer vollkommenen Beherrschung, so ist sie an sich kein Hindernis, dass der Mensch sich gewissen Gesetzen unterstelle, die ihn zum Herrn aller endlichen Gesetze machen und ihn in denselben Wirkungskreis ewiger Gesetze stellen, in dem die entkörperten Geister einer gewissen Stufe leben. Christus bewies euch dies durch seine Taten und durch sein Wort: »Und größere Dinge als diese, werdet ihr tun.«

Das Eintreten für den Spiritualismus

Frage:

Dürfen sich Spiritualisten und namentlich Medien von den vielfachen Anfeindungen und Kämpfen gegenüber, welchen die geistige Bewegung heute noch ausgesetzt ist, mit Rücksicht auf Lebensstellung und Verhältnisse dem offenen Bekenntnis zur Geisterlehre aus Opportunitätsgründen durch kluges, geschicktes Ausweichen frei machen, oder haben sie im Interesse der Sache entschieden für dieselbe einzutreten?

Antwort:

Du weißt, mein Liebling, dass ich dir nie gesagt habe: »Dies tue und dies lasse«, sondern nur stets versucht habe, dich so weit als möglich auf unsere Höhe zu erheben, damit der Blick, der sich daraus ergibt, die Erkenntnis, die dadurch erwacht, dein Führer sei. Denn nicht einengen wollen wir die Freiheit eines emporstrebenden Geistes, indem wir ihm sagen: »Dies ist deine Pflicht, dies tue«, sondern die Grenze seiner Freiheit möchten wir ausdehnen, indem wir ihm helfen, seine Selbstlosigkeit zu erreichen.

Wenn deine Selbstlosigkeit den Grad erreicht haben wird, der dir möglich ist, dann wird deine Individualität nicht mehr von Menschenfurcht beengt sein, sondern frei, unbehindert von allem, was sie umgibt, einzig zu ihrem Gott emporstreben, nur von dem Wunsch beseelt, seinen Willen zu erkennen und treu zu erfüllen. Als eine solche freie Individualität wird sie sich immer inniger mit unserer Individualität verbinden können.

Du wirst darin eine Freude finden, die dich voll entschädigt für das, was du durch solches Streben zu verlieren fürchtest. Du brauchst nicht *mich*, um dir zu sagen, wenn du gefehlt hast. Du empfindest diese Schatten selbst, und sie sind dir unerträglich. Was du als solche Schatten empfindest, ist für dich ein Unrecht – daran halte fest. Du darfst ja menschlich klug sein, so lange du es kannst, ohne einen Schatten hervorzurufen. Wo du nicht verstanden wirst, darfst du schweigen. Wenn du aber aufgefordert wirst, musst du wahr sein, kannst nicht die Flinte ins Korn werfen und sagen: »Ich habe nie eine Flinte in der Hand gehabt.«

Es kommt für jeden Menschen eine Zeit, in der er nicht mehr im Halbschatten stehen bleiben kann, sondern heraustreten muss in das Licht seiner Erkenntnis, die seiner Überzeugung zugrunde liegt. Die ganze spirituelle Bewegung ist gottgewollt und gesetzlich. Sie enthält die notwendige Lehre für die Entwicklungsstufe eurer Welt. Als solche hast du diese Bewegung erkannt und dich in ihren Dienst gestellt, bevor du dieses Menschenkleid um dich geworfen hast. Jetzt, wo du dich in ihm befindest, musst du in ihm deiner Aufgabe gerecht werden. Denke doch an die Sache und nicht an dich. Sei dankbar, wenn du ihr dienen kannst, und versuche nicht, dich zu schonen. Was schadet es, wenn die Menschen dich verachten oder verlachen? Streife deine Eigenliebe ab und du wirst es gar nicht mehr als schmerzlich empfinden.

Tue einfach das, was du für recht erkennst. Die Folgen deiner Handlungen überlasse dem, der in vollendeter Weisheit Handlung und Folge gesetzlich verbunden hat. Ihr könnt die Folgen einer geistigen Handlung überhaupt nicht überblicken, da sie weitergehen, als Menschenblick und Menschenerkenntnis zu dringen vermögen. Wie Luther aus seiner Erkenntnis heraus sagte: »Hier stehe ich; ich kann nicht anders. Gott helfe mir!«, so sprecht auch ihr Spiritualisten aus eurer Erkenntnis heraus. Die Menschen, welche die Art eines Baumes nicht erkennen, lassen sich doch durch die Frucht überzeugen, ob er gut und edel sei. So sollt ihr Spiritualisten höchste Güte anstreben, nicht nur um eures Fortschrittes, sondern um der Sache wegen, der ihr dient. So seid wahr und schlicht und einfach. Lasst nichts anderes eure Handlungen bestimmen als die Erkenntnis, dass diese Handlung gut, gerecht und gottgewollt ist.

Die Mediumschaft

Frage:

Wir bitten dich, uns über die Grundlagen sowie über den Vorgang in der Ausübung der Mediumschaft möglichst eingehende Belehrung zu geben.

Antwort:

Die Mediumschaft ist eine Eigenschaft, die sowohl im Organismus als auch im Transzendentalen des Menschen wurzelt. Alle Menschen haben mehr oder weniger diese Eigenschaft, denn kein Mensch ist ganz frei von der Beeinflussung durch die ihn umgebende Geisterwelt. Diese Beeinflussung in ihrer entwickelten, klaren Form ist das, was ihr Mediumschaft nennt.

Der Mensch, der Geist war, verkörperter Geist ist und in kurzer Zeit wieder entkörperter Geist sein wird, hat ja das Geistleben nicht verlassen, sondern steht mitten drin und empfindet, wenn auch oft unbewusst, das, was die Geistbrüder ihm übertragen wollen. Der Vorgang dabei ist Folgender: Jeder Mensch ist von Fluiden umgeben, die einen Teil seiner Wesenheit ausmachen; diese Fluide sind die Leiter, welche die Verbindung und Äußerung des Geistbruders mit und durch den Menschen möglich machen. Bei physikalischen Phänomenen sind diese Fluide das Material, dessen der Geist zu seiner Arbeit, zur Herstellung des materiell Sichtbaren und Greifbaren bedarf.

Die Fluide des Menschen, eine materiell-geistige Substanz, sind die Mittler, deren der Geist bedarf, um die im Äther liegenden Elemente in Verbindungen zu bringen, welche sicht- und greifbare Erscheinungsformen ergeben und die Kräfte auslösen, welche Dinge heben oder in Bewegung setzen, Lichteffekte hervorbringen usw. In den Fluiden des Menschen liegt seine Lebenskraft, daher seine mehr oder weniger große Erschöpfung nach der Ausübung dieser Mediumschaft. Doch ist die Hingabe seiner fluidischen Kraft nur ein Darlehen, das der Mensch gibt und welches ihm die Geister mit Zinsen zurückerstatten, indem sie Entnommenes durch ihre reineren Fluide ersetzen. Während des Schlafes des Menschen ist die Arbeit des Zurückerstattens, des Mischens der Fluide und des Ersatzes der entnommenen Kraftatome am leichtesten; daher muss der Schlaf solcher Medien während und nach der Sitzung ein ungestörter sein.

Durch Übung erzielen solche Medien immer schönere Erfolge, die leitenden Geister durchtränken die Fluide ihres Mediums mit ihren Fluiden, die notwendige Verbindung der Fluide des Mediums, der Geister und der Äther-Bestandteile geschieht rascher und vollkommener, die ausgelösten Kräfte nehmen zu und die Erscheinungsformen gewinnen dadurch an Klarheit und Bestand.

Die Materialisations-Medien sind weit seltener als die Medien, welche durch klares Verstehen der Sprache der Geistbrüder das Kontingent der Sprech- und Schreib-Medien bilden. Der Grund dafür ist der, dass die physikalischen Experimente den Beweis des Fortlebens des Geistes erbringen und daher nur ein kleines Bruchstück in der notwendigen Belehrung eurer Welt zu nennen sind. Die physikalischen Experimente, die der Mensch sieht, prüft und aus deren Entstehen er sich vom Wirken ihm bisher unbekannter Gesetze überzeugt, führen ihn erst an die Schwelle einer ihm neuen Gesetzeswelt, von der er sich durch ernstes Studium der Lehren, die sich im intelligenten oder geistigen Verkehr zwischen Geist und Mensch ergeben, ein möglichst klares Bild zu machen suchen muss.

Die den Menschen umgebende Geisterwelt beeinflusst ihn mehr oder weniger dazu, sich ihrer Einwirkung bewusst zu werden und sich durch höchstmögliches Passivverhalten des eigenen Geistes diesem Einfluss zeitweise ganz hinzugeben. Das so Empfundene durch Schrift oder Wort klar wiederzugeben, ist die Ausübung der Schreib- oder Sprechmediumschaft. Der beeinflusste Geist bedient sich da wieder der Fluide des Menschen als Leiter seiner Verbindung mit dem verkörperten Geist. Dieser versteht die Sprache des Geistbruders und bringt sie durch die Vermittlung der Materie des Gehirns ins Bewusstsein des Mediums, welches sie durch Wort oder Schrift dem Erdenbruder wiedergibt. Dies ist der Vorgang beim intuitiven Schreib- oder Sprech-Medium, dessen Beeinflussung die des Geistes auf den Geist ist.

Beim mechanischen Medium, das entweder schlafend oder in wachem Zustand unbewusst die Gedanken des beeinflussenden Geistes wiedergibt, ist der Vorgang ein etwas anderer. Der Geist des Mediums wird dabei vom entkörperten Geist verdrängt, wenn man diesen Ausdruck gebrauchen darf, wo die Konzentration des verkörperten Geistes und damit die Freigabe des materiellen Mittlers, des Gehirns, eine freiwillige ist. Der entkörperte Geist bringt die Hand oder das Sprachwerkzeug des Menschen durch den Telegrafen des Gehirns in Bewegung und äußert so seine Gedanken und Empfindungen.

Viele Menschen, auch du selbst, mein Liebling, gehörst zu ihnen, sind der Meinung, dass die mechanischen Medien die Gedanken des Geistes reiner, das heißt mit ihm eigenen Gedanken unvermischter zum Ausdruck bringen können. Wenn aber der intuitive Geist durch seinen Willen sich passiv verhält und auf einer Entwicklungsstufe steht, die ihn unsere Sprache verstehen lässt, das heißt die ihm unsere Gedanken, unser Wissen (welche ja immer ein Ergebnis unserer erreichten Stufe sind), nicht als etwas Fremdes erscheinen lässt, so wird der Geist des Mediums dem Instrument, dem Gehirn, dieselben Töne entlocken, als wenn wir es direkt spielen würden.

Natürlich ist es keine Unmöglichkeit, dass der Geist des Menschen dem Gegebenen hin und wieder Eigenes beimische; diese Möglichkeit ist aber auch bei mechanischen Medien nicht ausgeschlossen. Der Geist des Mediums, welcher sein Werkzeug dem entkörperten Geist überlassen hat, durchdringt oft blitzartig das Gehirn des Menschen, das durch die fluidischen Bande so viel enger mit dem Menschengeist als mit dem entkörperten Geist verbunden ist.

Das, was eine vollkommene Wiedergabe empfangener Gedanken durch ein Medium am besten ermöglicht, ist dessen Ähnlichkeit mit dem kundgebenden Geist. Es ist sein reines Wollen, möglichst Hohes zu erhalten bei vollständigem Fernhalten jeder gewöhnlichen Neugierde. Ist ein Medium im Verkehr mit einem hohen Geist, so wird diese Mediumschaft in dem Grade Höheres, Bedeutenderes ermöglichen, als das Medium in reinem Streben, mit ganzer Tatkraft an seiner Vergeistigung arbeitet. Prüfungen und Schwierigkeiten im Erdenleben werden seine Mediumschaft nicht trüben können, es sei denn, dass es diese Prüfungen nicht besteht, wie es dies kraft seiner erreichten Entwicklung vermöchte, dass es die Schwierigkeiten nicht so überwindet, wie es dies könnte, wenn es sich stets der Gotteskraft und Gottesliebe bewusst bliebe.

Viele Menschen machen den Medien zum Vorwurf, dass sie einem fremden Geist zeitweilig die Beherrschung ihres Körpers überlassen und können selbst mit Verachtung von denselben reden. Diese Menschen wissen zu wenig von der Solidarität der Geister, von dem *Bedürfnis* einer materiellen Welt, als dass die tatsächlich stattfindende Beeinflussung der Geisterwelt dem Menschen bewusst und klar werde. Nicht die Ausübung einer Mediumschaft knechtet den Menschen, wohl aber das Nichtankämpfen gegen seine Fehler und Schwächen, welche ein starkes Bindeglied zwischen dem niederen Geist und solchen schwachen Menschen sind.

Ein hoher oder auch nur ein guter Geist wird niemals die Freiheit eines Menschen, nicht einmal vorübergehend, zu beschränken suchen, sondern er wird stets danach streben, dem Menschen die wahre Freiheit durch seine Lehre immer klarer zu vermitteln. Es ist durch die Solidarität der Geister bedingt, dass der Bruder dem Bruder helfe. Geistähnlichkeit verbindet die Geister mehr, als das Menschenkleid sie zu trennen vermag. Stehen daher die Menschen vielfach unter dem Einfluss niederer Geister, so darf der Einfluss höherer Geister einer Welt nicht entzogen werden, welche sich gesetzlich zu höherer Stufe entwickelt.

Wenn ein inkarnierter Geist das geistige Auge zu höherer Sphäre emporhebt und die Gedanken höherer Geistbrüder aufnimmt, um sie den Erdenbrüdern in Wort und Schrift wiederzugeben, leidet da seine Freiheit? Sie wächst in dem Maß seiner Liebe und seiner Erkenntnis. Jede Lehre also, welche das Wachstum der Liebeskraft fördert, welche die Grenzen der Erkenntnis erweitert, erweitert zugleich die Freiheit des Geistes.

Die Medialität als seelische Eigenschaft

Frage:

Ist die Seele des Menschen, wenn er im Tiefschlaf liegt, befähigt, mit der Geisterwelt in Verkehr zu treten?

Antwort:

Ich möchte vor allem die Begriffe Geist und Seele etwas genauer definieren, damit ihr nicht Irrtümern verfallt und der Seele die Eigenschaften des Geistes beilegt.

Das Vollkommene ist eine Einheit, und so ist der Keim des Vollkommenen – Geist – auch eine Einheit, *ein* Bewusstsein. Der Geist im Menschen ist das Bewegende, Intellektuelle, das zielbewusst Strebende, das sich nach seiner Vollendung Sehnende. Die Seele ist das Bindeglied, welches es diesem Geist ermöglicht, sich mit der Materie zu einer Einheit – dem Menschen – zu verbinden. Sie ist die Atmosphäre, die es ermöglicht, dass die Musik, die der Geist empfindet, ausklingt. Sie hat keine Individualität, sondern ist eng mit dem Geist verbunden. Die Art ihrer Wesenheit ist bedingt durch seine errungene Stufe. Der Geist bedarf des Seelenkleides selbst in seiner Vollkommenheit, in der die Seele, der Astralleib, der Nervengeist – oder welchen Namen immer ihr dieser Geist-Materie geben wollt – der zum Geist-Äther geworden ist, ihm die Bedingungen seines Lichtkleides erfüllt. Die Seele der Gottheit ist Urlicht.

Es ist also nie die Seele, die in Verkehr mit der Geisterwelt tritt; sie ist nur die Brücke zwischen Geist und menschlicher Materie. Sie ist es, welche die Bedingungen erfüllen muss, die der Geisterwelt den Verkehr mit dem Menschen ermöglichen – mit anderen Worten: ›Die Medialität ist eine seelische Eigenschaft.‹

Liegt der Mensch im Tiefschlaf, so kann sein Geist mit den Geistbrüdern in Verkehr treten, doch bleibt er sich dessen nicht bewusst, so wenig er sich seiner Präexistenzen bewusst ist; und doch kann demselben schon etwas bleiben – der äußerste Ring des Bewusstseins, das Ahnen, das feinste, zagende Empfinden, das er nicht vor das Kriterium seiner Vernunft zu stellen vermag und das manchen Menschen doch etwas Reales, Tatsächliches ist. Wer dies nie gefühlt hat, vermag es auch kaum zu verstehen.

Der Beruf des Mediums

Furchtlos musst du der Zukunft ins Auge sehen. Sie kommt aus Gottes Hand und du bist Gottes Kind. Daher kann sie nicht anders werden, als gerade so, wie es für dich am besten ist. Der Glaube an seine Vaterliebe und Vaterführung ist dir nun zur eindeutigen Gewissheit geworden, wie er es auch mir ist, und in Gewissheit geht der Glaube auf. Der Geist weiß und ist befriedigt. Kind, wenn ich mit dir über dich und deine Pflichten rede, so bedarf es keines Stiftes mehr. Je ähnlicher du uns wirst, desto besser verstehst du uns wortlos – in der Berührung von Geist mit Geist. Wenn du daher die Wahrheiten, auf die wir hindeuten, erkannt hast und sie in deinem eigenen Geist fühlst, so wird dieser nicht zufrieden sein, bis er sie mit seiner ganzen Kraft, nach seinem tiefsten Empfinden, *leben* darf. Du sollst sie also leben lassen.

Du kamst mit der Aufgabe in die Welt: ›Mitten unter den Menschen ein Geist zu sein.‹ Gott gab dir die nötige Erziehung, die Erkenntnis, den Schutzgeist und den Leiter. Danke ihm, Kind, denn Seine Liebe währet ewiglich, und in seiner Liebe liegt Kraft, zu stehen und zu siegen, das Geisterbanner hochzuhalten und es dir durch keinen Feind, durch keinen Sturmwind entreißen zu lassen. Das Banner ist Geist und du bist Geist, verbunden in Gottes Kraft stehe fest auf Gottes Erde. Die Kraft ist da; sie durchdringt das All und wartet, dass ihr sie nehmt und festhaltet.

So lebe, lebe für ihn allein; und wenn andere dich nicht verstehen, so lasse sie und warte. Gott wartet auch. Glaubst du, mein Kind, du dürfest noch zaghaft durchs Leben gehen, deine Augen besorgt auf die Menschen gerichtet, ängstlich wartend, bis der Spiritualismus Mode geworden ist? Um mit dem Strom zu schwimmen, dazu bedarf es keiner Kraft. Du sollst mit Menschen bekannt werden, die das gleiche Interesse haben, die suchend in das Geistleben eindringen.

Du sollst ihnen die Schönheit unserer Lehre zeigen, du sollst so hingebend werden, dass es dir *genügt*, zu fühlen.

Du arbeitest mit ganzer Kraft im geistigen Arbeitsfeld Gottes. Wenn Menschen über diese Arbeit lachen, so sei du stark und wahr genug, um dir dies nicht zum Hindernis werden zu lassen. Sei zufrieden, wenn zwischen dir und deinem Gott keine Schatten sind. Du brauchst nicht Sonnenlicht und Lampenlicht zu gleicher Zeit. Darum blicke ruhig hinweg über die Schatten des Nicht-Verstandenseins zwischen dir und vielen Menschen. Lebe ruhig weiter, wie wir dich führen. Achte nur stets darauf, die Hauptsache von der Nebensache getrennt zu halten. Hauptsache ist die Pflichterfüllung, getreu der gottgegebenen und errungenen Erkenntnis, Nebensache ist Menschenurteil und Menschengeschwätz.

Die psychischen Kräfte des Mediums

Frage:

Inwieweit wirken die psychischen Kräfte des Mediums und des Kreises beim Zustandekommen spiritueller Phänomene mit? Inwieweit benützen also die sich manifestierenden Geister diese Kräfte zu ihren Kundgebungen? Ist zur Psychografie die substanzielle Anwesenheit der leitenden oder beherrschenden Geister erforderlich oder kann sie durch Fernwirkung, dem Telefon ähnlich, zur Auslösung gebracht werden?

Antwort:

Der Mensch besteht aus Geist, Seele und Körper oder aus mit höchsten Eigenschaften begabtem Leben, aus feiner, aus dieser Lebenskraft sich bildender und aus grober Materie. Die psychischen oder seelischen Kräfte des Mediums sind das Material, aus dem die Geister schöpfen, um die spirituellen Phänomene hervorzubringen. Die psychischen Kräfte des Kreises werden von den Geistern, soweit die Bedingungen dazu gegeben sind, benutzt. Denkt euch doch die verkörperte und entkörperte Geisterwelt als *eine* Welt, aus *einer* Quelle hervorgegangen, von gleichen Gesetzen geführt, einem Ziel entgegenstrebend.

Die verkörperte Geisterwelt steht noch unter der Herrschaft einiger endlicher Gesetze, denen die entkörperte Geisterwelt entwachsen ist. Doch die ewigen Gesetze, welche die ganze Geisterwelt der Vollendung entgegenführen, sind mächtiger, der Geist untersteht ihnen in erster Linie und der verkörperte Geist braucht nicht seinen Körper abzustreifen, um der Herrschaft gewisser endlicher Gesetze zu entwachsen. Das, was die entkörperte und verkörperte Geisterwelt verbindet – die Gleichheit der Wesenheit – ist mächtiger als das, was sie trennt – die grobe stoffliche Hülle. Es ist daher im wahren Sinne des Wortes der Kontakt der Geister mit dem Menschen nichts Übernatürliches. Ihr müsst nur den Begriff »Natur« über die Grenze grober Stofflichkeit hinausführen.

Es gibt natürliche Gesetze in einer geistigen Welt, es gibt geistige Gesetze in einer natürlichen Welt. In dem Maße der Vergeistigung der Materie erweitern sich die Grenzen dessen, was der Materie natürlich ist, indem die sie führende endliche Gesetzeswelt immer mehr von den ewigen, mächtigeren Gesetzen durchdrungen, erweitert und ersetzt wird.

In der Ausübung einer guten Mediumschaft stellt der Wille des inkarnierten Geistes seine psychischen und physischen Kräfte dem Geistbruder zur Verfügung. Je nach der Art der Mediumschaft bedarf der Geist mehr der psychischen Stoffe und Kräfte oder er beeindruckt den passiven Geist des Mediums mit seinen Gedanken und seinem Wissen; und der inkarnierte Geist bringt so Erhaltenes sich selbst und anderen durch das Instrument des Gehirns zum Bewusstsein.

Da Ähnliches sich immer nur mit Ähnlichem verbinden kann, besteht in dieser Art des Verkehrs zuweilen eine Jakobsleiter in der Verbindung von Höherem mit wieder Höherem. So kommt der Gedanke, vom Geistbruder dem Geistbruder gegeben, von diesem direkt oder indirekt durch ein weiteres Geistglied auf intuitivem oder mechanischem Weg ins Bewusstsein des Mediums. Selbstverständlich ist dazu die substanzielle Anwesenheit des leitenden Geistes nicht nötig. In dem zielbewussten Willen des Geistes liegt die Kraft. Die Kräfte substanzieller Ruhe und Verbindung sind im Vergleich damit untergeordnete.

Der Verkehr mit dem Meister

Du fragst, ob der Meister oft mit den Medien in Pest* verkehre? Es kommt euch Menschen oft so unglaublich vor, dass hohe Geister oder gar der Heiland mit euch Unwürdigen verkehren sollen. Ihr könnt aber die vollkommene Liebe, wie sie der Meister für seine armen gefallenen Brüder fühlt, nicht ermessen. Eine sehnende Liebe ist es, die mit jedem einzelnen seiner Brüder direkt verkehren möchte, um ihn desto schneller zur Erkenntnis des Guten, zum Vater, zurückzubringen. Es ist ja nicht notwendig, dass er selbst stets persönlich nahe sei, und dies ist auch nur selten der Fall. Aber er sieht, dass ein Medium oder ein durch dasselbe Belehrungen erhaltender Kreis einer gewissen Lehre, eines Tadels oder eines trostreichen Wortes bedarf. Er sieht das Bedürfnis und will, dass es befriedigt werde. Wer von seinen Dienern dann das Wort ausspricht, das er gesprochen haben will, ist Nebensache – es ist doch der Meister, der gesprochen hat. Ihr sagt ja auch, das Gebäude wurde von jenem Bauherrn gebaut, wenn er auch nicht einen Stein mit eigener Hand niedergelegt hat. Ihr könnt doch nicht sagen, der Maurer habe das Haus gebaut?

---

* Der Verein »Geistiger Forscher in Budapest« empfing öfter durch seine Sprech- und Schreibmedien Kundgebungen, welche ihrem Wortlaut und Inhalt nach als von Jesus ausgehend betrachtet wurden und auch dessen Namen trugen. Es erglänzte bei solchen Anlässen das Angesicht der im Zustand der Ekstase sprechenden Medien.

Vater-Medien

Frage:

Eine ganz eigentümliche Erscheinung auf dem Gebiete des Spiritualismus ist das Auftauchen sogenannter Vater-Medien, das heißt von Schreibmedien, welche direkte Mitteilungen vom Jesus oder Gottvater zu erhalten glauben.

Antwort:

Ihr steht hier nicht vor einer eigentümlichen Erscheinung, sondern vor einer solchen, die ganz folgerichtig und natürlich ist bei der Entwicklungsstufe eines großen Teils der Menschheit und der Geisterwelt, die mit ihr verkehrt. Gleiches zieht Gleiches an (ihr müsst euch nur hüten, diesem Gleichen oder Ähnlichen zu enge Grenzen zu geben). Kindlich gläubige Menschen, die ihren Glauben nie vor das Kriterium ihrer prüfenden Vernunft bringen, ziehen eben solche Geister an. Die Menschen sehnen sich nach dem Verkehr mit Jesus – und die Geister nennen sich dann so:

Erstens, weil sie sich dadurch ein warmes Willkommen sichern, das ihnen angenehm und wohltuend ist.

Zweitens, weil sie ihren schwachen Worten durch die Autorität der Persönlichkeit, welche dieselben gesprochen haben soll, eine gewisse Macht verleihen. Sie meinen es oft herzlich gut, diese Geister; und da sie und die Medien es gut meinen und es eine Jakobsleiter gibt, das heißt eine Verbindung und ein Weitergeben vom Höheren zum Niederen bis zu euch Menschen herab, so geben höhere Geister oft diesen einen kindlich frommen Betrug übenden Geistern Gedanken und Lehren ein, die sie den Menschen verkünden sollen und aus welchen diese Kindermenschen doch einen Gewinn ziehen. Die gut wollenden kleinen Geister sind in dem Glauben bestärkt, dass sie

Überbringer der Worte und Lehren Christi sind, und meinen ganz berechtigt zu sein, als *Jesus* zu unterschreiben.

Bedenkt das Wort »Ewigkeit« und bedenkt die Langmut Gottes, die alles auswirken und ausklingen lässt, die keinen Ton unterbricht, sondern ihn verhallen lässt. Auch diese Geister, auch diese Menschen haben ihren freien Willen – allerdings beschränkt durch ihre Unvollkommenheit – doch nicht aufgehoben. Auch sie haben ihre Vollkommenheit auszuarbeiten. Wenn sie nun ein Zeitteilchen hindurch einseitig arbeiten im Glauben an Gut-sein-Wollen, an Menschen-helfen-Wollen, so haben sie immerhin etwas getan, und eine Reifezeit wird ihnen gewährt, die ein gewisses Maß der Erkenntnis mit sich bringt. Diese Geister werden dann fähig geworden sein für eine höhere Lehre, eine höhere Aufgabe. Ich sage »eine Reifezeit«; denn es gibt der Reifen viele für jeden Geist und jede erreichte Reife.

Jede überschrittene Stufe bringt ihr Maß der Erkenntnis, bringt die Möglichkeit der Annahme und Aufnahme höherer, größerer, reinerer Wahrheit. Wir Geister, die wir schon manche Stufe überschritten haben, sehen, dass noch viele Stufen vor uns liegen, und wir jauchzen der Zeit entgegen, da wir sie alle überschritten haben und endlich im reinen, ungebrochenen Licht vollkommener Erkenntnis, vollendeter Wahrheit stehen werden. Wir freuen uns mit jedem Atom unserer Geisteskraft, und diese Freude möchten wir über euch Menschen ausgießen, indem wir euer Verständnis zu erweitern suchen, damit ihr dieselbe fassen könnt.

Diese Freude möchte ich, Emanuel, ganz besonders auch auf dich, lieber Bernhard, ausgießen. Ich möchte deinen Geist wie mit goldenem Sonnenschein durchdringen; denn du freust dich zu wenig dessen, was da entsteht. Du lässt die morgige Freude nicht genug überfließen in den heutigen Tag. Reiße die Schranken nieder, damit sie überfließen kann, indem du dich versenkst in das Geistigste, dich erhebst zu den lichtesten Höhen, die dir nur erreichbar sind.

Mit einem Lächeln der Liebe und des Mitleids hörte ich deine gestrigen Worte. Wie kannst du an meiner Liebe zweifeln? Liebe ich doch alle Menschen und möchte ihnen mit der ganzen Kraft meines Geistes helfen. Zweifele nicht, dass ich alle Dinge gerne mit dir bespreche, ob wir uns nun infolge des Aussprechens einigen oder nicht.

Reden wir doch beide, du sowohl als auch ich, in der Freiheit und doch Beschränktheit unserer Erkenntnis. Welcher von uns beiden sich im Laufe der bildenden Zeiten zu höherer, reinerer Erkenntnis emporgeschwungen haben wird, das wollen wir der Offenbarung künftiger Zeiten überlassen. Kann doch keiner mehr geben, als er sich errungen hat, keiner mehr annehmen, als seiner Aufnahmefähigkeit möglich ist.

Deshalb betrübe dich auch nicht über die dir eigentümlich dünkende Erscheinung der ›Vater-Medien‹. Sie ist die Note in einer Melodie, die sich noch nicht zur Harmonie gebildet hat. Solche Noten verklingen, und die Harmonie erhebt sich doch, zuerst in leisen Klängen, dann immer mächtiger, bis sie das Weltenall erfüllt. Manchem Ohr wird diese Note schön klingen, und sie wird durch ein Zeitteilchen Wiederholung finden. Doch was sind solche Menschenerkenntnisse, solche Zeitteilchen in Wirklichkeit? Ein Hauch, ein Seufzer, eine in sich selbst zurücksinkende kleine Welle.

Legt kein Gewicht auf die größten Wirkungen des Unvollkommenen. Die kleinste Ausstrahlung des Vollkommenen, in die bescheidenste Entscheidungsform getreten, ist weit mächtiger; denn das Unvollkommene ist vergänglich und seine mächtigsten Wirkungen sind nur endliche, während eine Vibration nur des Vollkommenen sich in ewigen Wellen fortpflanzt, unendlich in ihren Folgeerscheinungen, unbegrenzt in ihren Wirkungen, von uns unergründet in ihrer vollendeten Weisheit.

Fragt ihr noch, wie ihr euch solchen Kindermenschen gegenüber verhalten sollt? Vor allem weise. In der Erkenntnis, dass auch sie das nicht mehr aufgreifen werden, dem sie entwachsen sind. Versucht nur, wo ihr könnt, ihr Wachstum zu fördern. Wenn sie wirklich gut geworden sind, wird auch der reifende Verstand erwachen. Indem ihr ihnen aber sagt, dass sie schwach sind, macht ihr sie nicht kräftiger.

Was den Schaden betrifft, den die Sache darunter leidet, so könnt ihr nach dem, was ich zuvor gesagt habe, selbst ermessen, dass er nur ein sehr geringer sein kann, das heißt ein schnell vergänglicher. Einzelne Geisterstimmen sind so wenig in dieser großen Bewegung. Ihr steht am Anfang derselben und könnt sie nicht überblicken. Wenn sie von euch Menschen geführt, bewacht und behütet werden müsste,

wenn eure Erkenntnis, eure Reife und eure reine Güte ihr Lebens-
dauer verleihen müsste, so wäre sie allerdings nur kurzlebig. Da
sie aber eine Wirkung ewiger Gesetze ist, die das ganze Weltenall
durchfluten und in gleichmäßigem Wellenschlag jede materielle Welt
berühren, so ist euer Tun und Lassen dabei von nur geringer Macht.
Jeder von euch soll mit der erwachenden Erkenntnis der Größe
und Tragweite dieser Bewegung sich mit der ganzen Kraft seines
Willens und Wirkens in ihren Dienst stellen. Er soll sein Sandkorn
dem großen Bau beifügen, soll sich aber bewusst bleiben, dass es
ein Sandkorn ist.

Es muss euch ein Trost sein in der jetzigen, so unvollkommenen
Erscheinungsform einer großen geistigen Bewegung, dass Gott mit
anderem Maßstab misst als ihr. Die Zeitgrenze, die euch so hemmt,
existiert in Wahrheit nicht. Die Erscheinungsform dieser Bewegung
durch unvollkommene Medien und meist sehr unvollkommene Geister scheint euch das Reale, während sie, wie alle Erscheinungsform,
das traumhaft Unreale, weil das Vergängliche, stetiger Umwandlung Unterworfene ist. Das Reale liegt in der ewig unvergänglichen
Tatsache, dass das Geistleben in alle materielle Form hineinragt.
Nicht diese ist das Primäre, sondern jenes. Der Spiritualismus soll
euch lehren, dass eine Gottheit existiert und als Folge dieser Gottheit
Geistleben. Als Bindeglied zwischen Gott, Geist und Brudergeist
wirkt die Liebe, selbst in ihren mannigfaltigen, durch die Sünde
bedingten Formen: Opferwilligkeit, Mitleid und Nächstenliebe. Du,
lieber Bernhard, stelltest einmal das Mitleid höher als die Liebe, was
nicht richtig war; denn das Mitleid ist nur eine durch Sündenfall und
Sündenfolge bedingte Form der Liebe. Da aber der Fall und seine
Folgen vergänglich sind, wie alles Unvollkommene, so ist auch das
Mitleid vergänglich – die Liebe aber ist ewig.

Der Maßstab eurer und unserer geistigen Entwicklung ist die Erkenntnis und die Liebe. Diese beiden sind es, in denen die Kraft des
Geistes liegt, dem Bruder wirklich zu helfen, ihm zu dienen. Dies
ist gerecht, da Erkenntnis und Liebe Errungenschaften des Geistes sind – nicht Gnadengeschenke Gottes. Ein Geist kann auf einer
verhältnismäßig niederen Stufe stehen und doch schon den Wunsch

haben, gut zu sein, dem Nächsten zu helfen. Der Wunsch, gut zu sein, ist die erste Bedingung dazu, es zu werden; doch zwischen dem Wunsch und der vollkommenen Tat ist die lange Stufenleiter der Vervollkommnung.

In Geduld und Ausdauer muss Stufe um Stufe erklommen werden. Jede Stufe hat ihre Grenze der Erkenntnis. Dich, lieber Bernhard, hat dein Wollen, einer erkannten Aufgabe zu genügen, weil dieses Wollen echt und stark war, auf eine Stufe gehoben, die du noch nicht ganz beherrschst. Du fühlst das Unzulängliche und es quält dich, du vermagst den wahren Frieden nicht dauernd in deiner Seele zu erhalten, und doch ist sie sich ihres Durstes nach Frieden und Befriedigung bewusst. Wie magst du zweifeln am kommenden Glück für dich? Ist dies nicht ein Zweifel an der Liebe deines Gottes, und was berechtigt dich zu diesem Zweifel? Da du ein Christ bist, müsste Christi Wort genug sein für dich: ›Gott ist die Liebe.‹

Du hast aber auch Beweise dieser Liebe in deinem Erdenleben erfahren; denn Zufall gibt es nicht. Die spirituelle Nahrung, die dir geboten wurde, ist ein Beweis der individuellen Führung deines Geistes durch höheren Geist. Diese Führung wird nach ewigen Gesetzen jedem Geist zuteil, bis er seine Vollendung erreicht hat und seine vollkommene Erkenntnis ihm die Vollkommenheit seiner Freiheit ermöglicht. Lieber Bernhard, deine heutige Erkenntnis ermöglicht diesen Glauben, und dieser Glaube muss den Lichtkreis des Friedens, der Befriedigung in deine Seele legen.

So ruhe in der Liebe deines Gottes und danke ihm für diese Liebe, wie es der Geist allein vermag, indem er sie erkennt, empfindet und ihr gemäß zu leben versucht.

Räumliches und zeitliches Fernsehen

Frage:

Wie verhält sich die menschliche Seele bei Hellsichtigkeit, und zwar sowohl bei räumlichem als auch bei zeitlichem Hellsehen?

Findet in einigen Fällen des Hellsehens Inspiration von entkörperten Geistwesen statt?

Antwort:

Das Hellsehen, sowohl räumlich als auch zeitlich, ist ein Beweis dafür, dass es nicht der Materie bedarf, um etwas zur Erkenntnis des Geistes zu bringen. Solcher Beweise bedarf es nur in einer Zeit, in der die in der Materie befangene Menschheit von der irrigen Ansicht befreit werden soll, dass die Materie das allein Reale ist.

Bei allem Hineinragen des Geistigen in die Materie – geistige Gaben oder Medialität genannt – bedarf es mehr des Mediums der Materie, als gerade beim zeitlichen Hellsehen. Der Fortschritt der Geister ist ein allgemeiner, all ihre Eigenschaften umfassender – so wird ein höherstehender Geist auch erweiterte Grenzen des Wissens haben. Die Gesetze erkennend, sind ihm auch deren Wirkungen klar – beides natürlich nur innerhalb bestimmter Grenzen. Die Grenze, welche die Unreife des Geistes seiner Erkenntnis und seinem Wissen zieht, löst sich logischerweise erst in der Vollkommenheit des Geistes vollständig auf.

Die Wirkungen der Gesetze sind, was ihr Menschen die Zukunft nennt. Der Geist versteht Gesetz und Wirkung, seine Erkenntnis wirkt auf das Gehirn des Menschen und dieser meint, die Zukunft in Bildern zu schauen. Ein solches Hellsehen ist daher immer eine Inspiration, entweder des im Menschen verkörperten Geistes oder seitens entkörperter Geistwesen. Bei räumlichem Hellsehen dagegen besteht eine materielle Vermittlung.

Fortsetzung

Lieber Bernhard! Du meinst in den Anfangs- und Schlussworten meiner vorstehenden Mitteilung einen Widerspruch zu finden. Ich sagte:»Das Hellsehen, sowohl räumlich als auch zeitlich, ist ein Beweis dafür, dass es nicht der Materie bedarf, um etwas zur Erkenntnis des Geistes zu bringen.« Und:»Bei räumlichem Hellsehen besteht eine materielle Vermittlung.« Es bedarf nie der Materie, um etwas zur Erkenntnis des Geistes zu bringen. Die Fähigkeit des Erkennens, des spontanen Verstehens, ist eine rein geistige Eigenschaft, die dem Geistwesen in seiner grobmateriellen Verkörperung etwas getrübt wird, doch durch dieselbe niemals verlorengeht. Der Geist im Menschen erkennt eine Sache; und durch Benützung der Materie, Gehirn genannt, bringt er diese Erkenntnis ins Bewusstsein des Menschen. Bei allen geistigen Gaben bedarf es zu deren *Äußerung* des Mediums der Materie, da ihr Menschen eben unsere Sprache, den Gedanken, noch nicht versteht, wenn er sich nicht in Worte hüllt.

Die Offenbarung ist ein großer Faktor in der Heranbildung des Unvollkommenen zur Vollkommenheit. Sie ist die geistige Speise, welche die Gnade Gottes allen unvollkommenen Geistwesen bietet, es deren freiem Willen überlassend, durch die Aufnahme dieser Speise an geistigen Kräften zuzunehmen. Die Unvollkommenheit und der Sündenfall der Geistwesen zwingt sie in die Materie. Das enge Verwachsensein mit ihr bedingt, dass alle Offenbarung sich des Mediums der Materie bedient, um zum Bewusstsein des materiellgeistigen Wesens zu gelangen. So wurde Christus zum»Wort«, den Mantel der Materie um sich legend, um der Menschheit die Offenbarungen Gottes auszusprechen. Alles, was sich dem Menschen offenbart, muss Form und Gestalt annehmen.

Auch das zeitliche Hellsehen, was an sich ein rein geistiger Vorgang ist, bedarf des Mediums der Materie, um ins Bewusstsein des Menschen zu treten. Doch ist es eine Offenbarung von Geisteskraft, die ein mächtiger Faktor werden muss, zur Beweisführung des Irrtums der Materialisten, die, in ihrer Lehre befangen, Wirkung und Ursache verwechseln. Beim zeitlichen Hellsehen streift der Geist des

Menschen auf kurze Zeit die Fesseln der Materie ab. Er lockert sie also und entsteigt der groben Materie, um mit derselben nur mehr durch ein geistig materielles Band verknüpft zu sein. In den Kreis seiner Erkenntnis tritt nun die Wirkung der Gesetze, das heißt die Zukunft. Er erkennt sie, und durch das Medium des Gehirns verleiht er seiner Erkenntnis Worte.

Beim räumlichen Hellsehen sieht der von der Materie gelockerte Geist des Menschen materiell Tatsächliches. Es besteht also darin eine Art materieller Vermittlung, welche beim zeitlichen Hellsehen entfällt, da letzteres nur zu seiner Äußerung, *nicht an sich selbst*, zum Schauen, der Vermittlung der Materie bedarf.

Was die Inspiration seitens entkörperter Geistwesen in Fällen des Hellsehens betrifft, möchte ich euch sagen, dass es für euch schwierig sein würde, die Grenze des Hineinragens von außerhalb von euch existierendem Geistleben in das eurige zu bestimmen. Wie eure Materie fühlt und empfindet, wenn fremde Materie sie berührt, so empfindet euer Geist die Berührung von Geistwellen, welche ihn umfluten. Jedes Geistwesen ist ein Teil des Ganzen und empfindet jene Teile desselben, die ihm auf seiner geistigen Stufe analog sind. Versteht mich recht. Es ist dies keine enge Grenze; denn kleinlich ist nichts, was Gottes Weisheit gesetzlich werden ließ. Die Menschheit ist von Geistleben durchflutet, und jeder Mensch zieht solche Teile desselben an, die ihm bis zu einem gewissen Grad ähnlich sind.

Ich berühre dies zur Erweiterung deines Ausspruches von neulich, lieber Bernhard. Du sagtest, ein gutes Medium sei ein solches, das völlig passiv sei und den sich äußernden Geist *allein* und ohne jede Vermischung mit eigenen Gedanken reden lasse. Es ist dieser Ausspruch vollkommen richtig, doch nicht erschöpfend.

Von eben so großer Wichtigkeit wie das passive Seinwollen des Mediums ist seine höchstmögliche geistige Entwicklung, seine Selbstlosigkeit, sein guter starker Wille in allem, nicht nur in der vereinzelten Ausübung der Mediumschaft. Nur dies ermöglicht höheren Geistwesen, sich durch dieses Werkzeug zu äußern, und nur solche Äußerungen sind von ethischem Wert für euch.

Jeder Mensch ist mehr oder weniger den geistigen Einflüssen, die ihn umgeben, ausgesetzt; dass diese Einflüsse und Inspirationen noch deutlicher fühlbar für ihn werden, wenn er sich von den Fesseln grober Materie befreit, wie dies beim zeitlichen Hellsehen der Fall ist, ist natürlich. Geistbrüder umringen ihn jubelnd, geistige Ähnlichkeit bedingt die Erkenntnis ihrer Gedanken, das Sprechen ihrer Sprache – er nimmt ihr Wissen an, und beides, seine Erkenntnis mit ihrem Wissen vereint, äußert sich durch das Medium der Materie seines Gehirns, seiner Hand oder seiner Zunge.

Bewusstsein und Ahnung

Bewusst wird dem Menschen nur das, was ihm durch die Materie des Gehirns materialisiert wird. Wenn du schreibst und wenn Gedanken sich in dein Gehirn eindrücken, so werden sie dir bewusst, sie bekommen Gestalt und Form, und du kannst sie der Mitwelt weitergeben. Wenn du aber schläfst, so trennt sich Geist und Körper, und wir können mit dir ohne das Werkzeug des Gehirns verkehren. Vereint sich im Erwachen der Geist mit dem Körper zu einer vollendeten Schöpfung – dem denkfähigen Menschen –, so braucht dieser Geist wieder das Werkzeug des Gehirns, nicht nur zu seinem Verkehr mit anderen Menschen, sondern um sich seine eigene Gegenwart als Mensch verständlich zu machen.

Deshalb bleibt dem erwachenden Menschen das, was der Geist eben klar gesehen oder gehört hat, nur als Ahnung, als ein freudiges oder trauriges Gefühl. So fühltest du dich am heutigen Morgen getröstet, denn du hattest gesehen, dass es Ursache dazu gab.

Gott ist groß genug, um dich zu führen. Kannst du nicht ausruhen in diesem Glauben? Kind, zweifele doch nicht immer und sorge dich nicht stets um die Zukunft. Kannst du sie ändern? Oder zweifelst du, dass der sie ändern kann, der sie bestimmte und ohne dessen Willen sie nicht in dein Leben treten könnte – dass dieser Vater weiß, was nottut?

VI.
Der Entwicklungsweg der Menschheit

Auch auf Erden muss es Friede werden. Die Gegensätze müssen ausgeglichen, die Widersprüche gelöst werden. Euer Sehnen nach Wahrheit muss in sich selbst wahr sein. Ihr müsst nicht versuchen, Beweise für eure Theorien zu finden, sondern vorurteilslos lauschen, ob ihr die klaren Offenbarungen, die in der Natur eurer kleinen Welt liegen, nicht verstehen, sie euch nicht endlich zu Nutzen machen könnt. Eure Lehrmeister umgeben euch in materialisierter Form, und in dieser sind auch noch die Eindrücke enthalten, die längst entschwundene Zeiten hinterlassen haben. Die Menschheit hat angefangen, das Alphabet dieser Sprache zusammenzustellen. Wir warten, bis sie die Sprache gemeistert hat, bis sie den Geist, der spricht, verstehen kann.

Einzelne Menschen schreiten ihrem Zeitalter voraus, einzelne Geister müssen stets Pioniere sein, damit die schwächeren Brüder auf geebneteren Wegen weiterzuschreiten vermögen. In dem Bewusstsein der inneren Freiheit, in dem Kraftgefühl, das diesem Bewusstsein folgt, in der erwachenden Erkenntnis, wo ewige und endliche Gesetze sich verbinden und verbunden bleiben, so lange die bestimmte Entwicklungsstufe einer Welt es erheischt, erhebt der aufwärtsstrebende Geist im Menschenkleid gottgegebene Flügel, um die größer gewordene Sphäre seines Heims durchfliegen und alle Schätze, die sie birgt, aufsammeln zu können.

Er erkennt die Grenze der endlichen Gesetze dadurch, dass Ewiges ihm realer wird als Endliches. Er stellt sich in den Machtstrom des Ewigen, und die Macht des Endlichen ist für ihn vorüber. Er bedarf keiner materiellen Sinne, um etwas zu schauen, etwas zu empfinden, weil der ewige Sinn, das ewige Auge, das in jedem gottgeschaffenen Geist liegt, die *Erkenntnis* sich zu voller Lebenskraft entwickelt hat, allem anderen gebietend, es zwingend.

Die Erkenntnis zeigt ihm die Arbeit auf, die er auf einer bestimmten Welt zu leisten vermag. Er beugt sich unter die bestimmten Gesetze von Geburt und Tod, die auf dieser Welt herrschen; denn kein hochentwickelter Geist stößt solche Gesetze um, die einer Welt nach ihrer Entwicklungsstufe notwendig sind. Doch die innere Freiheit ist diesem Menschen schon zum Bewusstsein geworden, sein freier Wille, der allein dem Gebot wahrer Liebe untersteht, führt ihn in diese Welt und führt ihn in die Heimat zurück. Je mehr solcher Geister sich in einer materiellen Welt inkarnieren, desto rascher wird sich die Reife solcher Welt vollziehen. Diese Geister sind wie das Brennglas, das die Strahlen der Sonne anzieht, um sie konzentriert auf die langsam reifenden Früchte zu lenken. Die Früchte, die dadurch gezeitigt werden, sind Freiheit, nach außen bedingt durch den Frieden und die Liebe, welche die Menschen verbinden, Nationen und Klassen vereinigen und der Menschheit *ein* Ziel, *einen* Lebenszweck klar machen. Und so wird die Freiheit der ganzen Menschheit möglich – die Freiheit, die in der Erkenntnis der Herrschaft ewiger Gesetze über die endlichen liegt. Damit entwächst die Menschheit den endlichen Gesetzen in ihren groben Formen, und die Welt ist reif zur Umbildung in eine halbmaterielle Wohnstätte höherentwickelter Geister.

Die Bewohner solcher Welten unterliegen nicht mehr den Qualen, die es notwendig machen, dass dem Geist die Erinnerung an die Vergangenheit verwischt, das Bild der Zukunft verschleiert werden muss. Er überblickt das Geschehene sowie die Gründe, warum es so geworden ist. Er sieht, was vor ihm liegt, weil er die Gesetze, nach denen sein Leben sich formen muss, erkannt hat. Die Freiheit des Willens und die Macht, diesen zu betätigen, haben weitere Grenzen bekommen, weil die schweren Ketten grobmaterieller Gesetze sie nicht mehr fesseln.

Der halbmaterielle Mensch findet seine Nahrung in der Atmosphäre, die er atmet und aufnimmt. Er ist keiner Krankheit unterworfen und weiß die Stunde, in der er in die noch größere Freiheit reinen Geistlebens eintreten darf. Sein Wille gebietet seinem leichten Körper und verpflanzt diesen im Augenblick an jene Stätte seiner Welt, wo er zu sein wünscht. Durch sein Beherrschen endlicher Gesetze ist er Herr der klimatischen Verhältnisse. Seine Erkenntnis, was schön ist, sein Bedürfnis, nur von Schönem umgeben zu sein, schafft eine Blumenwelt um ihn herum, von deren Herrlichkeit ihr keinen Begriff haben könnt.

Der Wille des einen legt dem Willen des anderen seine Gedanken offen dar, und Missverständnisse sind ausgeschlossen. Die Liebe des einen zum anderen ist so mächtig, dass sie dem Menschen den Vorgeschmack wahrer Seligkeit gibt. Die Einheit und Widerspruchslosigkeit hat bei diesen Menschen einen solchen Grad erreicht, dass ihre körperliche Schönheit von ihrer Entwicklungsstufe geformt wird; denn auch auf solchen Welten, wie auch auf eurer traurigen kleinen Erde, gibt es unzählige Schattierungen in der gesetzlichen Farbe der Welt. Doch verbindet die Liebe alle diese Menschen. Die Erkenntnis seiner tiefen Stufe erfüllt einen solchen inkarnierten Geist nur mit dem mächtigen Wunsch, vom höheren Bruder zu lernen und kein Zeitatom dieser Fortschrittsgelegenheit ungenutzt liegen zu lassen.

Dies ist euer Entwicklungsgang, liebe Geschwister. Kein auch nur denkbares Leid ist groß genug, um auf solche Lichtpunkte einen Schatten werfen zu können. Was ist das vergängliche Leid des Augenblickes, verglichen mit der wahren, tiefen Freude, die schon solche Geister voll und ganz beherrscht, welche noch auf der Stufe halbmaterieller Welten stehen? Darum macht der Freude jetzt schon Tür und Tor auf. Euer Leben ist des Lebens wert in jedem seiner Augenblicke. Eine Schöpfung des einen, großen, ewigen Gottes lässt sich seine Schönheit durch nichts, was ihr zu tun vermögt, ganz vernichten. Das ewige Licht bricht stets wieder hervor, in einzelnen Funken oder in großen Feuergarben, bis der mächtig strahlende Lichtstrom die Herrschaft behauptet. Dies meinte Johannes mit seinen Worten: »Und Sonne und Mond werden nicht mehr scheinen; denn das Lamm, das heißt die *Vollendung*, wird sein Licht sein. Amen.«

Lesetipps

Willigis
Testament eines Eingeweihten
TB, 144 Seiten, 978-3-89427-505-1

Willigis war einer jener großen christlichen Mystiker, der ganz zurückgezogen lebte und seine inneren Schauungen erst nach seinem Tod veröffentlicht wissen wollte.

Mit diesem Werk liegt nun gleichsam sein „Testament" vor, das die bewegenden mystischen Erlebnisse eines großen Eingeweihten offenbart.

Die Stimme der mystischen Tradition des Christentums ist in einer zu lauten Welt fast verstummt. Sie wird nur dort vernehmbar, wo Menschen noch nicht verlernt haben, still zu werden und nach innen zu lauschen. Willigis nannte diesen Prozess: „Die Seele lauscht – es spricht der Geist."

Lesetipps

Eduard Schuré
Die großen Eingeweihten
Hardcover
Eduard Schuré hat mit den „Großen Eingeweihten" sein geistiges Vermächtnis hinterlassen. Es ist seit der Erscheinung seines epochalen Werkes niemandem mehr gelungen, so überzeugend die verborgene Einheit hinter den verschiedenen spirituellen Traditionen aufzuzeigen. Sein Weg spannt sich von den großen Gottesboten Asiens über die griechische Antike bis hin zum Wirken des Jesus von Nazareth. In unnachahmlicher Weise holt er die Begründer der weltumspannenden religiösen Offenbarungen aus dem Dunkel der Geschichte und zeigt ihr einzigartiges Wirken auf.
Ein unsterbliches Meisterwerk, das noch Generationen von Lesern begeistern wird!

Lesetipps

Peter Michel
Karma und Gnade
Über die Versöhnung
von Gerechtigkeit und Liebe
Pbk., 160 S., 978-3-89427-188-6
Ist die Karma-Lehre lieblos? Ist die Gnaden-
Lehre ungerecht? Diese zwei großen Lebens-
fragen beschäftigen seit einigen Jahren immer
mehr Menschen. Die vorliegende Arbeit von
Peter Michel versucht, neben einer gründli-
chen Analyse der historischen und empiri-
schen Fakten, eine Verbindung zwischen den
nur scheinbar unvereinbaren Weltanschauun-
gen herzustellen.

Peter Michel
Weltreligion
Geb., 272 S., 978-3-89427-168-8
„Weltreligion" wird niemals eine Religion
von Dogmen, Vorschriften oder verbindlichen
Lehren sein. „Weltreligion" wird die „Religion
des Herzens" sein, in der sich für jeden Einzelnen der Pfad, sein Pfad, erst beim Gehen erschließen wird. Aus dem Inhalt: Das Absolute
– Schöpfung oder ewiges Sein – Die Entfaltung des Lebens – Das Leben nach
dem Tod – Reinkarnation – Karma und Gnade – Der geistige Pfad – Erleuch-
tung – Ethik.
Dargestellt in Hinduismus, Buddhismus, Judentum, Christentum, Islam, klas-
sischer Philosophie und esoterischer Philosophie.

Lesetipps

H.K. Challoner
Der Pfad der Heilung
Geb., 200 S., 978-3-89427-294-4
Es gibt kein vergleichbares Buch, in dem die
Grundgesetze von Krankheit und Gesundheit
in so beeindruckender, klarer und überzeugen-
der Art und Weise erklärt worden sind wie in
dieser von einem „Meister der Weisheit" in-
spirierten Darstellung. Ein unverzichtbares
Buch für jeden, der im heilerischen Bereich
arbeitet oder die göttlichen Heilungsgesetze
erkennen möchte!

H.K Challoner
Das Rad der Wiedergeburt
HC., 312 S., 978-3-89427-295-1
Ein unsterblicher Klassiker über Reinkarnation
und Karma. Ein aufwühlendes Buch, das man
erst nach der letzten Seite aus der Hand zu legen vermag.
Wenn man nur ein Buch über Reinkarnation
lesen möchte – dann muss es dieses sein!